中国语言文学文库·学人文库　吴承学　彭玉平　主编

唐修国史研究

李南晖 著

中山大学出版社
·广州·

版权所有　翻印必究

图书在版编目（CIP）数据

唐修国史研究/李南晖著. —广州：中山大学出版社，2022.4
（中国语言文学文库·学人文库/吴承学，彭玉平主编）
ISBN 978-7-306-07467-6

Ⅰ.①唐…　Ⅱ.①李…　Ⅲ.①中国历史—史籍—编辑工作—研究—唐代　Ⅳ.①K242.04

中国版本图书馆 CIP 数据核字（2022）第 050156 号

出 版 人：	王天琪
策划编辑：	嵇春霞
责任编辑：	孔颖琪
封面设计：	曾　斌
版式设计：	曾　斌
责任校对：	陈　莹
责任技编：	靳晓虹
出版发行：	中山大学出版社
电　　话：	编辑部 020 - 84110283，84113349，84111997，84110779，84110776
	发行部 020 - 84111998，84111981，84111160
地　　址：	广州市新港西路 135 号
邮　　编：	510275　　传　真：020 - 84036565
网　　址：	http：//www.zsup.com.cn　E - mail：zdcbs@ mail.sysu.edu.cn
印 刷 者：	广州市友盛彩印有限公司
规　　格：	787mm×1092mm　1/16　16.625 印张　281 千字
版次印次：	2022 年 4 月第 1 版　2022 年 4 月第 1 次印刷
定　　价：	62.00 元

如发现本书因印装质量影响阅读，请与出版社发行部联系调换。

本书为国家社科基金重大招标项目"历代别集编纂及其文学观念研究"（项目批准号 21&ZD254）成果

中国语言文学文库

主　编　吴承学　彭玉平

编　委（按姓氏笔画排序）

　　　　王　坤　王霄冰　何诗海

　　　　陈伟武　陈斯鹏　林　岗

　　　　郭丽娜　黄仕忠　谢有顺

总　序

吴承学　彭玉平

中山大学建校将近百年了。1924年，孙中山先生在万方多难之际，手创国立广东大学。先生逝世后，学校于1926年定名为国立中山大学。虽然中山大学并不是国内建校历史最长的大学，且僻于岭南一地，但是，她的建立与中国现代政治、文化、教育关系之密切，却罕有其匹。缘于此，也成就了独具一格的中山大学人文学科。

人文学科传承着人类的精神与文化，其重要性已超越学术本身。在中国大学的人文学科中，中国语言文学学科的设置更具普遍性。一所没有中文系的综合性大学是不完整的，也几乎是不可想象的。在文、理、医、工诸多学科中，中文学科特色显著，它集中表现了中国本土语言文化、文学艺术之精神。著名学者饶宗颐先生曾认为，语言、文学是所有学术研究的重要基础，"一切之学必以文学植基，否则难以致弘深而通要眇"。文学当然强调思维的逻辑性，但更强调感受力、想象力、创造力和语言表达能力。有了文学基础，才可能做好其他学问，并达到"致弘深而通要眇"之境界。而中文学科更是中国人治学的基础，它既是中国文化根基的重要组成部分，也是中国文明与世界文明的一个关键交集点。

中文系与中山大学同时诞生，是中山大学历史最悠久的学科之一。近百年中，中文系随中山大学走过艰辛困顿、辗转迁徙之途。始驻广州文明路，不久即迁广州石牌地区；抗日战争中历经三迁，初迁云南澄江，再迁粤北坪石，又迁粤东梅州等地；1952年全国高校院系调整，始定址于珠江之畔的康乐园。古人说："艰难困苦，玉汝于成。"对于中山大学中文系来说，亦是如此。百年来，中文系多番流播迁徙。其间，历经学科的离合、人物的散聚，中文系之发展跌宕起伏、曲折逶迤，终如珠江之水，浩浩荡荡，奔流入海。

康乐园与康乐村相邻。南朝大诗人谢灵运，世称"康乐公"，曾流寓广州，并终于此。有人认为，康乐园、康乐村或与谢灵运（康乐）有关。这也许只是一个美丽的传说。不过，康乐园的确洋溢着浓郁的人文气息与诗情画意。但对于人文学科而言，光有诗情是远远不够的，更重要的是必须具有严谨的学术研究精神与深厚的学术积淀。一个好的学科当然应该有优秀的学术传统。那么，中山大学中文系的学术传统是什么？一两句话显然难以概括。若勉强要一言以蔽之，则非中山大学校训莫属。1924年，孙中山先生在国立广东大学成立典礼上亲笔题写"博学、审问、慎思、明辨、笃行"十字校训。该校训至今不但巍然矗立在中山大学校园，而且深深镌刻于中山大学师生的心中。"博学、审问、慎思、明辨、笃行"是孙中山先生对中山大学师生的期许，也是中文系百年来孜孜以求、代代传承的学术传统。

一个传承百年的中文学科，必有其深厚的学术积淀，有学殖深厚、个性突出的著名教授令人仰望，有数不清的名人逸事口耳相传。百年来，中山大学中文学科名师荟萃，他们的优秀品格和学术造诣熏陶了无数学者与学子。先后在此任教的杰出学者，早年有傅斯年、鲁迅、郭沫若、郁达夫、顾颉刚、钟敬文、赵元任、罗常培、黄际遇、俞平伯、陆侃如、冯沅君、王力、岑麒祥等，晚近有容庚、商承祚、詹安泰、方孝岳、董每戡、王季思、冼玉清、黄海章、楼栖、高华年、叶启芳、潘允中、黄家教、卢叔度、邱世友、陈则光、吴宏聪、陆一帆、李新魁等。此外，还有一批仍然健在的著名学者。每当我们提到中山大学中文学科，首先想到的就是这些著名学者的精神风采及其学术成就。他们既给我们带来光荣，也是一座座令人仰止的高山。

学者的精神风采与生命价值，主要是通过其著述来体现的。正如司马迁在《史记·孔子世家》中谈到孔子时所说的："余读孔氏书，想见其为人。"真正的学者都有名山事业的追求。曹丕《典论·论文》说："盖文章，经国之大业，不朽之盛事。年寿有时而尽，荣乐止乎其身，二者必至之常期，未若文章之无穷。是以古之作者，寄身于翰墨，见意于篇籍，不假良史之辞，不托飞驰之势，而声名自传于后。"真正的学者所追求的是不朽之事业，而非一时之功名利禄。一个优秀学者的学术生命远远超越其自然生命，而一个优秀学科学术传统的积聚传承更具有"声名自传于后"

的强大生命力。

  为了传承和弘扬本学科的优秀学术传统，从 2017 年开始，中文系便组织编纂中山大学"中国语言文学文库"。本文库共分三个系列，即"中国语言文学文库·典藏文库""中国语言文学文库·学人文库"和"中国语言文学文库·荣休文库"。其中，"典藏文库"主要重版或者重新选编整理出版有较高学术水平并已产生较大影响的著作，"学人文库"主要出版有较高学术水平的原创性著作，"荣休文库"则出版近年退休教师的自选集。在这三个系列中，"学人文库""荣休文库"的撰述，均遵现行的学术规范与出版规范；而"典藏文库"以尊重历史和作者为原则，对已故作者的著作，除了改正错误之外，尽量保持原貌。

  一年四季满目苍翠的康乐园，芳草迷离，群木竞秀。其中，尤以百年樟树最为引人注目。放眼望去，巨大树干褐黑纵裂，长满绿茸茸的附生植物。树冠蔽日，浓荫满地。冬去春来，墨绿色的叶子飘落了，又代之以郁葱青翠的新叶。铁黑树干衬托着嫩绿枝叶，古老沧桑与蓬勃生机兼容一体。在我们的心目中，这似乎也是中山大学这所百年老校和中文这个百年学科的象征。

  我们希望以这套文库致敬前辈。
  我们希望以这套文库激励当下。
  我们希望以这套文库寄望未来。

2018 年 10 月 18 日

吴承学：中山大学中文系学术委员会主任、教授，长江学者特聘教授
彭玉平：中山大学中文系系主任、教授，长江学者特聘教授

目 录

导言 · 1
    唐国史研究的两个基本路向 · 3
    本书的主题和框架 · 14

第一章　唐代的国史概念和史馆制度 · 18
    第一节　唐代国史的名义 · 18
    第二节　唐代的史馆和史官 · 25

第二章　唐国史的修撰历程 · 32
    第一节　开元以前纪传体国史的修撰 · 32
    第二节　开元、天宝年间纪传体国史的修撰 · · · · · · · · · · · · · · 40
    第三节　纪传体国史的下限 · 55
    余论 · 65

第三章　唐国史体制考索 · 66
    第一节　纪传体国史的义例 · 68
    第二节　纪传体国史的名臣传 · 77
    第三节　纪传体国史的类传 · 83
    第四节　纪传体国史的志书 · 100
    第五节　实录的起源和体式 · 106

第四章　唐国史的流传和存佚 · 115
    第一节　唐国史在唐代的传布 · 115
    第二节　唐纪传体国史的著录与流传 · 122

第三节　唐实录的著录与流传……………………………… 131
　　余论……………………………………………………………… 145

第五章　唐人的偏记小说概念……………………………………… 147
　　第一节　偏记的性质及其流变………………………………… 150
　　第二节　小说与史传的分合…………………………………… 154
　　第三节　偏记小说的叙事特性………………………………… 160
　　第四节　偏记小说与传统目录学体系………………………… 163

第六章　国史熔裁偏记小说的途径和方法………………………… 169
　　第一节　唐国史的史料来源…………………………………… 169
　　第二节　行状与国史…………………………………………… 179
　　第三节　传记与国史…………………………………………… 192
　　余论……………………………………………………………… 198

附录一　《史通·古今正史》唐史笺证…………………………… 200

附录二　《大唐新语》校札………………………………………… 209
　　壹　名物之误…………………………………………………… 211
　　贰　通用字词之误……………………………………………… 221
　　叁　行款之误…………………………………………………… 223
　　肆　阙文及错简………………………………………………… 224

主要参考文献………………………………………………………… 227

后记…………………………………………………………………… 249

图表目录

图 1 唐纪传体国史递修关系 …………………………………… 64

表 1 《新唐书·艺文志》与《崇文总目》著录唐纪传体国史对照
………………………………………………………………… 125

表 2 唐宋六家书目著录唐实录对照 …………………………… 132

表 3 《史通·杂述》偏记小说篇目与唐宋三志对照 ………… 166

导　言

　　唐代是中国史学重要的发展时期，在修撰制度、史学理论、编纂体式等方面均树立了影响深远的典范。制度方面，建立了完善的史馆制度；理论方面，出现了首部系统性的史学理论著作《史通》；史书体制方面，《通典》和《唐会要》分别开辟了通代与断代的典志体，唐实录确立了融编年与纪传为一体的实录体。而这一切，都可以汇聚到一个共同的枢纽：唐国史。

　　唐国史包括两种类型的官修史书：纪传体国史和编年体实录。从武德年间至于唐末，一直修撰不辍，由史馆史官专司其事。唐太宗贞观三年闰十二月（已入630年），史馆建置，同时设立宰相监修制度。《旧唐书·职官志二》云：

　　　　历代史官，隶秘书省著作局，皆著作郎掌修国史。武德因隋旧制。贞观三年闰十二月，始移史馆于禁中，在门下省北，宰相监修国史，自是著作郎始罢史职。①

　　史馆制度的建立，标志着朝廷对修史工作的高度重视和严密控制，国史修撰一改官私皆可从事的传统，演变为官方独家垄断的局面。《职官志》又云：

　　　　史官掌修国史，不虚美，不隐恶，直书其事。凡天地日月之祥，山川封域之分，昭穆继代之序，礼乐师旅之事，诛赏废兴之政，皆本

---

①　刘昫等：《旧唐书》卷四三，中华书局1975年版，页1852。关于贞观三年（629年）以前唐有无史馆之制，或有异说，参牛润珍《汉至唐初史官制度的演变》，河北教育出版社1999年版，页211—214。按，本书所使用之文献版本具见书末"主要参考文献"，故仅在首次引用时注明版本信息，再次引用则不再注明，以省繁冗。

于起居注、时政记，以为实录，然后立编年之体，为褒贬焉。①

实录是史馆经常性的作业，纪传体国史则是间断性的任务，前者同时也是后者的重要史源。今人研治唐史的首选材料，《旧唐书》《新唐书》和《资治通鉴·唐纪》，它们最基本的素材无不取资唐国史；唐代研究的重要史料，如《册府元龟》《唐会要》《通典》等，亦无不是大量依据唐国史裁辑而成。

由于唐国史在修成之后并没有严格的密藏制度，很容易经过朝官的抄写、传播而流出宫禁，朝野人士不难得到。许多士人遂利用国史进行二度创作，尤其是安史之乱以后，大量杂史、杂传接踵面世。《旧唐书·经籍志序》云：

> 天宝已后，名公各著文章，儒者多有撰述，或记礼法之沿革，或裁国史之繁略，皆张部类，其徒实繁。②

五代史臣专门例举"裁国史之繁略"一类著作，可见唐人对于当代历史的浓厚热情。唐末高彦休《阙史序》云："自武德、贞观而后，吮笔为小说、小录、稗史、野史、杂录、杂纪者，多矣。"③ 若考究其述作资源，国史无疑是它们取之不竭的廊庙宝藏。士人由此刺取逸闻，结撰出数量众多的私家著作。《贞观政要》《大唐新语》《安禄山事迹》《谭宾录》等即是其中的代表作。这些可以统归为刘知几所谓"偏记小说"的作品④，通常被认为构成了唐史研究的"民间视角"。然而追根溯源，不少其实与官方修撰的国史骑驿通邮、同条共贯。

由此可知，那些深居史馆、"学际天人，才兼文史"⑤ 的唐代史官，在很大程度上启导了后人对李唐皇朝的想象，奠定了唐史叙述和研究的基调。正是在这个意义上，唐国史的研究显得至关重要。

---

① 《旧唐书》卷四三，页1853。李林甫等撰《唐六典》亦载，而无"时政记"三字，中华书局1992年版，页281。
② 《旧唐书》卷四六，页1966。
③ 高彦休：《阙史》，《丛书集成初编》本，商务印书馆1936年版，页1。
④ 关于偏记小说概念的阐述，参见本书第五章。
⑤ 《旧唐书》卷一〇二《马褚刘徐元吴韦传》"史臣曰"，页3185–3186。

唐国史研究的两个基本路向

唐国史从五代开始就有所残损，到了宋末，纪传体国史可能已经失传，实录也多有散佚。这期间，唐国史主要作为前朝史料被使用，尚未有意识地加以研究。但是，正是凭借五代和宋人对唐国史的转载和记述，我们才得以透过遗存的吉光片羽去窥测唐国史的原貌。明清以降，学者能见到的完整的唐国史篇章，就跟我们今天一样，仅有附骥于韩愈文集而保存下来的《顺宗实录》了。清人治学注重考据，所以尽管唐国史散亡殆尽，还是引起了史学家的关注。这其中，赵翼对《旧唐书》袭用唐国史情况的考辨最为后学熟知，他的结论"《旧唐书》前半全用实录、国史旧本"①，为后人不断承用、补充，唐国史研究的雏形由此勾勒完成。20世纪以来的唐国史研究，大体是在前人思路上的延续和细化。归纳起来，研究的路径主要沿遗存和修撰两个方向展开②。

一、唐国史的遗存

顾炎武《日知录》凭借多处"今上"的文字，指出《旧唐书》存在因袭旧史之处③，但他认为那是五代史官"误承旧文"，未意识到《旧唐书》与唐国史的继承关系。与赵翼同时的钱大昕、王鸣盛在研究《旧唐书》的时候，亦根据称谓、避讳、史臣赞语等细节揭示出不少《旧唐书》沿用唐国史旧文的情形④，这些标志性文字也成为后人查考唐史遗文的着力点。及至晚清，罗士琳等的《旧唐书校勘记》（1846）推断《太平御览》所引"唐书"的《选举志》和《官品志》出自韦述所编⑤，即一百三十卷本的唐国史。与此同时，岑建功《旧唐书逸文》（1848）以《太平

---

① 见氏撰《廿二史札记》之"《旧唐书》前半全用实录、国史旧本"，及《陔余丛考》卷十"《旧唐书》多国史原文"等条。
② 本章所提及之先行成果的版本信息，具见书末"主要参考文献"，凡不涉及引文者，不另出注。
③ 参顾炎武著、黄汝成集释《日知录集释》卷二六《史书误承旧文》，上海古籍出版社2006年版，页1450。
④ 参钱大昕《廿二史考异》"旧唐书"诸条，王鸣盛《十七史商榷》"新旧唐书"诸条。
⑤ 罗士琳、刘文淇：《旧唐书校勘记凡例》，《续修四库全书》第283册，上海古籍出版社2002年版，页496。

御览》为主，兼采《太平寰宇记》《事类赋注》《资治通鉴考异》等书，勾稽出十二卷"唐书"遗文，认为绝大多数是《旧唐书》之逸文，少量条目疑出自韦述之《唐书》①。可以说，唐国史的研究一开始就是《旧唐书》研究的伴生物，迄今为止的大多数论文，但凡以追查唐国史的遗踪为目的，入手便是《旧唐书》。这方面的代表作，在20世纪前半叶，有罗香林的《唐书源流考》（1934）和岑仲勉的《旧唐书逸文辨》（1942）。罗文是对《旧唐书》的通盘研究，文章第三节"资料考"是现代学人全面考述唐国史的先声；第五节"唐书学考"可能也论及唐国史的问题，但未见发表。仅就第三节而言，在材料运用和结论上尚未有太大突破。

相比之下，岑文影响较大，其最大贡献在于明确提出《太平御览》所谓"唐书"，是韦述、柳芳等人修撰的纪传体唐国史、实录及《唐历》等之遗文。文章首先否定了岑建功的基本判断，说："《御览》所引《唐书》，多韦氏旧著，非经刘昫增损之《唐书》也。"② 又进一步推测《御览》所引"唐书"是众多唐代史书的通名，说："以为《御览图书纲目》云'《唐书》'者，并韦、柳两书言之也，'《旧唐书》'者，指历朝《实录》等言之也，惟卷内引文又统称曰'《唐书》'，则直犹通名之唐史矣。"③ 这个观点在很长时期为学者所认可④。该文引用了几条碑刻材料，证明"唐书"在唐代早有专名，这为查验国史的记事下限以及在唐代的流传，揭示了一项重要的史料资源。另一篇后来收入《唐史余渖》的短文《册府元龟多采唐实录及唐年补录》里，他又指出《册府元龟》唐代部分的内容很多来源于唐实录。岑氏修复唐代文献的贡献有目共睹，可惜在唐国史的考索上没有做更深的发掘，但是他毕竟开拓了勘测的疆域。

20世纪中叶以后，域外学者对《旧唐书》与唐国史的关系进行了多

---

① 他在给《旧唐书校勘记》作序时，反驳了"《御览》所引之'唐书'，不仅刘氏之书，有韦述之《唐书》在"的观点（《续修四库全书》第283册，页498），但在《旧唐书逸文》的自序中谈到《御览》可能误引他书为"唐书"时，自注云："《官品志》与《职官志》显然不同，《御览》所引各条，疑是韦述所撰《唐书》。今列于诸志之后，别自为卷以俟考。"[《续修四库全书》第285册，影清道光二十八年（1848年）扬州岑氏惧盈斋刻本，页3] 特地将之与《职官志》佚文分开，于卷八独立《官品志》一目。可见其观点变化之迹。
② 岑仲勉：《岑仲勉史学论文集》，中华书局1990年版，页596。
③ 《岑仲勉史学论文集》，页597。
④ 如赵守俨《扬州学派的重要校勘成果——〈旧唐书校勘记〉》谓其"有一定道理，可备参考"。文载《赵守俨文存》，中华书局1998年版，页204。

番研究，颇多创获。加拿大学者蒲立本（Edwin George Pulleyblank）撰有《〈资治通鉴考异〉与730—763年间的史料来源》（*The Tzyjyh Tongjiann Kaoyih and the Sources for the History of the Period 730 – 763*）①（1950），其中第二部分讨论《旧唐书》所载玄宗、肃宗时期内容的史源，认为相应的本纪、志和列传中大量原样移写韦述等的《唐书》，较晚的一些传记则或采录实录成篇。英国学者杜希德（Denis C. Twitchett）所撰《唐代官修史籍考》（*The Writing of Official History Under the T'ang*）（1992；中译本2010），是西方学界唐代史学研究的扛鼎之作，也是迄今为止唐国史研究最为全面深入的著作。其第三部分名曰"《旧唐书》"，着重分析了《旧唐书》本纪和志的史料来源。关于本纪，得出两条与唐国史遗存相关的结论：①唐初至756年（引按，即玄宗以前）的记载整体采自柳芳的《国史》，756年至762年（引按，即肃宗时）的记载来自该部《国史》的增补部分；②762年至847年（引按，即代宗至武宗时）的记载来自各朝《实录》②。关于志书，他通过分析《旧唐书》文本，比对传世唐代文献，推敲每一篇的出处，得出的普遍结论是它们的主体源自《国史》，有的内容甚至可能原封不动地借用过来。其观点基于蒲立本，而考证则远为细密。如果说赵翼是根据"面相"揣度国史与《旧唐书》的血缘，杜希德则试图检测"血样"以鉴定《旧唐书》中的唐国史DNA，提取出这一"灭绝物种"更多的"遗传信息"。日本学者藤田纯子的《旧唐书の成立について》（《〈旧唐书〉的成书》）（1969）、福井重雅的《〈旧唐书〉——その祖本の研究序说》（《〈旧唐书〉祖本研究序说》）（1984）则在赵翼观点的基础上，证明《旧唐书》纪传忠实地继承了国史和实录的内容，后者更详细取样对比《顺宗实录》跟《旧唐书·顺宗本纪》《陆贽传》的片段，考察文本改写的现象。

与此同时，吕思勉《隋唐五代史》（1957）、黄永年《唐史史料学》（1989）、贾宪保《从〈旧唐书〉〈谭宾录〉中考索唐国史》（1989）诸作，因循赵翼等人的方法，查找出更多国史遗存于《旧唐书》的文字。贾宪保文搜罗尤备，于纪、传、志诸体均有抉发，认为从中可以看出唐国

---

① 近有马建霞译本，载《中国与域外》第3期，社会科学文献出版社2018年版。
② ［英］杜希德（Denis C. Twitchett）著、黄宝华译：《唐代官修史籍考》，上海古籍出版社2010年版，页178。

史的结构,而赵翼关于《旧唐书》成书的说法,改为"《旧唐书》前半全取国史,后半掺用实录"更近实情①。谢保成《〈旧唐书〉的史料来源》(1995)对赵翼的看法提出更大的修正,他认同赵说《旧唐书》本纪和列传的取材情况,但认为诸志基本不采国史、实录旧本,而是取自唐人"记礼法之沿革"的专门著述。

进入21世纪,唐国史遗存的问题再次引发热议,焦点还是《太平御览》所引"唐书"。2008年,吴玉贵穷十年之功,全面辑校《太平御览》所引"唐书",撰成《唐书辑校》一书。他将《太平御览》所引"唐书"逐条辑出,与《旧唐书》对比,共得引文二千三百三十五条,其中四百七十三条为今本《旧唐书》所无,一千八百六十二条可以找到相应记载。他据此深入比勘,一反岑仲勉之说,认为其"既不是韦述《唐书》,也不是柳芳《唐历》,更不是唐代历朝实录"②,而是北宋真宗年间预备刊刻今本《旧唐书》之前未经删改的刘昫原作。他说:"今天见到的《旧唐书》,就是咸平三年做了大量修订工作后的《旧唐书》;而《太平御览》引用的《唐书》,则是修订前的《旧唐书》,更多保留了刘昫原书的面貌。"③此后,这个新的结论引发了持续讨论,学者纷纷提出不同看法。汪桂海《谈〈太平御览〉所引〈唐书〉》(2009)认为宋初并无大规模修订《旧唐书》之举,《太平御览》所引"唐书"包括韦述的《唐书》和刘昫的《(旧)唐书》。吴玉贵旋即发表《也谈〈太平御览〉引〈唐书〉》予以回应,列举《太平御览》标为"唐书"却不载于《旧唐书》代宗朝以后的内容凡九十条,认为它们超出了韦述《唐书》的记事时限,又举证了五点《旧唐书》修改《太平御览》所引《唐书》的情况,反驳汪文以为北宋没有修订过刘昫《旧唐书》的观点④。其后,温志拔《〈太平御览〉引"唐书"之性质考论》(2010)认为"《御览》引'唐书'是作为包括刘昫《旧唐书》在内的唐五代史料之通名而使用的",除了《旧唐书》,还包括唐国史及《通典》《唐会要》《隋唐嘉话》《国史补》等杂史笔记类

---

① 黄永年主编:《古代文献研究集林》第一集,陕西师范大学出版社1989年版,页165。
② 吴玉贵:《唐书辑校》前言,中华书局2008年版,页11。
③ 《唐书辑校》前言,页12。
④ 吴文虽然证明了修改的存在,却未能证明修改发生在北宋。论者显然可以根据同样的证据,认为修改是在五代史官修《旧唐书》之时做出的。他最关键的假说——存在一部未经宋人删改的《旧唐书》原本,该文并未提供更多支持。

文献，以及《唐年补录》等史料。唐雯《〈太平御览〉引〈唐书〉再检讨》（2010）则认为，"《御览》所引'唐书'并不是某一部书的专名，而是包括刘昫《唐书》、吴兢等所编一百三十卷本《唐书》及历朝实录在内的官方史料文献的通名"。孙思旺《〈唐书辑校〉指瑕》（2012）认为今本《旧唐书》之"阙略"与咸平校史无关，不同意两版《旧唐书》面貌大异的结论。

孟彦弘《〈太平御览〉所引"唐书"的辑校与研究——评吴玉贵〈唐书辑校〉》（2010）在揄扬吴玉贵的辑佚工作之外，反驳了温志拔、唐雯的意见，认同吴氏将《太平御览》所引"唐书"视作一部书，而不是许多书的"集合"的基本理路，并提出一个新的假设："也许《御览》所引的'唐书'与刘昫的《旧唐书》是同出一源，即他们有一个共同的类似纪传体唐国史那样的一部完整的底本或母本。"① 而这部"底本"，他做了一个"不易证是，也难以证非"的假定：这是后晋史官修《唐书》时发现的一部"后唐编纂的一部完整的纪传体唐代国史"②。

后来温志拔又撰《〈太平御览〉引'唐书'为国史〈唐书〉考论》（2020），推翻自己十年前"'唐书'为通名"的结论，转而认为它"只可能是唐代修撰的国史《唐书》"，其内容包括完整的一百三十卷韦述《唐书》，以及德宗以后直至后唐史官累加编录而未修订完全的两个部分。《太平御览》引用时以其性质一致，统称之为"唐书"。大抵上是在孟彦弘的假定文本基础上，将其理解为一套层累形成、有整有散的汇辑型"唐书"。

以上的讨论，各家对于《太平御览》引"唐书"的性质判定不同，总体而言，其为一书而非众书之通称更为合理；它与《旧唐书》应是母本和改编本的关系。而无论此"母本"到底是哪一个文本，都不可否认其主体是韦述等唐代史官所修撰的唐国史。故欲考察唐代国史，尤其是纪传体国史之遗存，《太平御览》之"唐书"与《旧唐书》具有同等重要的价值。

较之纪传体国史，唐实录虽然也几乎散尽，但其遗存踪迹则较为清晰。存世有韩愈所撰《顺宗实录》一卷，是唐实录仅存的完本；宋人的

---

① 《唐研究》第16卷，北京大学出版社2010年版，页526。
② 《唐研究》第16卷，页532。

著作,如《册府元龟》、司马光《资治通鉴考异》、晏殊《类要》、王应麟《玉海》等著作中保存了不少实录片段。岑建功已指出"《册府》所载,于唐事多采实录"①,此说为现代学者所认同②。杨家骆最早在1938年开始着手辑录唐实录,先后发表《唐实录与唐长历》(1949)③、《唐实录的发见及其确证——"唐实录辑考举例"之举例》(1966)、《唐实录辑考举例》(1974)等文章。在最后一篇文章中,杨氏以今本《顺宗实录》卷一与《册府元龟》相应文字对勘,是为"举例"。不过,他自称"辑录粗竟"之辑本,始终未见发表。吴浩《〈册府元龟〉引唐实录、杂史、小说考》(1999)以《资治通鉴考异》和《玉海》所引唐实录为参照,考得《册府元龟》引有唐实录一百余条④。日本学者池田温的《唐朝实录与日本六国史》(1989)分卷统计《资治通鉴考异》中《隋纪》《唐纪》引用唐实录的概况,以为历朝实录皆有援引,但因温公多概称为"实录",有些难于区别究竟为何本。1990年代初,孙永如曾辑录《资治通鉴考异》全部唐实录,亦惜乎未刊⑤。唐雯《晏殊〈类要〉研究》(2012)从晏殊编纂的类书《类要》中辑得唐实录遗文一百零六条,涵盖了唐修高祖至文宗十五帝实录中的十三帝⑥。刘圆圆《〈玉海〉实录问题研究》(2010)考得《玉海》共征引唐十五帝实录二百四十七条⑦;肖光伟《〈玉海〉所引隋唐五代文献研究》(2011)则辑出十三帝实录四百五十二条⑧。这些辑佚工作,为查考唐实录的遗存提供了坚实的基础。唐雯《〈顺宗实录〉详本再审视——兼论唐实录的辑佚》(2020)从《册府元龟》《唐会要》《资治通鉴》等文献中辑佚详本《顺宗实录》,并提出一

---

① 《旧唐书校勘记序》,《续修四库全书》第283册,页498。

② 如上引岑仲勉文,及陈垣《影印明本〈册府元龟〉序》,载《陈垣史学论著选》,上海人民出版社1981年版。

③ 杨氏云1949年9月发表于《国民公报》,未见。事见氏撰《唐实录的发见及其确证》,载《史学通讯》1966年第1期。

④ 文中未全部摘录,且有误处,参房锐、苏欣《〈《册府元龟》引唐实录、杂史、小说考〉辨析》,载《成都理工大学学报》2005年第1期。

⑤ 辑佚事见孙永如《关于唐代实录的几个问题》,载《古籍整理研究学刊》1991年第2期,页9。

⑥ 参该书《绪论》页5。该书下编第二章第一节"唐实录"实际录出十二种一百零一条,无顺宗及睿宗、武后实录,盖以《顺宗实录》存世,故不录。

⑦ 无则天、敬宗实录,而所辑武宗、宣宗实录当出自北宋宋敏求补撰。

⑧ 此数量不包括作者有意不录的《顺宗实录》,亦无《敬宗实录》。

个大胆的辑佚思路：将《旧唐书》本纪视为唐实录的大纲，据此识别《册府元龟》等文献中的实录，进而进行大规模的重辑。

陈寅恪的唐史研究侧重于历史阐释，唐国史在他手里是一柄考史的利器，而不是具体研究的对象。尽管如此，我们却可以从他对《顺宗实录》《东城老父传》《大唐新语》的论述中得到一种新的启示，那就是借助唐人的偏记小说考察唐国史①。无论从文献还是史实的角度来说，都极大地开阔了研究者的视野。1980年代以来对唐国史遗存的考察，很多收获即得益于对唐人偏记小说的研究。如贾宪保《从〈旧唐书〉〈谭宾录〉中考索唐国史》(1989)、毛双民《〈安禄山事迹〉考述》(1992)，均通过认真比勘，探测出唐国史在偏记小说中的遗存，具体而微地呈现了唐人剪裁国史结撰著作的风气。周勋初师《唐代笔记小说的材料来源》(2000)和严杰《唐代笔记对国史的利用》(2004)更对此加以概括，严文还提出一条考察唐国史遗文的原则：唐代杂史、笔记（按，即本书所称偏记小说）与《旧唐书》相同的内容，有的同源于国史，有的则是《旧唐书》采用杂史、笔记，不可一概认为二者相同即是笔记采自国史②。日本学者池田温的《论韩琬〈御史台记〉》(1990，中译本1999)则从相反的方向着眼，考察国史如何取资偏记小说。他推断国史曾据《御史台记》撰作列传，并特别指出，此书是中唐史官编写酷吏传时的主要依据③。这些文章的考证结果都指向一个结论：偏记小说中与《旧唐书》如出一辙的文字，极大可能是唐国史旧文。

由遗存而衍生的唐国史流传问题，李南晖有《〈新唐书·艺文志〉著录唐国史辨疑》(2002)和《唐人所见国史考索》(2006)对此加以考察，认为《新志》著录的纪传体国史多是抄录史传记载而来，属于记著述而非记藏书的性质，北宋并无其书，真正传世的只有一百三十卷本国史。池田温《唐朝实录与日本六国史》(1989)、《中国的史书和〈续日本纪〉》(1992，中译本1999)则从东亚文化圈的视野考察了唐国史的影

---

① 参氏撰《顺宗实录与续玄怪录》，载《金明馆丛稿二编》；《读东城老父传》，载《金明馆丛稿初编》。其《元白诗笺证稿》谓《大唐新语》"大都出自国史"，上海古籍出版社1978年版，页140。

② 严杰又有《〈朝野佥载〉考》详论此义。

③ [日]池田温撰、孙晓林等译：《唐研究论文选集》，中国社会科学出版社1999年版，页349。

响。藤原佐世《日本国见在书目录》反映了公元9世纪末日本汉籍存世的情况，孙猛为之作《详考》（2015），依据该书杂史家著录的三种实录，考证初唐三帝实录之修撰，并提供了它们在日本流布的一些信息。

二、唐国史的修撰

唐国史修撰的研究可分为修撰制度和修撰历程两个方面。史馆史官方面的论著，主要有张荣芳《唐代的史馆与史官》（1984）、牛润珍《汉至唐初史官制度的演变》（1999）、岳纯之《唐代官方史学研究》（2003）、赖瑞和《唐代高层文官》（2017）等，因为不在本书研讨范围之内，故从略；其修撰历程，在众多中国史学史的通论性著作中通常都设有专节叙述，亦不能一一觇缕，仅择其要者介绍如次。

纪传体国史和实录两种官修史中，相对而言，实录有官目《新唐书·艺文志》提供名单，又有私目《郡斋读书志》《直斋书录解题》《玉海·艺文》等作叙录，在《唐会要》《册府元龟》中保留了大量修撰事迹，《顺宗实录》又幸而独完，相关史料比较齐整，源流分明，学者容易措手，是以研究更充分，成果堪称丰富。早在1930年代中期，国内罗香林《唐书源流考》（1934）与日本有玉井是博《唐の实录撰修に关する一考察》（《唐实录修撰考》）（1935）接连发表。罗文概述高祖至武宗十六朝实录及宣宗朝"准实录"《东观奏记》的修撰大要，因为是将它们作为《旧唐书》的援据史料来介绍，故较为简略；玉井文着重考察唐实录的修撰制度和史料来源，对修撰历程着墨甚少。

1980年前后，陈光崇发表《唐实录纂修考》（1979），赵吕甫发表《唐代的实录》（1981），是20世纪后期两篇通考唐实录的重要文章。陈文侧重研究唐实录的取材、编纂和传布等问题，在修撰始末方面用力尤勤，将唐人所编十六朝二十五部实录的编纂史实逐一按察，穷原竟委，甚为详悉。赵文则集中探讨实录的体制和价值，认为实录记事详于国史本纪，载文亦务求全备，又据《顺宗实录》概括出大臣传的四项纂例，指出唐实录的几个优劣之点。这两篇文章奠定了后来唐实录研究的基本路向。此后杨翼骧、叶振华《唐末以前官修史书要录》（1992）、赵守俨《唐代的官修史书》（1998）等文拾其绪义，更作阐述，而大体不出陈、赵之外。谢贵安《中国已佚实录研究》（2013）是他"实录研究书系"中的一种，其第二、第三章为《唐实录研究》，采撷宏富，深耕细作，全面稽考唐实录的修撰、制度、人员、体例、价值、传播诸问题，可谓唐实录文献研究之总结。

硕果仅存的《顺宗实录》持续激发研究者的热情，针对该著今本的作者、版别、详本遗存、写作倾向、史料价值等问题，不断有论文发表。1980年代初，因今本作者的认定，兴起过一场持续多年的论战。先是张国光一反详本为韩愈所撰、略本为路随所删的传统定见，连续撰文（1980、1985），坐实清人沈钦韩对韩愈著作权的怀疑，认为今本是韦处厚所撰之三卷略本。瞿林东（1979、1982）、熊笃（1982）、蒋凡（1982）、卞孝萱（1984）、刘健明（1989）、张艳云（1990）、刘真伦（1996）等人随后不断撰文致诘，反复辩难，都坚持今本是韩愈所撰之略本的主张，争论趋于消弭。海外学者对《顺宗实录》持续倾注热情，据刘健明《唐〈顺宗实录〉三论》引述，蒲立本《论顺宗实录》（1957）已持今本为韦处厚略本之说；稻叶学一郎《顺宗实录考》（1968）已将韩愈《永贞行》与《顺宗实录》比较，得出今本必为韩愈所撰的结论。二人的主张及论证与张国光、卞孝萱之持论桴鼓相应，但由于信息不畅，国内学者对他们的意见并不知晓，双方实为各自发明而殊途同归。所罗门（Bernard S. Solomon）《唐皇帝顺宗实录》（1955）怀疑今本非韩愈所撰，而是路随监修之本的删节本①。近年唐雯重提旧话，撰《〈顺宗实录〉详本再审视》（2020），推出一个与所罗门相似的假说：详本《顺宗实录》是路随的改本，韩愈原本已消亡；今本《顺宗实录》是路随改本在传抄过程中形成的节本。此说基于间接证据推理，尚待更多实证支持。

纪传体国史的修撰历程，最早见于刘知几的《史通·古今正史》篇，篇中记录了贞观初年姚思廉草创国史直至至武后长安年间他躬修《唐书》的历史，是至为宝贵的一手资料。北宋《崇文总目》著录一百三十卷《唐书》，残存的叙录记述了从初盛唐之际吴兢到代宗朝令狐峘递修的情况。两篇合观，可以概览这项宏伟工程的基本脉络。清代赵翼排比文献，率先在他的《廿二史札记》卷十六"唐实录、国史凡两次散失"条归纳出从吴兢《唐书》到崔龟从等《续唐历》的四次国史修撰，其中前三次关乎纪传体国史。他主要依据两《唐书》立说，又旨在征考《旧唐书》的史源，没有溯及初唐时期的修撰，其结论虽然不够完善，但是为后人提

---

① 转自《唐代官修史籍考》，页132。

供了继续考察的框架。近代学者大抵皆围绕其"四次国史说"踵事增华,推波助澜①。

近人著述中,杜希德《唐代官修史籍考》钻研最深,创获最多。书中约占一半篇幅的第二部分专论史料的汇辑和官史纂修,分为实录和国史两大专题。他将载籍所见唐修实录三十六种("晚唐实录"合计一种)逐一剖析,特别强调国史修撰的政治目的,因此注意检视每一部史书所蕴含的政治意图,而不限于考订修史官员和文本的变动。在史料方面,他第一个揭示出"内起居注"的存在,认为它们可能提供了国史中部分皇子和内廷私密记事的原料。在国史专题部分,杜氏以九种国史为单元,深切研求,得出的重要结论包括:一百一十三卷本国史是韦述的私修本;柳芳是一百三十卷国史的主要定稿者。书的第三部分,在确定《旧唐书》脱胎于唐国史的前提下,追踪问迹,披沙拣金,发掘出本纪和志书的大量史源线索,长期掩藏于《旧唐书》名义之下的国史"本相"因而显现。书中绘制多幅图表,有总表概括诸本国史的亲缘关系,有分表逐卷溯源主体移自国史的《旧唐书》本纪,非常清晰地呈示了他对唐国史修撰历程的结论。可以说,无论在研究的范围还是深度上,此书均超迈前人。而或许出于整全性的执念,在文献不足征的时候,杜氏有时不愿阙疑,推论过度,治丝益棼;又或误解文献,推导出错误的结论,例如对吴兢以后各本的性质和彼此关系的解释②。然而通体而言,此书无疑是唐国史研究领域的经典著作。

唐代政争与史学的关系,一直是史学研究的热点,唐国史也不例外。早期的研究多围绕具体事件展开,代表作有唐长孺《唐修宪穆敬文四朝实录与牛李党争》(1989)、张荣芳《牛李党争中史官与史学的论争》(1992)、王元军《许敬宗篡改唐太宗实录及国史问题探疑》(1996)等。唐文分析四朝实录与党派之关系,得出一个高屋建瓴的结论:"五代史臣修唐史时的态度倒向德裕一边,而使他们受到影响的不是反映在历朝

---

① 如罗香林《唐书源流考》(1934)、藤田纯子《唐代の史学——前代史修撰と国史编纂の间》(1975)、福井重雅《〈旧唐书〉——その祖本の研究序说》(1984)、黄永年《唐史史料学》(1989)、谢保成《隋唐五代史学》(1995)等均演绎此说。

② 详见本书相应章节讨论,此不赘述。并参谢保成为《唐代官修史籍考》(*The Writing of Official History Under the T'ang*)所撰书评,载《唐研究》第 2 卷,北京大学出版社 1996 年版。

《实录》中的牛党观点,而是唐末为德裕鸣不平的舆论。"① 具体而微地点出唐国史与《旧唐书》的离合,提醒研究者不能简单将后者视作前者的拷贝,应须分辨真实的叙述语境。

近十余年"文本学"研究热潮中,唐国史的修撰也成为一个引人注目的焦点。虽然同样关注政治与史学的胶葛,但与传统的"政争—史学"的话语模式不同,新兴研究的重心由事件批判转向史料批判,透过历史书写与权力之间的张力,审视史书的生成方式、书写意图和逻辑,揭示叙事中权力的作用和自我形塑。"权力""正当性""政治正确""意识形态"等成为分析书写动机的常见关键词。从某种意义上说,这种理路是古老的"义例之学"的现代回响,也暗合后现代历史叙事学拆解"文本建构"的手法②,浑似工业设计中的"逆向工程"。唐雯《唐国史中的史实遮蔽与形象建构——以玄宗先天二年政变书写为中心》(2012),从张说所撰《郭元振行状》切入,揭示唐国史中对先天政变细节和人物的遮蔽与重塑。徐冲的《中古时代的历史书写与皇帝权力起源》(2017)根据他总结的正史"起元"书写模式,推测"隋末英雄传"是在武周期间才进入唐国史的,意在维护武周政权建立的正当性。可惜他也承认这只是模式推演的结果,羌无实据。仇鹿鸣《隐没与改篡:〈旧唐书〉唐开国纪事表微》(2020)比较温大雅《大唐创业起居注》与《册府元龟》节录之《高祖实录》,发现实录对温著的增删、润色的诸多例证;又依据多份不同时期的功臣名单的排序,猜测他们在国史的位次经过多次调整,如今以裴寂、刘文静合传为首的顺序,可能出自吴兢之手;而这些传记中常见的太宗招募、引荐的表述,亦是为了突出太宗而有意设计的一种格套。这些生气淋漓的成果拓展了国史研究的格局,注入一种崭新的气象。但我们也不应忘记后现代历史学名家安克斯密特(Frank R. Ankersmit)的诤言:"(假如)认为人们应当全神贯注于文本作者的意图,那会堕入意图论谬误(intentionalist fallacy)的陷阱。"③

---

① 唐长孺:《山居存稿》,中华书局1989年版,页241。
② 海登·怀特概括历史学家建构叙事的三种方法为:①情节化解释;②论证式解释;③意识形态蕴涵式解释。新兴研究亦往往循此进路破解文本。见氏撰《元历史》之"导论",陈新译,译林出版社2004年版,页8。
③ [波兰]埃娃·多曼斯卡编、彭刚译:《邂逅:后现代主义之后的历史哲学》,北京大学出版社2007版,页96。

综上所述，学界对唐国史的研究，在文献上已有许多创获，已然形成了方法的自觉，探索出一些规律性的工作原则；在国史与意识形态的内外影响方面，亦取得不俗成果。然而在具体的结论和议题上，仍有许多未尽之义，存在继续探讨的空间。例如，纪传体国史谱系方面，诸本国史究竟是何种继承关系？吴兢和韦述所编国史的性质是什么？纪传体国史的修撰下限究竟在哪里？唐人见到的国史的品种和形态是怎样的？史馆为偏记小说进入国史开放了许可，他们具体的运作路径如何？史家如何调整文体以契合官史需要？凡此之类，决定了我们对唐国史的微观认知，也左右着我们对唐代史学史的宏观判断，很有深入研究的必要。

2000年以来，笔者发表了多篇唐国史研究的论文，最早一篇是《〈史通·古今正史〉唐史笺证》（2000），考证初唐国史修撰史实，弥补了赵翼之缺失；撰《〈新唐书·艺文志〉著录唐国史辨疑》（2002），考察唐国史的著录与流传；撰《唐纪传体国史修撰考略》（2003），全面考核修撰经过，疏通各本之间的关系，提出传世的一百三十卷本定型于元和年间的假说；撰《唐人所见国史考索》（2006），探讨唐人接触国史的情形，推考纪传体国史的体例和内容；撰《作为国史材料的唐人偏记小说——以行状为中心》（2009），考察国史援用私家史料的通则和个案。这些文章构成了本书的基础，在成书过程中又做了大幅度的修订。

本书的主题和框架

几乎跟李唐王朝相始终的国史修撰历程，不仅关乎有唐一代官方史书的编纂，更深刻反映出唐代政治史、思想史、文化史的诸多面相，为我们提供了一扇观看三百年风云变幻的特殊窗口。本书的研究，围绕唐国史的编纂展开，探讨制度建立、修撰经过、撰述机制、文本形态、传播方式、社会影响、文本流传等一系列问题，旨在理清唐国史的来龙去脉，疏通学界长期悬而未决的一些疑难。

全书共分六章，各章之主要内容如下：

第一章"唐代的国史概念和史馆制度"。

唐人所谓"国史"，用来指称史书时有广狭二义。广义的国史，指历朝历代记载一国之事的史书；狭义的国史指官修本朝史，包括编年体的实录和纪传体的国史两种终端成果，有时亦作为专名，特指纪传体的本朝史。本书使用的是狭义概念。

唐太宗设立史馆,至少在三个方面改造了官修国史的制度。第一,撤消了著作郎的修史职能;第二,在宫禁近掖的门下省创设史馆,将史官的工作置于中央决策机构的直接监管之下;第三,实行宰相监修制度。虽然其目的是实现皇权对史权的全面掌控,但客观上也培养了一批批术业专攻、世业相承的史官群体。史馆史官职任清高,但在层层监管、多头指授的史馆体制下,"成一家之言"的史家职志,已经基本失去了施展的空间,于是在国史之外不断有大量的以"补史阙"自命的偏记小说面世。

第二章"唐国史的修撰历程"。

关于唐实录修撰的研究已较为充分,本章集中探讨纪传体国史的修撰。唐纪传体国史是典型的层累完成的著作,修撰始于著作郎姚思廉,此后全由史馆史官完成。唐初至中宗朝,一共完成了由姚思廉、长孙无忌、许敬宗、牛凤及、武三思主持的五部国史,每一次修撰无不受到政治力量浮沉的牵引。其中只有长孙无忌、令狐德棻的《武德贞观两朝史》是首尾完具、获得官方认可的定本。吴兢在开元以后,以个人之力带史职修撰唐史,身后进呈八十余卷。在很长一段时间吴兢与韦述两书的工作同时进行,吴、韦二书并非一般认为的承袭关系。韦述是始于开元十八年(730年)的纪传体国史项目的发起者、组织者、主笔人,居史馆二十年,始终不辍;而在安史之乱中,他又隐忍苟全,成为国史孤本的守护者,于传述昭代史事最为功臣。元和初年,裴垍组织了最后一次大规模的集体修撰,形成了北宋唯一存世的一百三十卷唐国史定本。

第三章"唐国史体制考索"。

实录"寓传记于编年"的体式特征,可溯源于荀悦的《汉纪》,本是在改编纪传体的《汉书》为编年体时的权宜之计。唐实录作为国史的终端成果,在流通的同时,也担负了为纪传体国史提供基本材料和框架的功用,大抵编年部分融裁为本纪,名臣传部分改造成列传。

唐修纪传体国史的正式书名当为《唐书》。很长一段时间它都未订立明确的条例,直到韦述手上才编成《史例》一卷,作为开元、天宝间官修国史的准的。今从遗文中可推测出立本纪之例、本纪书拜免之例、宗室不书姓例、书帝讳之例等数端,可知韦述的史例重视史实安排方面的技术规则,不似经过史学经学化洗礼后的史官那般强调春秋大义。通过勾稽名臣传、类传、志书,本章重建唐国史的结构和体制,探查其史源,辨析层累形成的痕迹。

第四章"唐国史的流传和存佚"。

唐代的国史、实录修成之后，并没有严格的保密规定，朝官甚至获得任意抄传的许可。究其原因，是意图把国史作为政治宣传的工具，故而终唐一代，国史流布十分广泛，相应的限制却很宽松。比较而言，纪传体国史流出的途径基本上是由史官亲自抄存，或者朝官借助私人关系到史馆抄录，流传较少；实录则持续发布，民间传本较多。

《新唐书·艺文志》著录的五部唐国史，只有一百三十卷本可确信北宋实存；《新志》又著录了好几部其他书目缺载的实录，与国史一样，都是从唐人文献采录得来，并非当时有其传本。其中颇有疏于考证、著录失当的地方，本章一一为之辨证。由此可见，倘若以《新志》作为北宋图书流传的证据，需要审慎考证。

唐国史消亡的原因不外二端：一是被后修的作品合并或取代，一是毁于灾祸。《新唐书·艺文志》细大不捐地网罗了几乎全部唐国史著作，为我们认识唐国史提供了一份比较完备的清单。可是《新志》的作者务存一代著述，又限于体例，没有考察各本唐国史之间的递嬗，更没有像《隋书·经籍志》那样标明著作的存佚。在造成自身著录的一些失误的同时，也给后人认识唐国史的存没和流传留下了疑难。

《新志》的著录方式使得原本历时性存在的文本变成了共时性的存在，削弱了它考证文献流传的作用。我们认为：《新志》有一部分"不著录"图书，是根据唐代文献的记载著录的，北宋时未必存世；它的著录原则是记一代之著述，未必反映北宋时期书籍流通的实况。这个认识对于正确地利用《新志》考镜唐代文献的源流十分重要。

第五章"唐人的偏记小说概念"。

刘知几从史料学的角度，将正史以外那些通常称为杂史、杂传、杂记、郡书、地志等的作品归为十类，分别部居，统称为"偏记小说"，认为这些作品"自成一家，而能与正史参行"。揆诸唐代史学史，一方面，品类繁多的偏记小说取裁国史，独张一军；另一方面，国史的修撰也时常取资于这些文献。它们是正史的旁枝，也是正史的骨肉。本章从目录学着手，探讨了偏记的性质及其流变、小说与史传的分合、偏记小说的叙事特性、偏记小说与传统目录学体系等几个问题。参与偏记小说创作的，有史家，有文士。在两种文体的互通上，史学家的门槛偏高，而文人的胃口偏大；史学家把小说视为"杂质"，意在维护史书"文直事核"的实录精神，文人则是要为小说寻找一个"高贵血统"，提升文体的品位。

第六章"国史熔裁偏记小说的途径和方法"。

唐代史馆制定了一套严密周详的史料征集制度，为官修史书提供了丰富而稳定的史源。现存两份《应送史馆事例》开列的事目将近三十种，送纳部门包括上至三省六部，下至州县各级国家机关。其内容包罗万象，囊括了政治和社会生活的方方面面，可见唐人的史料意识已近于近代史家提倡的整体历史观。其中不仅有起居注、实录等官修史料，更包含了大量的私人撰述。唐史馆对私人史料秉持开放的态度，史官被赋予采访的自主权，个人可通过关系向史馆提交材料。此举为偏记小说渗入国史留下了制度化通道。

不少史官同时也是偏记小说的作者，身份的重叠为私家记录跻身国史提供了最便捷的通道。而顾及写作身份和著作性质的差别，作者会做出适当的叙事调整，在国史中维持较为官式的叙述姿态，弱化私家传记中个性化、情绪化的表达。行状是一种特殊的私家史料，也是修撰国史列传的重要凭借，以张说《郭元振行状》和移植自国史的《旧唐书·郭元振传》为例，可见行状博采传闻、行文生动的作风，发扬了《史记》开创的传记文学的传统，然而在严格的史家眼中，它损害了记录的可信度。在采入正史的过程中，偏记小说中容易招致"虚诞"批评的内容被删削，本来就克制的文华意气受到进一步挤压，人物形象的政治特征被突出强化，人物自身的丰富性被类型化、模式化的叙事需要所裁剪。个性向共性折中，艺术向政治归化，这是史传文体自身的规范，也是史家述作的意识形态的自律。

第一章 唐代的国史概念和史馆制度

从唐代开始,史馆成为一所独立的修史机构,国史修撰成为经常性的官方项目。皇家通过不断完善史馆制度,深度介入史学领域,汉魏以来的世袭、家学化的史学日渐式微①,一批职业史官带着全新的身份和素养登上史学舞台。唐国史便是这套制度化、规范化的体系下的产物。

第一节 唐代国史的名义

唐人所谓"国史",含义比较多样,这跟它词义的历史演变有关。"国史"一词,在传世文献中最早见于晚周。《诗大序》说:

> 国史明乎得失之迹,伤人伦之废,哀政刑之苛,吟咏性情,以风其上。②

孔颖达《正义》解释道:"国史者,《周官》大史、小史、外史、御史之等皆是也。"可见,最初的"国史"也跟"史"一样,指的是史官,而不是史书③。并且,它似乎只是一个临时搭配的词组,用作所有史官的泛称,因为与先秦其他史职名称的频繁出现不同,我们只在这一处见到它的踪影。此后,史官制度经由著作官制,而史馆制,而翰林院制④,史官职名屡有变更,"国史"或入衔或不入衔,但是作为史官的通名则一直沿用下来。其例繁多,兹不具举。

---

① 参〔日〕内藤湖南《中国史学史》第八章"六朝末唐代出现的史学变化",上海古籍出版社2008年版,页148–149。
② 《毛诗正义》,《十三经注疏》本,中华书局1980年版,页272。
③ 参金毓黻《中国史学史》第一章之"古人未尝以史名书"节,商务印书馆1999年版,页25–26。
④ 参金毓黻《中国史学史》第五章之"史官之名凡三变"节,页102–105。

"国史"的另一个常见义项是指本朝史著。《后汉书·班固传》说：

> 固以彪所续前史未详，乃潜精研思，欲就其业。既而有人上书显宗告固私改作国史者。①

众所周知，班固的《汉书》是我国第一部断代史，而"国史"指称的第一部本朝史著，就是《汉书》。它起初是私修著作，而后才被官方认可并利用官方资料继续完成。因此，《汉书》还不完全是严格意义上的国史——官修本朝史。官修国史的修撰当发轫于班固领衔草创的《东观汉记》。汉明帝（即显宗）永平五年（62年）班固担任兰台令史，与陈宗、尹敏、孟异等修《世祖本纪》。次年，班固"又撰功臣及新市、平林、公孙述事，作列传、载记二十八篇"②。从此，官修本朝史活动步入了经常性、制度化的轨道。杜维运《中国史学史》总结这一历史变化时说："从东汉初年明帝时起，朝廷即不断诏修当代的历史，包括帝纪、年表、载记、志以及皇后、名臣、节士、儒林、外戚、外族诸传，这是中国历史上的创举。东汉以前，史官及时记事为天职，修史则为私人事业。从明帝时起，中国史学史上另现诏修当代史的新猷，这是所谓官修国史。"③ 汉献帝建安三年（198年），秘书监荀悦受诏撰《汉纪》，成为第一部编年体的官修本朝史。因为两种体裁互有得失，所谓"班、荀二体，角力争先，欲废其一，固亦难矣"④，所以魏晋以降历代修撰的本朝史，往往二体并存，形成"所在史官，记其国事，为纪传者，则规模班、马；创编年者，则议拟荀、袁（宏）"⑤ 的局面。国史的体裁特征逐渐固定下来了。不过，在唐代史馆制度建立以前，所谓"史官放绝"之后，大多数被视为国史的本朝史并非官修，而是出于私撰。因此，一般把国史等同于官修本朝史的看法，对于唐以后可谓得当；对于唐以前，则不免惑于事后追认，忽视

---

① 范晔：《后汉书》卷四十上，中华书局1965年版，页1333–1334。
② 《后汉书》卷四十上，页1334。参杨翼骧、叶振华《唐末以前官修史书要录》，载《史学史研究》1991年第4期。
③ 杜维运：《中国史学史》第一册第六章第四节"东汉的修史事业与儒家史学思想的日趋浓厚"，商务印书馆2010年版，页230–231。
④ 《史通·二体》，刘知几撰、浦起龙通释《史通通释》，上海古籍出版社1978年版，页29。
⑤ 《史通·六家》，《史通通释》，页15–16。

了国史修撰的历时性变化。

到了梁代,"国史"成为一个目录学的类目。成书于梁武帝普通四年(523年)前后的阮孝绪《七录》,原书早已亡佚,只有序还保存在《广弘明集》卷三《归正篇》中,让我们得以窥知它的分类情况。其《记传录》相当于后代书目的史部,其中专立"国史部"一门。目录学家普遍认为,大约一百年后成书的《隋书·经籍志》的细目设置全仿《七录》,而"国史部"则改称"正史类"——"正史"之名来源于阮孝绪的另一部著作《正史削繁》——所收皆为纪传体史书。那么,逆推《七录》"国史部",其著录当与正史类别无二致。编年体史书则另归"注历部",《隋志》改称"古史类"。阮孝绪似乎给"国史部"附加了一层更严格的体裁限定,只著录纪传体史籍。

由于《七录》所收书的名目已经失考,"国史部"所收是否全为纪传体其实大有疑问。首先,这不符合六朝人使用"国史"概念的习惯。其次,《七录》"国史部"有书二百一十六部,而《隋志》"正史类"算上"梁有今亡"的也只有八十部,还没减掉《七录》以后成书的谢吴①《梁书》等八种。二录所收相差达一百三四十部之多,想必不会是纪传体史书骤然锐减,合理的解释只有一个,就是阮孝绪把纪传和编年统在了"国史部"名下,并没有按体裁加以区分,其中应还包括《隋志》析出另立的"杂史类"的部分著作。至于"注历部",著录有五十九种,只跟《隋志》"起居注类"合计"梁有"的数目相当,不可能像有的人认为的那样,既有编年体史书,又有起居注②。

因此,我们以为,阮孝绪将"国史"用为目录学概念,并没有缩小它的能指范围,相反,他用国史命名历代王朝史著的做法,使得这个词扩展为一个书类的概念。尽管它作为目录学术语使用的时间并不长,由此确

---

① 谢吴,程千帆先生谓应为"谢昊",见《史通笺记·史官建置》"谢昊"条按语,中华书局1980年版,页198。夏婧检诸书记载,其名有吴、昊、旲、昺四说,以为作"谢昺"近是。见氏撰《明代嗣雅堂钞本〈唐书〉的文献价值》,载《文史》2015年第2辑,页157-158。

② 谢保成已持此说,但未作证明。参氏撰《〈隋书·经籍志〉对〈史通〉的影响》,载《中国史研究》1983年第4期;又见氏著《隋唐五代史学》,厦门大学出版社1995年版,页114-115。旧说可参王重民《中国目录学史》、许世瑛《中国目录学史》。郑鹤声《中国史部目录学》第四《史目正录》则谓《七录》之国史分出《隋志》之正史、古史,而以杂史为《隋志》所独创,上海商务印书馆1930年版,页57。

立的历代史著的意义却保留了下来。

唐人所谓"国史",延续了积久相传的各种含义,具体所指则有因有革。用来指称史书时,它有广狭二义。

唐人广义的"国史",外延非常宽泛,大致历朝历代记载一国之事的史书都可称为"国史"。先看以下从周绍良、赵超主编的《唐代墓志汇编》找到的词例:

《大唐乐君墓志》:"君讳达……自分封命氏,懿德嘉猷,并国史家谍之所详,故此略存梗概而已。"①(永徽004)

《大唐故上柱国左威卫郏鄏府司马杜君墓志铭并序》:"君讳才……原夫得姓命氏,列于春秋,降汉及魏,传诸国史。"②(开耀001)

《大唐左威卫洛汭府队副上柱国韩德信妻程夫人墓志铭并序》:"自汉逮魏,国史传其象贤;唯祖唯曾,家谍昭其干蛊。"③(永淳008)

《大周贾府君墓志铭一首并序》:"君讳楚……周康王之苗裔,汉□□□□□。文学重于东京,衣冠盛于西晋,备乎国史,可略言焉。"④(长安025)

《唐故梁处士墓志铭并序》:"君讳英……自分土惟三,列爵惟五,保命授氏,茂绪联华,遁汉甸而驰名,辅晋台而擅宠,观乎国史,可略言焉。"⑤(开元301)

《大唐华州下邽县丞京兆韦公夫人墓志铭并序》:"(韦)公五代祖孝宽,周为大司空,隋为雍周牧,其后登三台,列八座,焜煌国史,此不并举。"⑥(贞元025)

《□唐故天□□夫人墓志铭并序》:"夫人姓尹氏,其先出自有

---

① 周绍良、赵超编:《唐代墓志汇编》,上海古籍出版社1992年版,页133。
② 《唐代墓志汇编》,页682。
③ 《唐代墓志汇编》,页690。
④ 《唐代墓志汇编》,页1007。
⑤ 《唐代墓志汇编》,页1363。
⑥ 《唐代墓志汇编》,页1855。

周,洎始祖至于高曾,国史家谍具载,此不备述。"①(元和051)

《唐故夫人夏侯氏墓志》:"汉有滕公讳婴,佐高祖定天下,子孙益炽,冠冕弥盛,国史家传,粲然可观。"②(开成047)

《唐故汴州雍丘县尉清河崔府君夫人范阳卢氏合祔墓志铭兼序》:"夫人卢姓,范阳涿人也。其先……自东汉侍中植而降,名传于国史者凡十代。"③(大中080)

《唐故太原郡王处士墓志铭》:"廿四代祖褒,仕晋为大将军,以孝敬动天,粲分国史……"④(咸通047)

这些例句里的"国史",或泛指历代史,或借指汉、晋、周、隋诸朝史。我根据《唐代墓志汇编》进行统计,除去"监修国史"等表示职官的固定搭配,"国史"一词共出现一百零八次,其中在上述意义上使用的有九十四例,占总数的百分之八十七。考虑到人工统计的误差,以及个别词义的歧解,统计数字会略有出入,但是比例之高却是可以确信无疑的。这说明在唐人的日常用语里,"国史"指称历代史或前代史的情况非常普遍。在以上诸例中,"国史"每每与"家谍(牒)""家传"对举。家、国之别,换言之,就是官、私之别。"家谍(牒)""家传"指的是私家记录的家族历史,"国史"则涵盖了历代的王朝史书。可见唐人给作为一般语词的"国史"设置了最宽泛边界,差不多把一切以记载国事为体的史书都包括在内了。

唐人狭义的"国史"指官修本朝史,又有专名和通称之别。

作为专名,"国史"特指纪传体的本朝史,如《旧唐书》卷一四九《于休烈传》载休烈奏文:"且国史、实录,盛朝大典,修撰多时。"⑤ 这个"国史",就是从姚思廉开始,经由长孙无忌、令狐德棻、许敬宗、牛凤及、吴兢、韦述、于休烈、柳芳、令狐峘等人累次修撰的唐史。

作为通称的唐"国史",一般认为统指唐代史馆修撰的两种终端成果:编年体的实录和纪传体的国史。如宰相"监修国史"职衔中的"国

---

① 《唐代墓志汇编》,页1985。
② 《唐代墓志汇编》,页2203。
③ 《唐代墓志汇编》,页2309。
④ 《唐代墓志汇编》,页2414。
⑤ 《旧唐书》,页4008。

史",其含义即是官修本朝史①。

纪传、编年二体皆为"国史",这是因袭旧贯;逐朝编录的实录取代通代的国记,却是唐代的新变。有关实录的兴起,下文再叙,这里先讨论一部常被放入国史范围的编年体史书——柳芳的《唐历》:它是否属于狭义的唐"国史",即唐代官修本朝史的一种?

赵翼《廿二史札记》卷十六"唐实录、国史凡两次散失"条认为唐代曾四度修撰国史,其中第四次并论《唐历》和崔龟从等的《续唐历》,将其看作国史脉络中的一环。他说:

> 后芳谪巫州,会高力士亦贬在巫,因从力士质问,而国史已送官,不可改,乃仿编年法,为《唐历》四十篇,以力士所传载于年历之下,颇有异同。②

近人吕思勉《隋唐史》、李宗侗《中国史学史》、谢保成《隋唐五代史学》等皆承其说而加以进一步论证。但是,假如我们对正续二书的成书过程稍作考察,就不难发现两者性质上的差异。《旧唐书》卷一四九《柳登传》附《柳芳传》云:"上元中,坐事徙黔中,遇内官高力士亦贬巫州,遇诸途。芳以所疑禁中事咨于力士。力士说开元、天宝中时政事,芳随口志之。又以国史已成,经于奏御,不可复改,乃别撰《唐历》四十卷,以力士所传载于年历之下。"③ 此段文字与李德裕《次柳氏旧闻·自序》所记大和八年(834年)宰相王涯及柳芳的孙子柳璟的奏语极为相似,可能《旧传》所述出于此书,也可能《旧传》和奏语同依实录为言。而对于其成书过程,《自序》提供了更多的信息。王涯表示柳芳还京之后,"编次其事,号曰'问高力士'",可知柳芳最早撰写的是一部像后来韦绚采访刘禹锡所作的《刘宾客嘉话录》那样的"口述历史",于四部应属子部小说之类;柳璟则表示,"某祖芳,前从力士问,觊缕未竟。复著《唐历》,采摭义类尤相近者以传之。其余或秘不敢宣,或奇怪非编录所

---

① 参贾宪保《从〈旧唐书〉〈谭宾录〉中考索唐国史》,载《古代文献研究集林》第一集,页141。
② 赵翼撰、王树民校证:《廿二史札记校证》,中华书局1984年版,页344-345。
③ 《旧唐书》,页4030。

宜及者，不以传"①。可见《唐历》虽是以国史为蓝本改造的编年体唐史，但始终是以其一己之力完成，如同前辈吴兢、韦述所修《唐春秋》一样，应视为柳芳的私人撰述，所以《旧传》特地称为国史之外的"别撰"，以示与"经于奏御"的官修纪传体国史为异类②。《续唐历》又如何呢？《旧唐书》卷十八下《宣宗纪》云："（大中五年）七月，宰相监修国史崔龟从续柳芳《唐历》二十二卷，上之。"③ 参与其事的成员还有韦澳、李荀、张彦远、蒋偕、崔瑄等人，他们的身份都是史官④。既然以"监修国史"的名义进上，又由史官修成，《续唐历》当然是官修本朝史了。由史馆组织力量为一部私修史书续编，这在唐代是绝无仅有的，在中国史学史上也极其罕见。《唐会要》卷六三《修国史》记载了《续唐历》的修撰，却没有记《唐历》的半点消息。可见《唐历》在德宗贞元十九年（803年）苏弁奏进《会要》四十卷的时候，尚未被当成国史。那么，至宣宗大中七年（853年）崔铉监修、杨绍复等编撰《续会要》时，《续唐历》已跻身国史之列，柳芳的原作有没有"母凭子贵"或者蒙受"追赠"，取得官史的地位呢？根据现有的文献，我们无法证实。从《新唐书·艺文志》看来，两书各成卷帙，并未像纪传体唐史那样合二为一。也就是说，《续唐历》尽管为《唐历》续命，却没有将它带入官修史的范畴。所以，赵翼等人的说法，对《续唐历》能够成立，对《唐历》却不合适。不过《唐历》早已传写四方，深受唐人器重。《文献通考》卷一九三《经籍考》史部编年类引巽岩李氏（李焘）所言曰："刘恕谓芳始为此书，未成而先传，故世多异本。"⑤ 可知它受唐人重视的程度。假若用唐人广义的"国史"概念来衡量，倒未必不能称之为"国史"。

本书将要探讨的唐"国史"，使用的是唐人的狭义概念，具体的对象

---

① 李德裕：《次柳氏旧闻》，中华书局2012年版，页45。
② ［英］杜希德的《唐代官修史籍考》集中讨论官修史书，其中辟有专节论及《唐历》，但也明确称之为"私家编年史"，页52。
③ 《旧唐书》，页629。此事《旧唐书》卷一七六《崔龟从传》、《唐会要》卷六三《修国史》、《册府元龟》卷五五七《国史部·采撰三》亦载，卷数皆作"三十"。
④ 参宋祁、欧阳修等《新唐书》卷一三二《蒋偕传》及卷五八《艺文二》，中华书局1975年版，页4535、1460。张荣芳《唐代的史馆与史官》附录二《唐代史馆史官表》将此数人的史职皆认定为"史馆修撰"，恐是根据蒋、韦的职衔类推，未必皆然，（台湾）私立东吴大学学术著作奖助委员会1984年版。
⑤ 马端临：《文献通考》，中华书局2011年版，页5596。

包括唐史馆修撰的历朝实录和纪传体国史，以及《续唐历》。

第二节 唐代的史馆和史官

关于唐代的史馆、史官制度，台湾学者张荣芳早在 1984 年已经有专著《唐代的史馆与史官》梓行，对唐代史馆的渊源、建制、职能以及史官的选任、仕途、社会阶层等方面的问题进行了系统而周密的研究。1999 年大陆又出版了牛润珍的《汉至唐初史官制度的演变》，对高宗咸亨以前（618—670 年）的唐代史官制度作了认真的梳理，纠正了前贤的若干疏误。赖瑞和的《唐代高层文官》第四部分《史官》专门探讨史官使职化的问题，认为史馆史官们都是专业的"专任"史官，而非一般理解的"兼职"史官[①]。此外，还有为数众多的单篇论文，围绕此问题进行了多方探讨。本节在前人研究的基础上加以综述，间附己见，以此作为陈述一代史学发展的背景和铺垫。

大规模组织修撰前代史和史馆制度的确立，是唐人对中国史学史作出的两项重要贡献。这两项事业都发轫于贞观三年（629 年），因此有的研究者把前项工作误当成了后一机构的成果；而事实是，梁、陈、齐、周、隋的历史，即唐人所称的"五代史"，尽管在史馆建立的同年开撰，却归中书省新置的秘书内省统辖，与设在门下省的史馆没有关系。《唐会要》卷六三《修前代史》明言："贞观三年，于中书置秘书内省，以修五代史。"[②] 贞观十年（636 年）正月，书成奏上，秘书内省的使命完成，旋即裁撤。可见秘书内省只是一个临时的协调性机构，与史馆的常设体制全然不同。当然史馆也承担过前代史的修撰任务。贞观二十年（646 年）闰三月，诏令"修国史所更撰《晋书》"[③]，"修国史所"即是史馆；高宗显庆元年（656 年）竣工的《五代史志》也完成于史馆。除此之外，修撰国史便是史馆的唯一任务。

---

① 参赖瑞和《唐代高层文官》，中华书局 2017 年版，页 209－256。
② 《册府元龟》卷五五六《国史部·采撰二》同。辨误可参《汉至唐初史官制度的演变》，页 223－224。
③ 《册府元龟》卷五五六《国史部·采撰二》，王钦若等编纂、周勋初等校订《册府元龟校订本》，凤凰出版社 2006 年版，页 6375。《唐会要》卷六三《修前代史》记此事脱"国"字，当据补，上海古籍出版社 2006 年版，页 1288。

史馆之制始于北齐，原是秘书省的附属机构，周、隋二代沿用不改。唐初犹沿隋制，到贞观三年闰十二月（已入630年），于门下省别置史馆，专司史职，建构起官修史书的新体制。《旧唐书·职官志二》云：

> 历代史官，隶秘书省著作局，皆著作郎掌修国史。武德因隋旧制。贞观三年闰十二月，始移史馆于禁中，在门下省北，宰相监修国史，自是著作郎始罢史职。①

由此可知，唐太宗设立史馆，至少在三个方面改造了官修国史的制度。第一，撤销了著作郎的修史职能；第二，在宫禁近掖的门下省创设史馆，将史官的工作置于中央决策机构的直接监管之下；第三，实行宰相监修制度。

这三点并不都是唐人的创举。比如监修国史的衔名早见于北齐、北周，而实际上北魏的崔浩总统史任，修撰国书，已经为宰相监修制度开了先河。唐朝在史馆设立伊始即将此任委予宰相，则与前两点联动呼应，完全是当朝意欲操控史权，让国史成为国家意识形态的表达工具的一种策略，其动机纯粹是政治性的。这种意图自然也不自唐人始，然而为此而长期努力建构的体制，则是在贞观年间方才趋于成熟的。

如众多史料所表明的那样，太宗修前代史是为了以史为鉴，为开基未久的唐王朝探索治国安邦的良策；而修国史的目的之一则是为了确定自己的历史地位，美化自己的明君形象。要达到这些目的，为官择人显得特别重要。对后一种动机，雷家骥曾根据史馆初建时监修宰相这一人事安排，揭示了太宗操纵历史的行径：唐初，三省首长皆为宰相。史馆设在门下省，按理由门下省的最高长官侍中担任监修宰相甚为方便，但自贞观二年（628年）至十七年（643年），相继任侍中的是王珪和魏徵，二人皆为隐太子建成的旧心腹。国史记事必然涉及武德年间的储位之争，王、魏显然不适宜宣扬太宗夺嫡的正义性和正统性。因此，玄武门兵变的功臣、时任尚书省左仆射的房玄龄便跨省独任监修，直至贞观二十二年（648年）去世②。由此可见，史馆从一开始就是站在政治而非史学的立场工作的。开

---

① 《旧唐书》卷四三，页1852。
② 参雷家骥《唐前期国史官修体制的演变》，载《唐代研究论集》第二辑，1992年11月。

元中，中书侍郎李元纮上书称："太宗别置史馆在于禁中，所以重其职而秘其事。"① 正点中了太宗此举的要穴。高宗永淳二年（683年）七月，宰相议事的政事堂由门下省移入中书省；开元二十五年（737年）三月，根据监修宰相李林甫的建议，史馆由门下省迁往中书省，终唐之世不改。史馆围绕着中枢近密部门一再搬迁，唐代国史修撰与政权的密切关系可见一斑。

因承汉代以来的传统，唐代的史馆不设专职史官，而以他官兼领史职的方式充任②。最高长官一般称为"监修国史"，由一位或多位宰相挂职，负责史馆的组织和国史的审核工作，但未必躬亲执笔。由于监修宰相掌握着史官任免的权力，所以朝廷的权力斗争往往反映在史馆史官的进退更迭上，这一点在中晚唐时期尤为显著。监修宰相作为史馆的最高执行官，他也可以徇私作弊，按照自己或本集团的利益窜改史料，党同伐异③。因此，国史、实录就经常出现一再改修的情况。其下的修撰人通称史官，具体的修撰事宜由他们执行。因为是兼官，所以员额时常随修撰任务的轻重而变动，一般在四员左右。中间有的地位较高，担当发凡起例或类似主笔的角色，同时负责主持史馆的日常事务。职衔初时也称"监修国史"，如令狐德棻，或者叫"知史官事"，如韦述；后来定名为"判馆事"，如郑亚④。属下史官有"史馆修撰"和"直史馆"二衔。代宗以前，二者区别不大，大抵初入馆的为直史馆。宪宗元和四年（809年）以后，规定"登朝官领史职者，并为修撰；未登朝官入馆者，并为直史馆；修撰中以一人官高者判馆事"⑤。至此，唐代的史馆史官的名称才告确定。

---

① 《唐会要》卷六三《在外修史》记为开元二十五年（737年）事，非是，页1297。据两《唐书》本传，元纮开元十四年（726年）拜中书侍郎，二十一年（733年）卒；而上书事在张说致仕后，按张说开元十五年（727年）致仕，则"二"字当衍。《册府元龟》卷五五九《国史部·论议》记为开元中，是也。

② 赖瑞和特别强调"兼修国史"之"兼"指的是同时担任，乃专任之义，非今日职场的兼任、兼职之义。见氏撰《唐代高级文官》第十一章"唐史官的使职化"，页248-254。

③ 相关论文甚多，可参王元军《许敬宗篡改唐太宗实录及国史问题探疑》，载《中国史研究》1996年第1期；唐长孺《唐修宪穆敬文四朝实录与牛李党争》，载氏著《山居存稿》，中华书局2011年版；等等。

④ 令狐德棻、韦述见两《唐书》本传，郑亚见《旧唐书·武宗纪》。

⑤ 《旧唐书·职官志二》，页1852-1853，并参《旧唐书·裴垍传》、《唐会要》卷六三《修史官》。系年从《旧传》。以上略本张荣芳《唐代史馆的组织与演变——兼述起居郎、舍人》，载（台湾）《大陆杂志》63卷第4期，1981年。

史馆史官之外，还有负责修起居注的记注官：隶属于门下省的起居郎和隶属于中书省的起居舍人，员额各两名。他们是专职史官，职掌如同上古的左、右史。《唐六典》卷八《门下省》"起居郎"条云："起居郎，掌录天子之动作法度，以修记事之史。凡记事之制，以事系日，以日系月，以月系时，以时系年，必时①。书其朔日甲乙以纪历数，典礼文物以考制度，迁拜旌赏以劝善，诛伐黜免以惩恶。季终则授之于国史焉。"② 同书卷九《中书省》"起居舍人"条云："起居舍人，掌修记言之史，录天子之制诰德音，如记事之制，以纪时政之损益。季终则授之于国史。"③ 东宫的官属中又有太子司议郎，职责与起居郎、舍人相若，但记录的是太子之事。《唐六典》卷二六云："太子司议郎四人，……凡皇太子之出入朝谒、从享，及释奠于先圣先师，讲学、临胄、抚军、监国之命可传于史册者，并录为记注。若宫坊之内祥瑞、灾眚，及伶官之改变音律、新曲调，宫臣之宫长除拜、薨卒，亦皆记焉。每岁终，则送之于史馆。"④ 若没有兼任史馆史官之职，记注官是无权参与国史修撰的，但他们持续记录的起居注则是国史、实录所依据的最关键的原始材料。

史官的职位极受唐人青睐。《史通·史官建置》篇谈到当时的风气时说："近代趋竞之士，尤喜居于史职。"⑤ 又说："得厕其流者，实一时之美事。"⑥ 尽管史馆之中，像刘知几鄙夷的那种投机附骥，书成之后希图赏赉和荣名者代有其人，但在整个唐代，史官的社会声誉却并未因这些人的存在而降低。刘知几的次子刘𫗧所撰《隋唐嘉话》卷中记载：

> 薛中书元超谓所亲曰："吾不才，富贵过分。然平生有三恨：始不以进士擢第，不得娶五姓女，不得修国史。"⑦

---

① 日本广池本《大唐六典》录近卫家熙注云："《太平御览》引《六典》无时字。"《旧唐书·职官志二》亦无。然广池千九郎谓宋本《六典》及《职官分纪》并有。
② 《唐六典》，页248。
③ 《唐六典》，页278。
④ 《唐六典》，页665。
⑤ 《史通通释》，页326。
⑥ 《史通通释》，页318。
⑦ 刘𫗧：《隋唐嘉话》，中华书局1979年版，页28。

薛元超是薛道衡之孙、薛收之子，高宗末年为相，可谓门第清华、官高爵显了。这段故事跟两《唐书》中《薛元超传》的记载不大相符，本传说薛元超在高宗永徽初曾以中书舍人兼修国史，那么就不该有"不得修国史"的遗憾①。但是我们若超越史实的表象，以陈寅恪所谓"通性之真实"②来衡量，这样的人物尚且对不能参加国史修撰耿耿于怀，则足见一时风尚所趋，史官已经跟传统的阀阅和新起的进士一样，被视为社会身份的标志了。

崔恭《唐右补阙梁肃文集序》也艳称梁肃，云：

> 朝廷尚德，故以公为太子侍读；国尚实录，故以公为史馆修撰；发诰令，敷王猷，故以公为翰林学士。三职齐署，则公之处朝廷，不为不达矣。③

梁肃以本官兼任上述三职，在贞元七年（791年）。翰林学士内参枢密，久为士人景仰，《旧唐书·职官志二》谓："至德已后，天下用兵，军国多务，深谋秘诏，皆从中出。尤择名士，翰林学士得充选者，文士为荣。"而"德宗好文，尤难其选"④，时人以其权重，称之为"内相"⑤。相比之下，史官一职清而非要，而能与翰林学士同为人所称羡，可见史官在士人阶层中声望之清高了。

孙樵更是把史官与位极人臣的宰相相提并论，《孙氏西斋录》云：

> 呜呼！宰相升沉人于数十年间，史官出没人于千百岁后：是史官与宰相分挈死生权也。⑥

---

① 据两《唐书》本传及杨炯所撰《中书令汾阳公薛振（即元超）行状》，薛元超的夫人是巢刺王元吉的女儿和静县主，《唐会要》卷三六《氏族》云近代流俗以崔、卢、李、郑、王为五姓，则元超亦不当称"不得娶五姓女"。可见此事只是当时的传说，并非事实。
② 陈寅恪：《唐代政治史述论稿》，上海古籍出版社1997年版，页82。
③ 董诰等编：《全唐文》卷四八〇，中华书局1983年版，页4904。
④ 《旧唐书》卷四二，页1854。
⑤ 李肇：《翰林志》，载洪遵《翰苑群书》，《知不足斋丛书》本，页6b。
⑥ 《全唐文》卷七九五，页8333。

以《春秋》为源头的历史批判力量，经过汉儒的强化，早已成为一种普遍的信仰。孙氏之崇扬史职，同样出于这种信仰。史官之职在有唐一代赢得钦慕和赞美，无疑也有赖于这一历史形成的社会—文化心理的支持。

史职的诱惑对于薛元超、梁肃辈来说，更多的是锦上添花的虚名；而对于大多数宦海沉浮的士人，则是很现实的个人前途问题。据张荣芳分析，有史官履历的官僚，九成会获得升迁的机会，仕至清望官的比率超过七成，而迁转的官资路径是九成入阁拜相者的必由之路①。可见史官一职确实是接近权力核心、博取位望的上佳途径。

尽管帝王对史官的选任提出过严格的要求，如咸亨元年（670 年）十一月，唐高宗颁布《简择史官诏》，申明只有"操履贞白，业量该通，谠正有闻""灼然为众所推"②者，方能居于史职，但事实上无论此前此后，滥冗之徒屡见不鲜。《史通·辨职》篇对此大加挞伐，云："大抵监史为难，斯乃尤之尤者。若使直若南史，才若马迁，精勤不懈若扬子云，谙识故事若应仲远，兼斯具美，督彼群才，使夫载言记事，藉为模楷，搦管操觚，归其仪的，斯则可矣。但今之从政则不然，凡居斯职者，必恩幸贵臣，凡庸贱品，饱食安步，坐啸画诺，若斯而已矣。夫人既不知善之为善，则亦不知恶之为恶。故凡所引进，皆非其才，或以势利见升，或以干祈取擢。遂使当官效用，江左以'不乐'为谣；拜职辨名，洛中以'不闲'为说。言之可为大噱，可为长叹也。"③刘知几甚至将史馆斥为"素餐之窟宅，尸禄之渊薮"，激愤之情溢于言表。与此同时，有志笔削一代大典的人士又不得其位。这种倒错在一定程度上刺激了偏记小说的兴起。且看古文运动名将李翱一段意气淋漓的自白：

> 仆近写得《唐书》。史官才薄，言词鄙浅，不足以发扬高祖、太宗列圣明德，使后之观者，文彩不及周、汉之书。……当兹得于时者，虽负作者之才，其道既能被物，则不肯著书矣。仆窃不自度，无

---

① 参氏撰《唐代的史馆与史官》第四章"官僚体系中的史官"。
② 诏见《史通·史官建置》、《唐会要》卷六三《修史官》及《唐大诏令集》卷八十一《经史》，文字略有出入。《史通》所载本末最全，见《史通通释》，页 318。
③ 《史通通释》，页 282–283。

位于朝，幸有余暇，而词句足以称赞明盛，纪一代功臣贤士行迹，灼然可传于后代，自以为能不灭者，不敢为让。故欲笔削国史，成不刊之书。用仲尼褒贬之心，取天下公是公非以为本。群党之所谓为是者，仆未必以为是；群党之所谓为非者，仆未必以为非。使仆书成而传，则富贵而功德不著者，未必声明于后，贫贱而道德全者，未必不烜赫于无穷。韩退之所谓"诛奸谀于既死，发潜德之幽光"，是翱心也。①

这封信大约作于元和七年（812年），李翱正在浙东为官。信中舍我其谁的气概，虽然带有私人交流时难免的夸张矜伐，但他对修撰国史的高自期许却是不言而喻的。若干年后，元和十四年（819年）至长庆元年（821年）间，李翱出任史馆修撰，终于有机会一偿夙愿了②。可是除了给我们留下一篇要求撰行状者据实直书的奏章外，"自负辞艺"的他似乎毫无建树。究其根本，想必是史馆的政治诉求和个人实录志向之间的无法调和吧。白居易有一首致樊宗师的诗，虽是为失去史权的著作官抱不平，却也道出了许多有志修史者的心声和出路：

君为著作郎，职废志空存。虽有良史才，直笔无所申。何不自著书，实录彼善人？编为一家言，以备史阙文。③

司马迁所倡导的"成一家之言"的史家职志，在层层监管、多头指授的史馆体制之下，已经完全失去了施展的空间。与此同时，在官修国史之外，不断有大量以"补史阙"自命的偏记小说面世。在唐人的眼里，这大概是对现行封闭的史馆制度的一种突围，也是延续私修传统的合理方式。

---

① 李昉等编：《文苑英华》卷六八〇《答皇甫湜书》，中华书局1966年版，页3509。
② 以上系年据傅璇琮主编《新编唐五代文学编年史·中唐卷》，辽海出版社2012年版，页708、793、822。
③ 《白居易集》卷一《赠樊著作》，中华书局1979年版，页11。

第二章 唐国史的修撰历程

自清代赵翼《廿二史札记》发端,唐国史修撰问题一直受到学人关注,成果不菲。论域大略有二:一是探讨修撰制度演变,或曰唐代史馆体制沿革;一是考索唐国史修撰经过。本章的侧重点在于后者。近代以来,关于诸本国史和历朝实录的采撰经过,已有多篇通盘研究的专文、专著①。但是国史、实录的原本早已被历史的烟尘荡涤殆尽,书缺有间,文献难征,所以还遗留着不少疑窦,有待复查勘验。鉴于学界对实录修撰问题的讨论已经比较充分,剩义无多,本章不再赘述,而集中讨论纪传体国史的修撰历程。

第一节 开元以前纪传体国史的修撰

关于唐代国史的修撰始末,清代赵翼在他的《廿二史札记》卷十六"唐实录、国史凡两次散失"条首先作出了总结,其中论述实录以外的国史,云:

> 其总辑各实录事迹,勒成一家言,则又别有国史。先是,吴兢在长安、景龙间任史事,武三思、张易之等监修,事多不实,兢不得志,乃私撰《唐书》《唐春秋》,未就。后出为荆州司马,以史草自

---

① 如罗香林《唐书源流考》,载《(国立)中山大学文史学研究所月刊》1934年第2卷第5期,页53–114;赵守俨《唐代的官修史书》(按,编者谓此文系未完稿,题目代拟。然所论为注记及国史,不及前代史,所题欠安),载《赵守俨文存》,页163–183;陈光崇《唐实录纂修考》,原载《辽宁大学学报》1979年第3期,后收入氏著《中国史学史论丛》,辽宁人民出版社1984年版,页73–114;赵吕甫《唐代的〈实录〉》,载《南充师院学报》1981年第1期,页1–16;杨翼骧、叶振华《唐末以前官修史书要录》(续),载《史学史研究》1992年第1期,页30–40。专著集中论述者,则有[英]杜希德撰、黄宝华译《唐代官修史籍考》,上海古籍出版社2010年版(英文原版刊行于1992年);岳纯之《唐代官方史学研究》,天津人民出版社2003年版;谢贵安《中国已佚实录研究》,上海古籍出版社2013年版。

随。会萧嵩领国史,奏遣使就兢取其书,凡六十余篇。(原注:兢传。)此第一次国史也。然尚未完备。开、宝间,韦述总撰一百一十二(引按,校者改"二"为"三")卷,并《史例》一卷,萧颖士以为谯周、陈寿之流。(原注:述传。)此第二次国史也。肃宗又命柳芳与韦述缀集吴兢所次国史。述死,芳绪成之。起高祖讫乾元,凡一百三十篇。而叙天宝后事,去取不伦,史官病之。(原注:芳传。)此第三次国史也。后芳谪巫州,会高力士亦贬在巫,因从力士质问,而国史已送官,不可改,乃仿编年法,为《唐历》四十篇。以力士所传载于年历之下,颇有异同。(原注:亦芳传。)然芳所作止于大历。宣宗乃诏崔龟从、韦澳、李荀、张彦远及蒋偕分年撰次,至元和,为《续唐历》三十卷。(原注:蒋偕、崔龟从等传。)此第四次国史也。①

从赵翼的自注看,他的归纳以两《唐书》记载的史官传记为主要材料,因此不免有遗漏和欠妥之处。比如讲"第四次国史"而将《唐历》和《续唐历》相提并论,非是。前者是柳芳的私撰,后者是唐宣宗下令编修的官史,性质不同,不能等量齐观②。他描述得过分粗疏的纪传体国史的修撰历程,有待于补充和辨证。

唐代的国史基本上是在史馆之内完成的,但是纪传体国史的最初修撰,则在史馆制度未建立以前就开始了。刘知几在其《史通·古今正史》篇列举历代国史的修撰,对于本朝的情况,他说道:

贞观初,姚思廉始撰纪传,粗成三十卷。③

据两《唐书》本传,姚思廉于贞观初迁著作郎,贞观三年(629年)以后,以本官受诏与魏徵编撰梁、陈史。我们知道,唐初沿袭旧制,仍以著作郎掌修国史,贞观三年闰十二月(为630年),史馆建置,著作郎才失去了修史的职权。那么,《史通》所说的姚思廉开修国史,当是在著作

---

① 《廿二史札记校证》,页344-345。
② 说详本书第一章第一节。
③ 《史通通释》,页373。

郎未罢史职，即贞观三年以前的事情。关于此事，目前仅见刘知几的记载，要作有限的推测的话，我们猜想其纪事或者止于武德一朝，且是一个粗略的未定稿。

史馆建立后，国史修撰进入新的阶段。可是在最初的二十年间，关于纪传体国史的编写却史无明文，似乎史官们都倾力于前代史和实录的修撰去了。史载，房玄龄于贞观十七年（643年）七月十六日奏上的高祖、太宗实录，乃是"删略国史"而成，依稀透露出太宗朝纪传体国史仍在持续修撰的信息。也许这段时间仅仅作了些许章节的续补，没有集中勒成部帙吧。

纪传体国史第一次有组织的修撰是在高宗显庆元年（656年）。这年七月三日，监修长孙无忌等修成国史八十卷，上之①。这就是著录在《新唐书·艺文志》史部正史类的《武德贞观两朝史》。《旧唐书·长孙无忌传》《顾胤传》《新志》皆记其卷帙为八十卷，而《唐会要》卷六三《修国史》以及《册府元龟》卷五五四《国史部·恩奖》、卷五五六《国史部·采撰二》都作八十一卷。考《史通·古今正史》篇谓此番修撰，是"因其旧作，缀以后世，复为五十卷"②。所谓"旧作"，当即姚思廉原先的三十卷成稿，这回添撰五十卷，总数自然应该是八十卷。《唐会要》和《册府元龟》多记一卷，大概把目录、进表之类副文本也计算在内了。

有人根据《唐会要》的记载，怀疑这八十卷国史是编年体③。而以刘知几的叙述和《册府元龟》说它"依纪传之体"④的记载来看，其为纪传体毋庸置疑。

---

① 其参撰人员，《册府元龟》卷五五四《国史部·恩奖》所记最全，有长孙无忌、于志宁、崔敦礼、令狐德棻、李义府、刘胤之、杨仁卿、顾胤、李延寿、张文恭十人（见《册府元龟校订本》，页6349）；《册府元龟》卷五五六《国史部·采撰二》夺顾胤及李延寿之名，《唐会要》卷六三《修国史》夺顾胤之名（分见《册府元龟校订本》，页6375；《唐会要》，页1289–1290）。李延寿之官职，《册府元龟》卷五五四《国史部·恩奖》作"符玺郎"，《唐会要》作"起居郎"，二者史料当出一源，但《唐会要》抄写时脱去"弘文馆直学士顾胤符玺郎"等字，误将顾胤之官职接于李延寿，《旧唐书》本传及《史通·六家》亦称李延寿此时任职符玺郎，故应以《册府元龟》为是。

② 《史通释》，页373。

③ 《从〈旧唐书〉〈谭宾录〉中考索唐国史》，载《古代文献研究集林》第一集，页142。

④ 《册府元龟校订本》卷五五四《国史部·恩奖》，页6349；又卷五五六《国史部·采撰二》，页6375。

《史通》又说："龙朔中，（许）敬宗又以太子少师总统史任，更增前作，混成百卷。如《高宗本纪》及永徽名臣、四夷等传，多是其所造。又起草十志，未半而终。"①据《旧唐书·高宗纪》和《资治通鉴》，许敬宗迁太子少师在龙朔二年（662年）八月，咸亨元年（670年）三月致仕，其修国史当在此期间。许敬宗在太宗、高宗两朝以词臣致身通显，长期掌管修史事务。贞观初年，他曾以著作郎身份负责给弘文馆生徒传授《史记》《汉书》之学②，贞观十年（636年）及二十年（646年）先后奉诏监修五代史及《晋书》③，这或许并非由于他史学造诣精湛，而是因为他"文学宏奥"④，文笔优美，恰好迎合了当时重视词藻的史学风气⑤。

对于许敬宗所修国史，刘知几批评他"凡有毁誉，多非实录。必方诸魏伯起，亦犹张衡之蔡邕焉"。魏伯起即魏收，他所修的《魏书》被视为"秽史"的代表，刘知几将敬宗方诸伯起，等于认定许修国史亦是"秽史"，指控不可谓不严厉。他的指责概括为两个方面——"或曲希时旨，或猥饰私憾"，但未提供具体证据。《旧唐书》许本传则举了好几个例子⑥，正可作为刘知几的脚注。所谓"猥饰私憾"，如敬宗记恨封德彝说他在宇文化及面前"舞蹈以求生"的劣迹，于是在编写封德彝传记时"盛加其罪恶"；所谓"曲希时旨"，如将唐太宗赐予长孙无忌《威凤赋》的事情，改为赐给尉迟敬德。然而夷考史料，这些记录未必全因许敬宗个人的意志，后来也并未全部修订。本自唐国史的《旧唐书·封伦传》，将封德彝（伦，其名也）斥为"奸人"，记其最大的污点是在武德末年争储一事上阴持两端，表面上支持秦王李世民，又暗中通款太子李建成，死后

---

① 《史通通释》，页373。
② 《唐会要》卷六四《弘文馆》，页1317。
③ 《旧唐书》卷八二《许敬宗传》，页2764；《唐会要》卷六三《史馆上·修前代史》，页1288。
④ 《旧唐书》卷八二《许敬宗传》"史臣曰"，页2772。
⑤ 《史通·核才》对此深表不满，批评道："略观近代，有齿迹文章，而兼修史传。……但自世重文藻，词宗丽淫，于是沮诵失路，灵均当轴。每西省虚职，东观伫才，凡所拜授，必推文士。遂使握管怀铅，多无铨综之识；连章累牍，罕逢微婉之言。而举俗共以为能，当时莫之敢侮。……此管仲所谓'用君子而以小人参之，害霸之道'者也。"见《史通通释》，页250-251。《史官建置》《古今正史》等篇中直斥许敬宗"矫妄"，"凡有毁誉，多非实录"，视所修为秽史的代表，足见其名实不符，德不配位。
⑥ 《旧唐书》卷八二《许敬宗传》，页2763-2764。

事发，被追谥为"缪"。那么所谓许敬宗"盛加其罪恶"，在传中刻意载录一些阴狡不臣之事，固然可能出于"私憾"，但也可能基于"公议"，特别是"上意"的结论。这些内容终唐世而未改，可见包括刘知几在内的历代国史修撰者认同封传的基本倾向，也接受了那些对"罪恶"的书写。唐太宗赐臣下的《威凤赋》"移向尉迟敬德传内"，当与高宗初年的政局剧变有关。显庆四年（659年），长孙无忌以谋反罪贬死黔州，大约三年之后许敬宗即开始主持国史修撰。此时削除太宗的赏赐记录，自然是弱化无忌历史地位的必要举动。作为协助高宗铲除长孙的谋主，于公于私，许敬宗在作传时确实有"曲希时旨"的动机。考《旧唐书》，赐赋事入长孙无忌传，而尉迟敬德传内已无，应是后来所改。不过值得注意的是，史籍所载蒙恩赐赋者不止一人，除了长孙无忌，还有高士廉和房玄龄①。这应该不是一事之异传，而是唐太宗曾将这篇"追思王业之艰难，佐命之匡弼"的作品赠给过不止一位开国勋贵。许敬宗之所为究竟是移花接木还是无中生有，未易知也②。

《旧唐书》本传又指责许敬宗将钱九陇"升与刘文静、长孙顺德同卷"。考《旧唐书》卷五七，仍将钱九陇传附于裴寂、刘文静传，而长孙顺德传在卷五八。这两卷都属于开国功臣的合传，钱九陇虽出身低微，但也从龙有功，附传于此，诚得其例。《旧唐书》沿用国史而未改，可知许敬宗的处理后人也是认可的。

从刘知几的叙述可知，此本国史体例上最大的变化是增加了四夷传和志书。细味其文，草创未半的十志似乎并不包含在新增的二十卷中。依照此前《隋书》和之后《旧唐书》诸志的篇幅推断，单是志书的篇幅已不止二十卷，所以这部百卷本的国史，成稿之中可能并不包含志的部分。

综上而言，许敬宗在完备国史体制方面的贡献不可抹杀，他的一些撰述和技术处理为后来的国史撰者所继承，并且一直遗传到《旧唐书》中，没有因为饱受非议而被彻底清除。

尽管如此，许修国史迅速遭到否定却是确凿无疑的。《史通》记载：

---

① 赐高士廉见《唐会要》卷六三《修国史》，页1290；赐房玄龄见《贞观政要·任贤》，见吴兢撰、谢保成集校《贞观政要集校》，中华书局2003年版，页56。

② 就在长孙无忌被贬的显庆四年（659年）四月戊辰（据《通鉴》）之前不到十天，尉迟敬德陪葬昭陵，许敬宗撰《唐并州都督鄂国公尉迟恭碑》，其中并无赐赋事。文载《文苑英华》卷九一一。碑石今存陕西昭陵博物馆。

"其后左史李仁实续撰于志宁、许敬宗、李义府等传，载言记事，见推直笔。惜其短岁，功业未终。"① 李仁实续修之举，则始于咸亨四年（673年）。《册府元龟》卷五五四《国史部·选任》记此事云："咸亨四年三月，诏（刘）仁轨与吏部侍郎、同中书门下三品李敬玄，中书侍郎郝处俊，黄门侍郎高智周等，并修国史。仁轨等于是引左史李仁实专掌其事。"②《旧唐书》的《李敬玄传》《郝处俊传》也都说二人"（咸亨）四年，监修国史"③。史称唐高宗对许敬宗的史笔曲诬深表不满，"以敬宗所纪，多非实录"，认为"国史所书，多不周悉"④。此番修撰的一个目的是对许书加以改造⑤。许于咸亨三年（672年）八月去世，次年三月就重新命官鸠工，速度相当快。考虑到不久之后长孙无忌被平反，此举无疑与政治势力的消长和政坛风向的变化密切相关。

由上述刘知几的话，我们可以总结早期唐国史修撰的几个要点：第一，此时的纪传体国史和实录一样，也是随时增修的。两套系统同时开展，正是两种体裁"各有其美，并行于世"的现实反映。这也说明国史的修撰虽然受到了人为因素的干扰，但是史馆的运作基本正常。第二，姚思廉和长孙无忌所撰的国史只有帝纪和列传，而尚未有志的编写；至许敬宗，虽有编写，但未完成，可能也未纳入全书。第三，纪传体国史的修撰跟实录的修撰有一显著区别，那就是，它的过程是开放的，随时补充新内容，不像实录有极明确的记录时限，基本上以一帝的登基至崩殂为起讫，因此，即使没有刊定奏上的任务，修撰也始终不断。这提醒我们，史书中有关定本进呈的记载，并不是判断纪传体国史修撰是否仍然进行的充分条件。这个意识对于探察它的记事下限十分重要，下文将作进一步论述。

武周长寿中（约693年），春官侍郎（即礼部侍郎）牛凤及撰《唐书》一百一十卷。其记事始于武德，终于高宗弘道⑥。南宋王应麟《玉

---

① 《史通通释》，页373。
② 《册府元龟校订本》，页6343。
③ 分见《旧唐书》卷八一、卷八四，页2755、2799。
④ 《唐会要》卷六三《修国史》，页1290。
⑤ 各种史料数载许敬宗篡改国史的劣迹，王元军认为其插手的只是纪传体国史，而应不包括实录。见氏撰《许敬宗篡改唐太宗实录及国史问题探疑》，载《中国史研究》1996年第1期，页149–155。
⑥ 参《史通·古今正史》，《史通通释》，页373。

海》卷四六"唐武德以来国史"条引韦述《集贤注记》云："史馆旧有令狐德棻所撰国史及《唐书》，皆为纪传之体。令狐断至贞观，牛凤及迄于永淳。"① 次句以"令狐"与"牛凤及"对举，则首句"《唐书》"前当蒙下省去牛凤及之名②。其书的下限，刘知几说止于"弘道"，韦述谓为"永淳"，其实指的是同一年。《旧唐书·高宗纪下》记载："十二月己酉，诏改永淳二年为弘道元年。"③ 时当公元683年。是月丁巳高宗崩，次年即改元嗣圣。

牛凤及的著作，刘知几大加抨击，说它"凡所纂录，皆素责私家行状，而世人叙事，罕能自远。或言皆比兴，全类咏歌；或语多鄙朴，实同文案。而总入编次，了无厘革。其有出自胸臆，申其机杼，发言则嗤鄙怪诞，叙事则参差倒错。故阅其篇第，岂谓可观；披其章句，不识所以"④。可见该书质量之低劣。然而引致刘知几不满的原因，恐怕还有一个他不便说或不愿说的事实：这部《唐书》是武周给业已被它篡夺的李唐编修的前代史⑤。

武则天晚年再次下令修撰唐史。这或许是武则天计划还政李氏的一个象征性举动，意在修正牛凤及的《唐书》⑥。《唐会要》卷六三《修国史》云："长安三年正月一日敕：宜令特进梁王（武）三思与纳言李峤、正谏大夫朱敬则、司农少卿徐彦伯、凤阁舍人魏知古、崔融、司封郎中徐坚、左史刘知几、直史馆吴兢等，修唐史。"⑦ 各种记载将此次修撰工作称为"修唐史"，将所修的书名称为"《唐书》"⑧，显然它还是作为前代史来从事的。

---

① 王应麟：《玉海》（合璧本），（京都）中文出版社1977年版，页917。
② ［英］杜希德亦以为《唐书》指牛氏所撰者，见氏撰《唐代官修史籍考》，页148注26。
③ 《旧唐书》卷五，页111。
④ 《史通·古今正史》，《史通通释》，页373–374。
⑤ 参雷家骥《唐前期国史官修体制的演变》，载（台湾）中国唐代学会编《唐代研究论集》第二集，页279–345；李南晖《〈史通·古今正史〉唐史笺证》，载《文献》2000年第3期。按，拙文投稿之后方于广州图书馆获睹雷文，后又见《唐代官修史籍考》亦有此说（页149），特此说明，以示偶合，非敢掠美也。
⑥ 参《唐代官修史籍考》，页150–151。
⑦ 《唐会要》，页1291。
⑧ 学者多以"唐史""唐书"为一书之异名，但夷考载籍，其正式书名当为《唐书》。如《史通·古今正史》称此番修史为"奉诏更撰《唐书》"；《旧唐书·刘知几传》谓其"修《唐书》、实录，皆行于代"；《沈既济传》批评吴兢所修国史立则天本纪，而云"安得以周氏年历而列为《唐书》帝纪"。并参本书第三章。

《史通·古今正史》篇记此事，而称"勒成八十卷"①。傅振伦《刘知几年谱》长安三年（703年）据此以为："《唐史》之成，即在此年。"② 但这部书实际上并没有完成。一位当事人徐坚的传记记载："则天又令坚删改唐史，会则天逊位而止。"③ 明言其半途而废。而另一位当事人刘知几在给监修国史的萧至忠的信中自称："三为史臣，再入东观，竟不能勒成国典，贻彼后来者。"④ 所谓"国典"，自然不是他参与其事的《则天实录》，而是指纪传体唐史。再以通则推断，《唐会要》《册府元龟》以及两《唐书》史臣列传中，凡国史、实录撰成进上，每每记载褒锡赏赍的事情，可是遍稽群籍，并未发现褒赏与修该书史官的片言只语。可见此书实未完稿，所谓"勒成八十卷"，盖指已完成的卷数，而非全帙。

这一次官修工程，虽然作于唐室"中兴"前后，但彼时政坛仍延续武后时期的局面，武氏集团的势力依然强大。一个典型的例子，是在神龙三年（707年）二月下诏"内外不得言中兴"，将前两年各地敕置的以"中兴"为名的寺、观一律改名"龙兴"⑤；而武三思以下的历任监修大臣也皆是韦、武集团的首领或党羽。"拨乱反正"尚未成功，也就不可能从根本上修正牛凤及《唐书》，是以实际操笔的史官刘知几、吴兢都啧有烦言⑥。根据现有史料，修纂组织的工作似在唐隆政变之后戛然而止。吴兢开元十四年（726年）的奏章提及监修诸人，止于纪处讷、宗楚客、韦温⑦。这三人都是韦、武的忠实盟友，在政变中遭到诛杀。睿宗继承大宝之后直至开元中期，史馆未再组织国史编纂，但修撰事业却未消沉，而是以另一种方式赓续下去了。

---

① 《史通通释》，页374。
② 傅振伦：《刘知几年谱》，中华书局1963年版，页60。
③ 《旧唐书》，页3175。但武则天逊位之后，工作只是暂时停顿，徐坚或因此退出修撰班子。详下文。
④ 《史通通释》，页590。
⑤ 事见《旧唐书》卷七《中宗纪》，页143；《唐会要》卷四八《寺》，页992－993；《册府元龟》卷四八〇《台省部·奸邪》，《册府元龟校订本》，页5428－5229。《册府元龟》明言张景源的上疏出于希武三思之旨，又记载郑愔、权若讷等美化武后的言行，可见其时拥李与拥武两派斗争之一斑。
⑥ 参《旧唐书》卷一〇二《刘知几传》，页3168－3171；《唐会要》卷六三《在外修史》，页1296。
⑦ 《唐会要》卷六三《在外修史》，页1296。景龙年间的监修国史，据《旧唐书·刘知几传》《史通·古今正史》所载，还有韦巨源、杨再思、萧至忠。

第二节　开元、天宝年间纪传体国史的修撰

开元、天宝年间，史馆号为得人，张说、刘知几、徐坚、吴兢、韦述、刘餗等人相次修撰，皆为一时之选。《旧唐书》卷一○二盛赞道："刘、徐等五公，学际天人，才兼文史，俾西垣、东观，一代粲然，盖诸公之用心也。"① 西垣指中书省，开元二十五年（737年）之后，史馆移置于此；东观是东汉的修史机构，这里借指史馆。可是，有关这期间国史修撰的记载却最为纷纭错乱，学者对他们所修国史的性质、各本关系亦存在误解，很有澄清的必要。我们先来看开元、天宝之际曾经担任史职二十年的当事人韦述的叙述：

> 及吴长垣（引按，指吴兢）在史职，又别撰《唐书》一百一十卷，下至开元之初。韦述缀缉二部，益以垂拱后事，别欲勒成纪传之书。萧令嵩欲早就，奏贾登、李锐、太常博士褚思光助之，又奏陆善经、梁令瓒入院。岁余不就。张始兴（引按，指张九龄）为相，荐起居舍人李融专司其事。谏议尹愔入馆为史官，未施功而罢。②

出自《集贤注记》的这段话，是关于开元年间纪传体国史修撰最为全面的记录，本节的考掘就以此为中心展开。

吴兢之"别撰《唐书》"，历来论者常常将它看作一部私修的唐史③，这个看法始见于《新唐书·吴兢传》，传文志其本末曰："兢在长安、景龙间任史事，时武三思、张易之等监领，阿贵朋佞，酿泽浮辞，事多不实。兢不得志，私撰《唐书》《唐春秋》，未就。至是，丐官笔札，冀得成书。"④ 显然这段记载是隐括《旧唐书·吴兢传》以及吴兢的三份奏章而来，却没有讲清楚武三思等监修的国史与吴本的关系，似乎后者是与前

---

① 《旧唐书》，页 3185－3186。
② 《玉海》卷四六"唐武德以来国史"条引韦述《集贤注记》，《玉海》（合璧本），页 917。
③ 如高似孙《史略》卷二"唐书"条，周天游《史略校笺》，书目文献出版社 1987 年版，页 72；赵翼《廿二史札记》卷十六"唐实录、国史凡两次散失"，《廿二史札记校证》，页 344；《唐代官修史籍考》，页 152。
④ 《新唐书》卷一三二，页 4528－4529。

者同时所修,只不过一官修一私修而已。然而细绎文献,《新唐书》"私撰"之说并不准确。

吴兢曾经先后三次上疏交代自己的修史事实,并请求官方的物质支持。首次上疏在开元三年(715 年),《旧传》载其事曰:"开元三年服阕,抗疏言曰:'臣修史已成数十卷,自停职还家,匪忘纸札,乞终余功。'乃拜谏议大夫,依前修史。"① 表明他虽然暂时离职,但一直在家修史。第二次是在开元六年(718 年)七月,他表示史书迟迟未就,不愿尸位,请求调往外地任官,但被驳回②。第三次是开元十四年(726 年)七月,《唐会要》收录的奏章记述原委最为详悉,略云:"臣往者长安、景龙之岁,以左拾遗、起居郎兼修国史。时有武三思、张易之、张昌宗、纪处讷、宗楚客、韦温等相次监领其职。三思等立性邪佞,不循宪章,苟饰虚词,殊非直笔。臣愚以为国史之作,在乎善恶必书。遂潜心积思,别撰《唐书》九十八卷、《唐春秋》三十卷,用藏于私室。虽绵历二十余年,尚刊削未就。但微臣私门凶衅,顷岁以丁忧去官,自此便停知史事。窃惟帝载王言,所书至重,倘有废绝,实深忧惧。于是弥纶旧纪,重加删缉。虽文则不工,而事皆从实。断自隋大业十三年,迄于开元十四年春三月。即皇家一代之典,尽在于斯矣。既将撰成此书于私家,不敢不奏。……至绝笔之日,当送上史馆。"③ 由此可见,吴兢十几年间持续向官府报告自己的工作,都获得了正面的反馈;他也从未说过自己从事的是"私撰",只是说"别撰"。

"别撰"和"私撰",一字之别,意思却不完全相同。在一些语境里,别撰等同私撰,例如刘宋秘书丞王俭于官修《四部目录》之外"别撰《七志》"④、柳芳于国史之外"别撰《唐历》",都是在公务之外的自家述作。而吴兢却不一样,他先是被延揽进入武三思等的修史班子,参加了武后、中宗朝的国史撰写工作;在官修项目半途而废之后,带着史官身份以一己之力继续推进原有的官修纪传体唐史撰述,跟前辈史官司马迁、班彪等人纯粹自作门户并不相同,因此韦述强调他是"在史职别撰"。那么吴

---

① 《旧唐书》卷一〇二,页 3182。《册府元龟》卷五五四《国史部·恩奖》亦载。
② 《册府元龟》卷五五四《国史部·恩奖》,《册府元龟校订本》,页 6350。
③ 《唐会要》卷六三《在外修史》,页 1296–1297。
④ 魏徵等:《隋书》卷三二《经籍志》,中华书局 1973 年版,页 906。

兢所说的"别撰《唐书》九十八卷、《唐春秋》三十卷，用藏于私室"，"撰成此书于私家"，突出一个"私"字，并不是想说明事属"私撰"，而是意在申明自己独力承担官修任务，工程浩大，心有余而力不足，希望取得官方的赞助。由于是官修工作的继续，朝廷才对他纸墨和人手的申请有求必应；而在私修国史禁制严格的时代，他也没有受到过诸如侵官、僭越的指控①。按今天的工作关系来理解，吴兢类似以个人"承包"了官修国史的任务。故《唐会要》将此事编入卷六三《史馆》，与带史职在家或外州修史的张说、沈传师、令狐峘等人的事迹一同组成"在外修史"条目，承认他的工作是史馆职能的特殊延伸。简而言之，究其性质，吴兢的《唐书》是官修史书的延续；究其工作方式，是由吴兢独力推进。因此，这部《唐书》可以理解为半公半私、"以私济公"的作品，却不是他"私撰"的著作。

此别撰之书的卷数，异说颇多。吴兢自述为"九十八卷"，《旧唐书·李元纮传》称为"一百卷"②，应是源自吴说而举其成数，并非别有一本。《玉海》卷四一也抄录了吴兢上奏一事，在"《唐书》九十八卷"句下有小注曰："《集贤注记》云'一百卷'。"③ 这条注文与《玉海》卷四六所引《集贤注记》应同出一源，彼处卷数却作"一百一十卷"。个中原因，也许是小注误夺了"一十"二字，又或许是后者误抄了牛凤及本国史的卷数。北宋《崇文总目》说"吴兢撰唐史，自创业讫于开元，凡一百一十卷"④，根据的就是《集贤注记》。不过无论是九十八卷、一百卷，还是一百一十卷，都并非吴兢实际完成的数量，而是他规划中的篇幅。奏章说"刊削未就"，《李元纮传》说"其书未成"，都表达了同样的事实：这是吴兢"《唐书》项目申请书"上的"预期成果"⑤，希望得

---

① 比吴兢年辈稍晚的协律郎郑虔，天宝初年因被揭发私修国史，坐贬十年，起因除了内容可能触及禁忌之外，非史官的身份和写作的自发性也让他少了一层"合法"的保护。事见封演《封氏闻见记》卷一及《新唐书·郑虔传》，并参陈尚君《〈郑虔墓志〉考释》，载上海社会科学院历史研究所编《第二届传统中国研究国际学术讨论会论文集》（一），2007年。
② 《旧唐书》卷九八，页3074。
③ 《玉海》（合璧本），页810。
④ 王尧臣等撰、钱东垣等辑释：《崇文总目辑释》，载许逸民、常振国编《中国历代书目丛刊》第一辑，现代出版社1987年版，页37。
⑤ 史传多载此类"预期成果"，后代"纪著述"的目录家务在网罗，往往把它们当作已成之书著录，后人不察，很容易将无作有，判断错误。

到国家的"后期资助"。从现有文献来看，此书最终也未能杀青。开元十八年（730年）萧嵩命人自荆州取其稿本，《旧唐书》本传说"得六十五卷"①，《唐会要》说"得五十余卷"，未详孰是，但都远少于"九十八卷"之谱。天宝八载（749年）吴兢去世后，其子又自家中进上八十余卷。这是吴兢《唐书》最终的规模。从神龙年间直史馆算起，修撰经过了漫长的四十余年光景，仍只完成了预定目标的八成多。客观上讲，吴兢晚年长期在外地任职②，不易获取晚近、新出的官私文献，尽管他拥有同代人中罕有其匹的个人藏书③，终究功亏一篑。

"荆州本"和最终稿是递修关系，两部史稿的内容必然有所重叠，它们先后进入史馆，成为韦述修撰国史的参考。史载，吴兢回京之后精力就衰，行动不便，却还希望继续担任史职④。可知他老骥伏枥，壮心不已，笔削的热情一如既往。可惜老手颓唐，历史的猎人终究还是败给了岁月。《唐会要》说取自荆州的那批史稿"纪事疏略，不堪行用"⑤；《旧唐书·吴兢传》评价其所修史"末年伤于太简。……所撰唐史八十余卷，事多纰缪，不逮于壮年"⑥，与早年"叙事简要，人用称之"的良史形象不可同年而语⑦。这部唐史的命运，或许终于史馆庋架之上，在安史叛乱中化为劫灰。

在编修国史的同时，吴兢还完成了《唐书备阙记》十卷。据《玉海》

---

① 《新唐书·吴兢传》说"得六十余篇"，乃是据《旧传》改写而故意模糊其词，并非另有所本，页4529。

② 据《旧唐书》本传，吴兢开元十七年（729年）离京后，先后在荆、台、洪、饶、蕲、相六州为官，直至天宝初才入京为恒王傅。以唐代地方官三年一迁转计，六任十八年，则正常情况下吴兢应在天宝六载（747年）左右方得返京；而本传称"天宝初改官名，为邺郡太守"。天宝元年（742年）相州改称邺郡，则中间吴兢或有骤迁。

③ 吴兢撰有《吴氏西斋书目》一卷记录家藏图书，晁公武《郡斋读书志》谓其总数"凡一万三千四百六十八卷"。见晁公武撰、孙猛校证《郡斋读书志校证》卷九，上海古籍出版社1990年版，页401。

④ 《旧唐书》卷一〇二《吴兢传》："兢虽衰耗，犹希史职，而行步伛偻，李林甫以其年老不用。"页3182。

⑤ 《唐会要》卷六三《在外修史》，页1297。

⑥ 《旧唐书》卷一〇二《吴兢传》，页3182。

⑦ 吕思勉认为《旧唐书·吴兢传》的批评自相矛盾，但详绎文理，其实本传作者是就吴兢在史馆早期和晚期的修撰分别评论，褒前者而贬后者，不过表述稍嫌含混罢了。吕说见氏撰《隋唐五代史》，上海古籍出版社1984年版，页1324。

卷四六《艺文》，此书"集高宗、武后、中、睿、玄宗五朝故事，以备史官之阙"①，起讫与吴撰唐史基本相当。顾名思义的话，它应该是吴兢编写《唐书》过程中搜集、编排的史料，性质跟刘𫗧的《隋唐嘉话》、李德裕的《次柳氏旧闻》、裴庭裕的《东观奏记》差相仿佛，都属于"编为一家言，以备史阙文"一类杂史。可惜这部足以反映他勤奋工作的记录同样没能流传下来。

吴兢上疏后，一度奉诏到集贤院继续修撰，开元十五年（727年）六月因李元纮的奏议迁回史馆撰录②。可是照韦述的叙述，似乎萧嵩任监修以后，为了加快进度，国史的修撰工作又有一段时间在集贤院进行。查萧嵩开元十七年（729年）六月至二十一年十二月（公历已入734年）为中书令兼修国史，同时知集贤院事③；而十八年（730年）以后，韦述身兼集贤学士和知史官事之职，但是引进助撰的贾登、李锐、褚思光、陆善经、梁令瓒等人，根据现有材料分析，他们从未被委任为史官。所谓"入院"，当然指的是入集贤殿书院④。这样不合常例的安排，说明唐代的史官制度直到盛唐仍未严格规范。也许我们不妨作一个假设：此时史馆的职责是以修实录为主，而纪传体国史的修撰类似唐初之修前代史，可以由监修另行组织人员进行。

张九龄监修国史在开元二十二年（734年）五月至二十四年（736年）十一月⑤。他引进的起居舍人李融，据《旧唐书》记载，在开元二十

---

① 《玉海》（合璧本），页917。南宋郑樵及高似孙则谓其记事"起太宗至明皇"。分见郑樵《通志》卷六五《艺文三》，中华书局1987年版，页774；高似孙《史略》卷五，《史略校笺》，页144。高氏之说当出自郑樵，不如王应麟据《中兴馆阁书目》所记可靠。

② 《唐会要》卷六三《在外修史》载此事在开元二十五年（737年）六月，必误。按奏文曰："今张说在家修史，吴兢又在集贤院撰录。"张说开元十八年（730年）十二月已前卒，李氏不得谓之"今在家修史"。据《旧唐书·玄宗纪上》及本传，张说在开元十五年（727年）二月致仕后奉诏居家修史，可知《唐会要》"二十五年"为"十五年"之讹。傅璇琮主编《唐五代文学编年史·初盛唐卷》亦从《唐会要》误谓吴兢开元二十五年在史馆，辽海出版社1998年版，页713。

③ 参《旧唐书·玄宗纪上》及本传，页193、200、3095。

④ 不过长安大明宫内集贤院和史馆紧邻，修撰人员两边走动很方便。韦述撰《集贤注记》云："［西］京大明宫集贤院，在光顺门外大街之西……东隔街则诸王待制院、东史馆。"陶敏辑校本，中华书局2015年版，页218。"外"，孙逢吉《职官分纪》卷十五原作"水"，陶敏据《玉海》卷一六七引《注记》改。

⑤ 参《旧唐书·玄宗纪上》及本传，页201、203、3099。

二年为去世的突厥毗伽可汗撰写了碑文①。今存《苾伽可汗碑》撰者题"[朝]散郎起居舍人内供奉兼史馆修撰臣李融",可知李融是以史馆修撰的身份与修国史的,与贾登等人不同。

尹愔则是在李林甫任中书令之后的开元二十五年(737年)正月开始知史馆事②。他到任之后的举措,今可见者有两件。第一件是三月份希李林甫之旨,将史馆从门下省移到中书省之北③。这自然是李林甫弄权的一个手段。此时知门下省事的另一位宰相牛仙客,本身就是李林甫扶持的傀儡,《旧唐书》本传说他"既居相位,独善其身,唯诺而已。所有锡赉,皆缄封不启。百司有所谘决,仙客曰'但依令式可也',不敢措手裁决"④,对于移置史馆,当然不会有异议。第二件是五月份请玄宗下令征集开元以来名臣事迹,敕曰:"开元以来勋庸德业者,咸宜备叙。其身已没者,宜令子孙具录事迹,送史馆。"⑤ 动机应是为实录以及正在进行的纪传体国史编修搜集材料。可见李林甫将尹愔引入史馆,与引苑咸与修《唐六典》一样,是想毕其功于一役,借此希宠邀誉,达成政学双重目的。可是他的人选安排却出人意料。尹愔一介道流,初以精熟《老子》而得宠于玄宗。在担任史官的同时,他还充任翰林供奉,负责起草书诏,属于所谓"有词艺学识者"⑥。能成为两位首任翰林供奉之一,他定然深得帝心。然而从委任他为史官的制书来看,只是称赞他"虽混万物,独

---

① 参《旧唐书·玄宗纪上》及《旧唐书·突厥传上》,页202、5177。有关《苾伽可汗碑》的辨订及考证,可参岑仲勉《突厥集史》,中华书局1958年版,页840–850。

② 《旧唐书·玄宗纪下》,页207。所谓"知史馆事",与唐代常见的"知尚书省事""知集贤院事"等的官名结构一样,均指该机构的实际负责人。《册府元龟》卷五三记此事作"知史官事",意思相同。类似者如韦述之史职,《旧唐书》本传以及天宝六载(747年)所撰《张去奢墓志》(见《唐代墓志汇编》,页1608。志石今藏西安碑林博物馆)、天宝十三载(754年)所撰《郭英奇墓志》(见吴钢主编《全唐文补遗》第六辑,三秦出版社1999年版,页83。志石今藏陕西茂陵博物馆)之署衔,均作"知史官事";《玉海》卷四八"唐玄宗实录"条引《集贤注记》和开元二十八年(740年)所撰《范安及墓志》(详下)之署衔,则均作"知史馆"。史官名目详见本书第一章第二节《唐代的史馆和史官》。

③ 《旧唐书》卷四三《职官二·史馆》:"开元二十五年三月,右相李林甫以中书地切枢密,记事者官宜附近,史官尹愔奏移史馆于中书省北。"页1852。

④ 《旧唐书》卷一〇三《牛仙客传》,页3196。

⑤ 宋敏求编:《唐大诏令集》卷八一《录开元以来名臣事迹付史馆敕》,中华书局2008年版,页468。

⑥ 韦执谊:《翰林院故事》,载洪遵《翰苑群书》上,《知不足斋丛书》本,页21b。其由历并参《新唐书》卷一二五《儒学下》本传。

诣于清真;而博综九流,兼通于儒墨"①,通篇不见其史才如何,他也没留下任何史学著作。方诸前代,大约等于牛凤及之流。尹愔亦有自知之明,接到任命后"上表恳让",直到玄宗同意他穿戴道服入馆办公,才同意受职②。揆诸李林甫的择人心理,一则是投亲近道流的皇帝之所好,二则是安插外行便于控制。无论如何,这都是一次所托非人的任命。遇上这样的学术主管和行政领导,国史修撰陷入停顿是无可避免的了。

《旧唐书·于休烈传》记载,安史之乱前,兴庆宫史馆藏有国史一百零六卷,长安陷落后被烧毁③。杜希德猜测这部国史是上述萧、张监修的那份史稿④。按之唐玄宗于开元十六年(728 年)之后常在兴庆宫起居、听政,徐松推测史馆位于金明门内翰林院中⑤。翰林学士固然随驾迁移,但史官是否曾迁到这里办公则于史无征,不过史馆积极修史的时间恰在此之后,那么在这里保留一份副本是有可能的。但是杜希德将"未施功而罢"理解为国史项目就此中止,成稿被废弃,却未必正确。这句话应是指在尹愔手上没有开展,"罢"谓停顿,而不是项目下马。值得注意的是,这段话出自《玉海》的节引,并非《集贤注记》的原貌。与《唐会要》《职官分纪》等二次文献相比,对来自同样史源的内容,《玉海》删节、改字的幅度要大得多⑥。因此,存在《集贤注记》原有的国史续修记载被王应麟裁去的可能。这样的话,这一百零六卷国史是不是萧、张监修之本,以及纪传体国史的修撰项目是不是在尹愔之后就偃旗息鼓了,仍未可遽断。

尹愔在馆时间不长,开元二十八年(740 年)即物故⑦,首尾大约四

---

① 《册府元龟》卷五三《帝王部·尚黄老》,《册府元龟校订本》,页 560。《文苑英华》卷一二五收此制,题作《授尹愔谏议大夫制》,文末云"宜居纳海之职,仍存记言之地。可朝请大夫守谏议大夫集贤院学士兼知史官事",可见是并授两职。
② 《唐会要》卷六三《修史官》,页 1299。
③ 《旧唐书》卷一四九,页 4008。
④ 《唐代官修史籍考》,页 157。
⑤ 李健超增订:《增订唐两京城坊考》卷一,三秦出版社 1996 年版,页 36。
⑥ 可比较陶敏辑校《集贤注记》卷上"上欲以燕公为大学士""东都集贤院"等条,页 217-218、221。
⑦ 南宋陈思《宝刻丛编》卷七引《京兆金石录》著录:"唐左散骑常侍尹愔碑。唐吴巩撰,韩择木分书。开元二十八年。"可知尹愔此年去世。清光绪己卯归安陆氏《十万卷楼丛书》本,卷七,页 27a。

年。此前一年，韦述一度停罢史职，但很快便回归史馆重操旧业①。他于开元二十八年所撰之《范安及墓志》，题衔为"大中大夫守国子司业集贤院学士知史馆事上柱国"②，可知他接替了尹愔留下的"知史馆事"一职。在他的手上，后来一百三十卷《唐书》的核心部分、今本《旧唐书》前半的主体部分，终于奠定。但实际上，他参与修撰的时间要早得多，他是整个开元、天宝时期纪传体国史修撰项目最关键的人物。

《旧唐书·韦述传》说："国史自令狐德棻至于吴兢，虽累有修撰，竟未成一家之言。至述始定类例，补遗续阙，勒成国史一百一十三卷，并《史例》一卷。"③这一百一十三卷，或者按照《崇文总目》的记载，一百一十二卷的国史，就是韦述交出的最终成果。对于此本的编修动机、形态和性质，杜希德认为：

> 这部作品似乎是他自撰的文稿，完成于官方项目废止之后。事态的发展轨迹类似于当时吴兢的情况，官方项目终止了，而韦述却依旧从事其纪传体的私家史稿的修撰。……在玄宗朝末年，存在两种截然不同的韦述所撰的唐史，二书均据吴兢旧作撰成。一种是他为官方撰写的史稿，经他人之手重新编订，后来终未完成而废弃。此稿在756年史馆焚烧时遭毁，据说有一百零六卷。另一种是他私下草拟的史稿，凡一百十三卷，它经历战火得以留传下来。④

他提到的问题都很重要，但作出的推断不无可商，很有必要深入辨析。

首先，是韦述国史创始之年。杜希德以为韦述是在尹愔知史馆却未能葳事之后"以私济公"，动念修撰并完成一百一十三卷本国史的。细味《集贤注记》之文，在叙述完吴兢修《唐书》事之后，接着说"韦述缀辑二部，益以垂拱后事，别欲勒成纪传之书"，从通篇的叙事顺序来讲，韦

---

① 《旧唐书》本传云："二十七年，转国子司业，停知史事。俄而复兼史职，充集贤学士。"页3184。
② 吴钢主编：《全唐文补遗》第三辑《大唐故镇军大将军行右骁卫大将军上柱国岳阳郡开国公范公墓志铭并序》，三秦出版社1996年版，页66。志石今藏西安碑林博物馆。
③ 《旧唐书》卷一〇二，页3184。
④ 《唐代官修史籍考》，页157。

述此举发生在吴兢之后而不是远隔多年的尹愔之后才合乎逻辑。吴兢开元十七年（729年）带着自撰的国史草稿离开长安，次年韦述进入史馆"兼知史官事"，这时正值萧嵩以中书令履任监修国史之职。《集贤注记》接着说"萧令嵩欲早就"，显然"欲早就"的对象是韦述"别欲勒成"的"纪传之书"，而不是吴兢带走的那部草稿。可见韦述是在他出掌史馆、萧嵩上任之时提出修撰动议的，随后成功"立项"，多名助手到位，工作随之展开。

其次，是韦述国史的性质。韦述之所以在这时提出修史计划，普遍的见解是他要继承吴兢的职志，完成一部私修国史①。在精神层面，固然可以这样认为；但在运作层面，却大谬不然。这种意见忽略了两个重要之点：一是韦述作为史馆实际负责人的身份；二是修史行为与此一时期玄宗大兴文治的关系，而这正是这项工作得以成立的最紧要、最直接的原因。此时的唐朝正站在"开元盛世"的巅峰之上，所谓"天平地成，人和岁稔"②，需要一些伟大的礼乐制作来颂赞圣明、点缀升平，"以光我高祖之丕图，以绍我太宗之鸿业"③。造作的顶点是开元十三年（725年）唐玄宗封禅泰山，韦述躬逢其盛，以起居舍人、集贤院直学士的身份随扈东封，并撰《东封记》以志其盛④。作为文学侍从的韦述，"在书府四十年，居史职二十年"⑤，长期兼领集贤院学士和史官之任，开元以来重大的文化工程如《初学记》《群书四部目》《大唐六典》等，几乎无役不与。此番入知史馆，立即提出修撰纪传体国史的项目，自然是这一系列宏大官方文化工程建设思路的产物，也是他作为一名官方学术机构负责人的分内之事。正因为兹事体大，时任监修国史的萧嵩才会积极加派人手，一力促成此事，又奏请中使远赴荆州调来吴兢的史稿⑥，供修撰之参考。相比之下，以个人名义申请赞助的吴兢，只能得到笔墨、抄胥、写作场地和宫廷

---

① 如［英］麦大维（David McMullen）袭杜希德之说，将韦述国史视为私修，说他在担任史职期间可能"私自编撰未经授命的唐史"，又说韦述安史乱后所献国史"包含韦述在叛乱之前私修的部分《国史》"。见氏撰《唐代中国的国家与学者》（*State and Scholars in T'ang China*）第五章"史学"，中国社会科学出版社2019年版，页131。
② 唐玄宗：《报裴灌等请封禅手诏》，载《全唐文》卷二九，页329。
③ 《开元十三年封泰山诏》，载《唐大诏令集》卷六六，页370。
④ 《新唐书》卷一四九《韦述传》，页4530。
⑤ 《旧唐书》卷一〇二《韦述传》，页3184。
⑥ 可见史馆并无保存吴兢史稿的副本。

藏书的支援，其扶持力度相去不啻河汉。在此之后，除了开元二十年（732年）前后服阙，以及开元二十七年（739年）短暂离职之外，韦述几乎一直担任史官，直到安史之乱爆发。尽管在此期间纪传体国史的修撰时断时续，但它作为一个官修项目持续存在，则是毋庸置疑的。于公于私，韦述都没必要另起炉灶去"私撰"一部国史，他撰写的从始至终都是官修国史。

复次，由此推知，韦书与一百零六卷国史的关系，并非一为官修，一为私撰，各自成篇，两者是同一部史稿不同阶段的成果，是孪生文本而非衍生文本的关系。兴庆宫所藏者，卷数较少，应是稍早的稿本；韦述抱藏南山者，卷数略增，则是较晚的稿本。韦述所藏的来源，要么是在安史叛军攻入长安之前从大明宫史馆带走的，要么是他在馆之时自行抄录藏于家中的。《旧唐书》本传说他热衷谱学，在秘阁中见到柳冲编纂的《姓族系录》二百卷，于是"于分课之外手自抄录，暮则怀归。如是周岁，写录皆毕"①。抄藏别家图书尚且如此积极，抄藏自家主撰的国史更是不在话下了。

最后，吴兢《唐书》与韦述国史的关系。从《旧唐书·柳芳传》开始，吴兢—韦述—柳芳的国史递修统绪就建立起来了②，经由《新唐书·柳芳传》《崇文总目》这些权威文本的复述和扩散，"述因兢旧本，更加笔削"，成了两者关系的定论。学者普遍认为吴兢之书是韦述的蓝本，韦述的国史是在吴兢《唐书》的基础上续修的③。可是夷考《集贤注记》，韦述在自家工作之前，介绍了令狐德棻《武德贞观两朝史》、牛凤及《唐书》以及吴兢的《唐书》，曰：

> 史馆旧有令狐德棻所撰国史及（牛凤及）《唐书》，皆为纪传之体。令狐断至贞观，牛凤及迄于永淳。及吴长垣在史职，又别撰

---

① 《旧唐书》卷一〇二《韦述传》，页3183。
② 《旧唐书》卷一四九《柳芳传》："（芳）与同职韦述受诏添修吴兢所撰国史，杀青未竟而述亡。芳绪述凡例，勒成国史一百三十卷。"页4030。
③ 如永瑢等《四库全书总目》卷四六《旧唐书提要》云："《唐书》旧稿，实出吴兢。虽众手续增，规模未改。"中华书局1965年版，页410。吕思勉《隋唐五代史》云："韦述所为，盖续萧嵩所取兢所撰之六十五卷，所增不及半。"又云："要之唐代国史，撰述之功，吴兢为大，维护之绩，韦述实多。"页1324。

《唐书》一百一十卷，下至开元之初。①

然后再自述"缀缉二部，益以垂拱后事"。明明有三部先行著作，为何只说"二部"，会不会是"三部"之讹呢？而且吴兢之本已经修到开元年，包括了垂拱（685—688年）之后的历史，为什么还特地声明"益以垂拱后事"？我认为，此"二部"是指令狐德棻和牛凤及两部保存在史馆的官修纪传体国史，这是触手可及的参考；而吴兢之稿被他携往荆州，史馆并无存本。因此韦述提案之初，便以"二部"为据，不存在讹为"三部"的可能。"缀缉二部"者，即糅合二书，大致武德、贞观朝的内容先取令狐之书；高宗朝的内容，先取凤及之书②。牛氏《唐书》记事止于永淳（682—683年），即高宗在位的最后一年③。"益以垂拱后事"者，垂拱是武后临朝称制时用得最久的年号，此句意谓中宗、睿宗、武后朝的内容由韦述草创经营。与此同时，征调吴兢的史稿，不能说没有将它作为蓝本的打算，毕竟吴本在诸本之中写作年代最近、时间跨度最长，而且吴兢本人的史学和史德亦为人称道。但到手之后却很不满意，认为它"记事疏略，不堪行用"④。既然质量堪虞，很难想象韦述会把它作为底本；而如果质量上乘，国史得以因利乘便，也不至于迟迟不能杀青吧。吴兢身后进呈的八十余卷本，修撰时间与韦述的国史项目有所重叠，不知吴兢在回到长安后是否跟韦述作过交流，但从这个最终稿本被批"事多纰缪"推理，可供韦述汲取的资源恐怕不会很多。因此，吴兢之本作为韦述国史底本的可能性需要打上问号，或许将其称为参考本更合适。

归根结底，王应麟摘抄《集贤注记》时删削过度，灭失了时间标志，导致读者难以确认吴、韦二人的修撰动机和相互关系，模糊了韦述官修国史的性质，修撰经过亦语焉不详，引发了诸多猜测和误解。

---

① 《玉海》卷四六"唐武德以来国史"条引韦述《集贤注记》，参《玉海》（合璧本），页917。首句"牛凤及"三字据文义补，说详李南晖《〈史通·古今正史〉唐史笺证》，载《文献》2000年第3期，页63，及本章第一节。
② 牛书在刘知几眼里一无是处，韦述的选择的确出乎意外。
③ 刘知几《史通·古今正史》谓此书"终于弘道"，按《旧唐书·高宗纪下》："十二月己酉，诏改永淳二年为弘道元年。"永淳二年与弘道元年为同一农历年，当公元683年，是年十二月（已入684年）高宗薨。
④ 《旧唐书》卷一〇二《吴兢传》，页3182。

在组织编撰的过程中，韦述发挥他制定条例的特长，撰写了"史例"一卷，以规范集体写作①。"史例"之名不见于后代著录，恐非本名，而是一个通称，一如"国史"之与《唐书》。查《崇文总目》目录类有《唐书叙例目录》一卷，不著撰人②；《新唐书·艺文二》目录类亦有相同著录③，当是抄自《崇文总目》。《宋史·艺文志》重出两种：一入目录类，不著撰人④；一入正史类，置于"柳芳《唐书》一百三十卷"之下，书名差了一个字，作《唐书叙例目》⑤，当是抄胥从简造成的异名，必为一书无疑。《宋志》把它随附于《唐书》之后，犹如"欧阳修、宋祁《新唐书》二百五十五卷，《目录》一卷""乐史《贡举故事》二十卷，《目》一卷"等条目一样，是把它当作前书的有机部分来记录的。我们知道，这部《唐书》是韦述国史的续修本，那么这卷《唐书叙例目录》虽然挂名柳芳，但其实就是韦述的"史例"。

《宋史》将《唐书叙例目录》列于柳芳名下，《旧唐书·柳芳传》又说柳芳"绪述凡例，勒成国史一百三十卷"，不少学者因此认为它是由柳芳拟定的⑥。按之中唐李肇《唐国史补》云："柳芳与韦述友善，俱为史官。述卒后，所著书有未毕者，多芳与续之成轴也。"⑦ "续之成轴"者，当然包括国史在内。柳芳的主要工作是拾遗补缺，而韦述生前撰成的国史多达一百一十三卷，很难想象柳芳会先新制定一部史例再着手添补。而柳芳自己对于义例似乎也兴趣不大。《新唐书》本传说他依国史编写了《唐历》四十卷，"然不立褒贬义例，为诸儒讥讪"⑧。大约只是年经月纬，按

---

① 韦述似乎很擅长发凡起例，编辑过程混乱的《群书四部录》，最终序例由他撰写（见《唐会要》卷三六《修撰》，页767）；累年不就的《唐六典》也是在他制定"摹周六官领其属，事归于职"的体例之后，才得以顺利完成（见《新唐书》卷一四九《韦述传》，页4530）。
② 《崇文总目辑释》卷二，载《中国历代书目丛刊》第一辑，页77。
③ 《新唐书》卷五八，页1498。
④ 脱脱等：《宋史》卷二〇四，中华书局1977年版，页5146。
⑤ 《宋史》卷二〇三，页5086。
⑥ 如瞿林东《中国史学史》第三卷《魏晋南北朝隋唐时期：中国古代史学的发展》以为"柳芳为唐国史撰写了凡例"，上海人民出版社2006年版，页242；黄永年主编《二十四史全译·旧唐书》将此句译为"柳芳撰述凡例"，汉语大词典出版社2004年版，页3400；刘兆祐《宋史艺文志史部佚籍考》疑此为柳芳"所述凡例"，"国立"编译馆中华丛书编审委员会1984年版，页14。
⑦ 李肇：《唐国史补》卷上，上海古籍出版社1979年新1版，页20。
⑧ 《新唐书》卷一三二《柳芳传》，页4536。

照编年体的惯例书写而已。结合前引《旧唐书·韦述传》"至述始定类例"之语，所谓"绪述凡例"，意思应该是柳芳"因循韦述的凡例"①，而非由他发凡起例。柳芳没有更动韦述的旧规，也没有新造义例②。此卷"叙例"，是韦述所撰国史，乃至之后的一百三十卷国史赖以成型的纲领性文本，可惜已然只字不存了。

《旧唐书》本传没有表明韦述所撰这一百一十三卷国史是何时完成的，《新唐书》本传则坐实在萧嵩监修之后的十年间③。参详《集贤注记》的自述，其事在萧嵩手里"岁余未就"，转由张九龄、李林甫监修之后仍不了了之，具体的成稿数量不详，可知《新唐书》的说法并不可靠。两《唐书》的《柳芳传》皆记载柳芳曾与韦述一同受诏添修吴兢所撰国史，但是《新传》在改写《旧传》时却理解错了文义。《旧传》说："（柳登）父芳，肃宗朝史官。与同职韦述受诏添修吴兢所撰国史。"④ 两句话分别交代了两件事：柳芳曾在肃宗朝为史官；柳芳曾跟韦述同修国史。"肃宗朝"是他指担任史官的时间，不是与韦述同修国史的时间。《新传》将两句作一句读，写成"肃宗诏芳与韦述缀辑吴兢所次国史"⑤，把同修的时间定在了肃宗朝。按之史籍，韦述在安史之乱中陷贼，授伪官；至德二年（757年）以附逆流放渝州，不久绝食而死。而据《旧唐书·肃宗纪》，这年十月官军收复伪都洛阳，十二月处分降贼诸官⑥。韦述可能在肃宗朝列的时间只此两个月，然而却身陷缧绁，绝无机会以戴罪之身参修国史。《新传》的说法显然不符合事实。但《新传》说柳芳"开

---

① 中华书局点校本于"述"字未施人名线，可见不以其为韦述之名，非是。
② 赵守俨《唐代的官修史书》以为"绪述凡例"是指柳芳"对韦述史例的补充修改"，并推测被韦述删去的《酷吏传》复见于《旧唐书》，可能是柳芳改订的结果。按，两《唐书》本传说柳芳在肃宗朝与修国史，上元中（约761年）贬黔中，所撰止于乾元（758—760年）；而今本《旧唐书·酷吏传》传主中最晚的是敬羽，卒于代宗宝应元年（762年），不大可能是柳芳所补。故其"修例"之说存疑。文载《赵守俨文存》，页182。
③ 《新唐书》卷一三二《韦述传》："逮成，文约事详，萧颖士以为谯周、陈寿之流。改国子司业。"页4530。韦述开元二十七年（739年）转国子司业。
④ 《旧唐书》卷一四九，页4030。
⑤ 《新唐书》卷一三二，页4536。
⑥ 《旧唐书》卷十，页249。

元末擢进士第，由永宁尉直史馆"①，则在天宝年间二人或有同事之雅，同撰国史应发生在这一时期。其时韦述正知史官事，两人是前辈与后辈、上级与下属的关系②。

除了柳芳受诏同修，韦述自己还试图汲引萧颖士入馆协助。李华《三贤论》云："工部侍郎韦述修国史，推萧（颖士）同事。"③ 韦述天宝九载（750年）迁工部侍郎，萧颖士于次年待制史馆④。《新唐书·萧颖士传》叙此事云："史官韦述荐颖士自代，召诣史馆待制。"⑤ "自代"之说言过其实，当以李华推为"同事"说较为近真。萧到馆之后因为不顺从于李林甫，"俄免官"。他在《庭莎赋》中自述此事云："天宝十载，予以史臣推择，待诏阙下，僻直多忤，连岁不偶。未选叙，求参河南府军事。"⑥ 他到史馆的时间很短，恐怕没有作出什么贡献。不过柳芳和萧颖士的加盟，说明韦述在天宝年间仍在努力推进这项旷日持久的国史项目。《集贤注记》绝笔的天宝十五载（756年）二月，安史叛军的烽火已经燃烧到了潼关。韦述一边记录下国史的编修历程，一边孜孜矻矻继续未竟之业。他一定没有料到，仅仅四个月之后，他会抱着这份心血之作逃亡南山⑦。

综上所述，韦述是始于开元十八年（730年）的纪传体国史项目的发起者、组织者、主笔人，居史馆二十年，始终不辍；而在安史之乱中，他

---

① 徐松《登科记考》于开元二十三年（735年）及开元二十九年（741年）均录柳芳之名，岑仲勉《登科记考订补》以为当以后者为是，见氏撰《郎官石柱题名新考订（外三种）》，上海古籍出版社1984年版，页505。

② 据《定命录》，韦述对他还有举荐之功。见李昉等编《太平广记》卷二二二，中华书局1961年版，页1706。

③ 《文苑英华》卷七四四，页3887。

④ 参陶敏《韦述简谱》，见武平一、韦述撰，陶敏辑校《景龙文馆记 集贤注记》，中华书局2015年版，页368。

⑤ 《新唐书》卷二〇二，页5768。

⑥ 《文苑英华》卷一四八，页687。赋云"未选叙"，似乎最终并未授予官职。唐史官率以他官兼领，此时萧颖士并无官职，"待诏""待制"云云，可能是韦述打算先安排他入馆，等待获得职事官衔后转为直馆之类的正式史官。李华所谓"推萧同事"，是举荐之意，不是已为同事。"俄去官"者，当指离开史馆，因为他没有实际官职可以解除。

⑦ 与他结伴逃亡的还有房琯等人。《旧唐书》卷一一一《房琯传》："十五年六月……琯结张均、张垍兄弟与韦述等行至城南十数里山寺，均、垍同行，皆以家在城中，逗留不进。"页3320。韦述大概也是因为同样原因停留了下来。

又隐忍苟全，成为国史孤本的守护者。萧颖士赞扬他是谯周、陈寿一流的良史①，犹不足以显扬其事功；也曾担任史臣的韩愈自况平生为学，曰"补苴罅漏，张皇幽眇。寻坠绪之茫茫，独旁搜而远绍。障百川而东之，回狂澜于既倒"②，庶几可以移评韦述为唐史立下的殊勋。李唐一朝最为鼎盛的那段历史得以系统记录，俾斯文不坠，文物昭彰，鲁殿灵光，巍然独存，韦述洵为第一功臣。

《旧唐书·柳芳传》将该本国史的创始之功归于吴兢，恐怕跟韦述的"降贼"经历不无关系。一方面，"吴兢—韦述—柳芳"的作者谱系的构拟，及吴史是韦史之蓝本的认定，降低了韦述的地位和作用，虽贬抑了他的劳绩，但在一定程度上避免了个人道德污点殃及集体著作。而在另一方面，重塑文本的形成史，有利于维护国史的正当性和权威性。

《崇文总目》辑本说韦述之书："述因兢旧本，更加笔削，刊去《酷吏传》，为纪、志、列传一百一十二卷。"北宋人不可能见到韦书③，这句话却是对其面貌最具体的介绍，也许他们是从唐国史的传本或唐实录里了解到的。卷数较旧《韦述传》所记少了一卷，或许是未统计《酷吏传》的结果，并不一定是"二""三"两字形讹。

回顾以上纪传体国史的修撰历程，我们不难得出这样的印象：天宝以前的国史修撰尽管持续进行，却只有长孙无忌、令狐德棻的《武德贞观两朝史》是一部首尾完具、获得官方认可的定本。除此之外，唐代没有像宋人那样形成每两三朝就通修一部纪传体国史的定例，因此，此后每一次郑重其事的修撰，总是把大量笔墨消耗在了对前一文本的修订改造上，而一家之言却始终未见树立。即使史书上称为"勒成"并明确描述其卷帙的文本，也很难让人确认它的完整性和独立性。这些穿透历史迷障的信息微弱而模糊，我们捕捉到的也只有零落的片段，不足以厘清这时期纪传体国史修撰的清晰图像，但是其文本长期处在稿本的状态，则是可以确信无疑的。我猜想，就著作体例而言，下限的不确定是它迟迟不能杀青的一个原因。安史之乱是唐王朝由盛转衰的分水岭，它也为纪传体国史提

---

① 《旧唐书》卷一〇二《韦述传》，页3184。
② 《进学解》，载马其昶校注《韩昌黎文集校注》，上海古籍出版社1987年版，页45-46。
③ 参李南晖《〈新唐书·艺文志〉著录唐国史辨疑》，载《文史》2002年第1辑。并见本书第四章论述。

供了合适的尾声,历经一百三十多年的修撰终于到了画下休止符的时候。

第三节 纪传体国史的下限

唐代纪传体国史的下限何在?回答这个问题之前,我们应该事先明确此问题的两重性:其一,业已完成并流传于世的唐国史,唐人也称之为《唐书》,我们将要探讨的是这一部著作的记事下限,并考辨其修撰情况;其二,在这部唐史定稿之后,纪传体国史是否继续修撰,研究者莫衷一是,限于资料和篇幅,我们只对此略微涉及。后者是前者的延伸,而两个方面又有所重叠。下面先讨论第一方面。

最早提到唐国史下限的是五代修《旧唐书》的史官。《五代会要》卷十八《前代史》载后晋天福六年(941年)四月起居郎贾纬的奏章,说:

>伏以唐高祖至代宗已有纪传。[1]

五代的后梁、后唐、后晋三个朝代接连筹备修撰唐史,为此大力搜集前代史料,贾纬汇报的就是经过多方寻访得到的唐代纪传体国史。在奏章里,他对文本的面貌几乎没有任何交代,而在清辑《旧五代史》卷一三一的本传里则说他:

>又谓(赵)莹曰:"唐史一百三十卷,止于代宗;已下十余朝未有正史。"[2]

明白无误地告知:该本的下限止于代宗,总共一百三十卷;德宗以下的事迹不在其中。

可是同样出自这些史官手笔的《旧唐书》,却有另一种讲法。《旧唐书·柳登传》附《柳芳传》记载:

---

[1] 王溥:《五代会要》,上海古籍出版社1978年版,页298。
[2] 薛居正等:《旧五代史》,中华书局1976年版,页1728。又见《册府元龟校订本》卷五五七《国史部·采撰三》,页6387。

> 芳，肃宗朝史官。与同职韦述受诏添修吴兢所撰国史，杀青未竟而述亡。芳绪述凡例，勒成国史一百三十卷。上自高祖，下止乾元。①

"乾元"是肃宗的第二个年号，约当公元758—760年，下距代宗即位还有两年。两种意见显然不一致。那么，会不会是所指文本各不相同，而非针对同一文本作出的结论呢？

《新唐书·艺文志》著录有五种唐国史，其中一种为：

> 吴兢《唐书》一百三十卷，兢、韦述、柳芳、令狐峘、于休烈等撰。②

从卷数上即可认定，这跟《柳芳传》所述是同一部著作，不过将它置于吴兢名下，在柳芳之外又多提了几位撰者。吴兢、韦述已见前文，他们是柳芳的前辈，柳芳继承了他们的工作。于休烈在至德初（约757年）为兼修国史，乾元二年（759年）一度降为史馆修撰，代宗即位后（约762年）复为兼修国史，大历七年（772年）卒③；令狐峘则于代宗广德年间（约763年）入史馆，德宗建中元年（780年）贬衡州别驾，大约在贞元三年至五年（787—789年）李泌秉政期间征为史馆修撰，泌卒后再贬吉州别驾，此后直至顺宗永贞元年（805年）去世，再未入京④。柳芳在肃宗上元元年（760年）贬黔中⑤，之前一直任史官，则或与于休烈有同事之雅，而令狐峘为其晚辈。《新志》颠倒了后二人的排序，又未说明此书的下限。同为欧阳修参加编纂的《崇文总目》，是《新志》的一部主要参据书目，它对《唐书》的北宋存本有如下叙录：

---

① 《旧唐书》卷一四九，页4030。
② 《新唐书》卷五八，页1458。
③ 据《旧唐书》之《德宗纪》及本传。
④ 据《顺宗实录》，《旧唐书》之《德宗纪》及本传、《杨绾传》。《本纪》记所贬官职略异。
⑤ 《旧唐书》本传云，柳芳"上元中坐事徙黔中，遇内官高力士亦贬巫州，遇诸途"。按，力士上元元年（760）七月贬，则柳芳离京当在此月前后。

第二章 唐国史的修撰历程

　　《唐书》一百三十卷，唐韦述撰。初，吴兢撰唐史，自创业迄于开元，凡一百一十卷。述因兢旧本，更加笔削，刊去《酷吏传》，为纪、志、列传一百一十二卷。至德、乾元以后，史官于休烈又增《肃宗纪》二卷，而史官令狐峘等复于纪、志、传后随篇增缉，而不加卷帙。今书一百三十卷，其十六卷未详撰人名氏。①

　　这部《唐书》就是中唐以后屡见于唐人笔端，通常又被称为"国史"的唐修纪传体本朝史。《新志》的记载无疑脱胎于此。尽管这里没有关于该书下限的片言只字，甚至脱略了柳芳的名字②，但是显然能证明《旧唐书·柳芳传》所谓一百三十卷本"下止乾元"的说法不正确，它至多是乾元之后柳芳参与修撰的下限而已。他在此后便被贬出京城，即使代宗初年重返史馆担任史馆修撰，也只负责过《永泰新谱》的编纂，未再有从事国史的记载③。

　　通计于休烈的《肃宗纪》二卷，截止肃宗一朝的卷数只有一百一十四卷，令狐峘等只是"随篇增缉，而不加卷帙"，也就是说，他们经手的工作，只增加了字数而没有增加卷数。余下"未详撰人名氏"的十六卷，陈汉章、杜希德认为作者就是柳芳④，但这显然无法解释五代史官所说，至代宗朝已经有纪传体国史的凿凿之言。《旧唐书·柳芳传》说柳芳"勒成国史一百三十卷"，跟《崇文总目》将韦述署为一百三十卷《唐书》的作者一样，是由于他曾受诏续修此书，而不是因为他修成了全书⑤，因此

---

①　《崇文总目辑释》卷二，载《中国历代书目丛刊》第一辑，页37。
②　肃宗初年于休烈为兼修国史，相当于史馆的实际负责人（宰相李揆监修国史时，嫉妒于休烈跟自己平起平坐，可知其职权同于监修），而年资较浅的柳芳天宝时先以直史馆修史，此时当是史馆修撰之类普通史官，两人的工作关系有如修《武德贞观两朝史》时的令狐德棻和顾胤，故而此版国史在署名时仅记于休烈而略去柳芳，也是符合惯例的。
③　见《册府元龟》卷五六〇《国史部·谱牒》、卷五六一《世官》，《唐会要》卷三六《氏族》，等等。
④　陈说见其《崇文总目辑释补正》卷二，载《中国历代书目丛刊》第一辑，页225。杜说见《唐代官修史籍考》，页160、页165注113。杜氏的看法是柳芳完成了一百三十卷国史，令狐峘等在此一百三十卷基础上"随篇增缉"，显然误读了原文。
⑤　《新唐书》本传说"芳绪成之"，是据《旧传》改写，并非另有所本。

很难认定他是十六卷的作者①。赵守俨则略为宽泛，推测这十六卷"或为与韦述同时而行辈略晚的史官柳芳等人的手笔"②，把令狐峘等人也包括进去了，但这又与《崇文总目》所云令狐峘等人"随篇增缉，而不加卷帙"的说法相矛盾。我认为，这十六卷当是出自更晚时代的史官（详后文）。

篇卷的考据至此似乎可以告一段落了，然而此条文字中的一个异文，却节外生枝，使情况变得扑朔迷离，必须予以澄清。

今日通行的《崇文总目》有文渊阁本和钱东垣辑释本，皆出自天一阁本，而其本叙录原缺，都是从《文献通考》辑入的，文字全然相同。曾经的通行本，商务印书馆的《十通》本《文献通考》卷一九二《经籍考·史·正史》本条③，"不加卷帙"却作"不知卷帙"，一字之差而意义迥然不同。"不加"，是篇卷如旧；"不知"则是添加了若干篇卷，但确切数量不详。于是有人便据此径谓十六卷的著作权也属于令狐峘④，这样，《崇文总目》的作者也搞不清楚的撰人姓氏的疑问，似乎便迎刃而解了。然检明嘉靖冯天驭刻本、清武英殿本、文渊阁《四库全书》本和《古今图书集成·经籍典》三百八十七卷《唐书部·汇考二》引《文献通考》，都作"不加"，与《十通》本相异。再从行文的逻辑上分析，若作"不知"为是，那么既然令狐峘等是续前一百一十四卷修撰的，他们的成果自然应当包括在十六卷之中；而结尾忽然说"其十六卷未详撰人名氏"，把才刚标举的令狐峘也排除在外了，未免显得前言不搭后语。基于以上分析，我认为作"不加"义长，"不知"当是形讹。

如果"不加卷帙"是正确的，我们不妨进一步追问"于纪、志、传后随篇增缉"如何进行？有没有可靠的证据？列传较易理会，大抵就是依类附于人物传或类传之后。例如《旧唐书·韦述传》后附《萧颖士

---

① 从《崇文总目》不记其名来看，甚至可以怀疑他在整个修撰历史中的贡献程度。柳芳续成一百三十卷国史的记载，均源自他的传记，而他的后人柳冕、柳登、柳璟等人累代担任史官，不排除借此机会旌扬先辈的事迹，将国史的"著作权"归于名下的可能。
② 《唐代的官修史书》，载《赵守俨文存》，页181。
③ 底本为浙江书局刻本。
④ 参谢保成《〈旧唐书〉的史料来源》，载《唐研究》第1卷，北京大学出版社1995年版，页353-375。

传》①,很可能就保存了令狐峘本国史的原貌;而五代史臣失察,没有发现《文苑传下·萧颖士传》与此附传重出的情况②。在各志之后的增辑,也有迹可寻。《旧唐书·隐逸传》本传记载,孔述睿在德宗朝再任史馆修撰,至贞元九年(793年)致仕,而云:"述睿精于地理,在馆乃重修《地理志》,时称详究。"③ 此事《册府元龟·国史部·地理》说是"重修国史《地理志》"④,明确指出所修的即是纪传体国史的一部分。此时令狐峘正与他同事,"时令狐峘亦充(史馆)修撰,与述睿同职,多以细碎之事侵述睿。述睿皆让之,竟不与争,时人称为长者"⑤。《令狐峘传》及《顺宗实录》卷三也有相同的记载。可见诸志确有增辑之事。至于帝纪的增辑,则迄无明证,而且若非在位时间太短,诸帝本纪一般都独立成卷,例如《旧唐书》,只有顺宗和敬宗分别与宪宗、文宗合纪,其余皆自成篇卷。令狐峘等若添补肃宗上元以后的史事,理当附缀于《肃宗纪》后,时间也只有大约两年,不难操作;可要是在其后添补《代宗纪》而不加卷帙,就匪夷所思了。据贾纬之言观之,书中应有独立的《代宗纪》,《崇文总目》的描述也许是措辞不够严密吧。由于文献不足征,这个谜团只好阙疑了。

《唐书》的本纪止于代宗羌无疑义,而有一些证据却动摇着该书的列传纪事止于代宗的判断。中晚唐人朱景玄所撰《唐朝名画录》说:"韩滉,德宗朝宰相。……按《唐书》,公天纵聪明,神干正直,出入显重,周旋令猷,出律严肃,万里无虞。"⑥ 韩滉卒于德宗贞元三年(787年),是不是朱景玄所见的《唐书》在代宗之后又添续了德宗名臣的传记呢?

---

① 《旧唐书》卷一○二,页3185。
② 传见《旧唐书》卷一九○下,页5048-5049。钱大昕《廿二史考异》卷五九《旧唐书三·王珪传》检出多条重出之例,云:"《酷吏篇》已有《王旭传》,而《珪传》末又附见旭事一百六十余言;列传第五十一卷已有《王求礼传》,而《忠义传》又列之;列传第一百廿一卷已有《张仲方传》,而《张九龄传》末又附出二百六十余言;《文苑篇》已有《萧颖士传》,而《韦述传》又附出七十余言。"然未分析原因。上海古籍出版社2004年版,页854。
③ 《旧唐书》卷一九二,页5130-5131。
④ 《册府元龟》卷五六○,《册府元龟校订本》,页6426。但年代误书为"元和中",当为"贞元中"之讹。其排序在宪宗朝的李吉甫之后,可见此误当是《册府元龟》编纂时造成的。
⑤ 《旧唐书》卷一九二,页5131。
⑥ 朱景玄著、吴企明校注:《唐朝名画录校注》,黄山书社2016年版,页131。朱氏生卒年,吴企明推考约在德宗贞元至宣宗大中年间,见该书"前言",页2-4。

解答这个问题之前，我们先迂回考查国史下限问题的第二方面：德宗以下纪传体国史继续修撰的可能性。

《陔余丛考》卷十"《旧唐书》多国史原文"条，根据皇帝称谓考出《陈少游传》《曲环传》皆存有"德宗时国史原文"①。岑仲勉《旧唐书逸文辨》，根据《太平御览》引用的《唐书》内容，猜测那未详撰人的十六卷"或记及中唐已后事，故《御览》所征，有德宗朝之马畅、田悦、王栖耀、韦执谊，宪宗朝之裴垍，穆宗之孟简，与夫会昌、大中等政令也"②。贾宪保的《从〈旧唐书〉〈谭宾录〉中考索唐国史》，又根据《旧唐书》和胡璩《谭宾录》中唐国史遗存的痕迹，认为："从《谭宾录》一书的残留内容，证明了唐国史至少修至贞元末，而从《旧唐书》本身残留的痕迹看，唐国史又至少修到了大中年间。"③ 由于实录也有大臣传，因此很多传记仅靠比读文字很难判断它是出自国史的本传抑或实录，进而影响我们对国史下限的判断。贾文查出《谭宾录》中关于马燧和郭子仪的两段文字，抄录了亦见于《旧唐书》本传的"史臣曰"的大段议论，从体例的角度断定这两段必抄自纪传体国史，"因为只有纪传体国史才在皇帝以外的人物传后列史臣曰"。应该说，这个证据是比较有说服力的。郭子仪卒于建中二年（781 年），马燧卒于贞元十一年（795 年），他们皆为德宗朝重臣；而据《旧唐书》本传，给郭子仪作论赞的是裴垍，他于元和四年（809 年）至六年（811 年）正月曾监修国史④。

元和初年，宪宗锐意进取，每以贞观、开元为榜样⑤。裴垍深受宪宗器重，宪宗曾经对他推心置腹地说："以太宗、玄宗之明，犹藉辅佐以成

---

① 赵翼：《陔余丛考》，河北人民出版社 1990 年版，页 155。
② 载国立中央研究院《历史语言研究所集刊》第十二本，1947 年，页 27 – 33；后收入《岑仲勉史学论文集》，中华书局 1990 年版。
③ 《古代文献研究集林》第一集，页 164。
④ 裴垍就任监修见《旧唐书》卷一四八本传，页 3990。据《旧唐书》卷十四《宪宗纪上》，裴于元和三年（808 年）九月丙申出任中书侍郎、同平章事，而未载其监修国史事。按《旧纪》元和四年（809 年）头三月事全阙，不知是否佚去，而裴任职监修恰在此时？卸任事，《唐会要》卷六四《史馆杂录下》追叙于元和六年（811 年）四月樊绅等罢史职之后，页 1309。据《旧纪》，李吉甫六年正月庚申"复知政事、集贤殿大学士、监修国史"，全面接替裴垍原本的职位，可知裴卸任监修必在此时，而在去年十一月罢相之后还续领了一段时间。
⑤ 《旧唐书》卷十五《宪宗纪下》："宪宗嗣位之初，读列圣实录，见贞观、开元故事，竦慕不能释卷。"页 472。

其理，况如朕不及先圣万倍者乎！"① 显然是以房杜、姚宋寄望之。裴垍亦献替启沃，鞠躬尽瘁，成为元和中兴的股肱之臣。甫一到任史馆，他就做了两件人事方面的调整。一是理顺人事制度，将原本混乱的史官职称重新界定：以登朝官入馆者，为修撰；非登朝官者，为直馆。修撰中职事官级别最高者，为判馆事，类似今日之"执行馆长"②。这番调整，当然不会只是心血来潮的机构改革，而应理解为与太宗贞观三年（已入630年）建立史馆同一机杼，是为开展下一步重大修史工程做好准备。二是给史馆增派写手。元和四年（809年）正月，集贤院的写御书十人被移交给史馆使用③。按之唐制，集贤院有写御手一百名，史馆有楷书手二十五人④，负责抄写工作。此时的集贤院大学士也是裴垍，他从自己掌管的一个部门向另一个部门调拨人手，定然不是一般的人员流动，而是因为史馆有超乎平常的工作任务。这项任务，史籍可见者，为元和五年（810年）十月庚辰完成的《德宗实录》五十卷⑤。参考前述贞观、开元盛世的旧例，都是双线并进，同时展开实录与国史的修撰。志在规模先贤的裴垍，将纪传体国史纳入史馆规划，也是理所应当的吧。而在修实录的同时，顺便将其中的大臣传续补入纪传体国史，一如修《武德贞观两朝史》故事，无疑事半功倍，一举两得。但这种愿景很快被一个意外打破。就在进献《德宗实录》的这个冬天，裴垍因中风不得不辞去宰相之职，监修国史之职也很快易手了。

元和六年（811年）正月，李吉甫继任宰相、监修国史，旋即拆散了史馆的裴垍班底，解除了樊绅等三位修撰的史职，委任独孤郁充史馆修撰

---

① 司马光：《资治通鉴》卷二三七"元和三年九月丙申"条，中华书局1997年版，页7654。此语本自揭《旧纪》之论赞，原文仅云"顾谓丞相曰"，没有指名。司马光把它接在裴垍身上，是认为他最有资格受此嘱托吧。

② 事见《旧唐书》卷四三《职官志二》、本传及《唐会要》卷六三《修史官》。《旧志》及《唐会要》将此事系于元和六年（811年）六月，署衔为"宰相"或"宰臣集贤院大学士"，但此年四月裴垍已因中风转任太子宾客，而前一年年底已辞去相职，故当为元和四年（809年）带此二衔时之事。《唐会要》卷六四《集贤院》记此事最详，但误系于贞元四年（788年），亦可旁证元和六年必为四年之讹。时任史官可考者五人，蒋武（即蒋乂）、独孤郁为史馆修撰，樊绅、韦处厚、林宝为直史馆，见《册府元龟》卷五五四《国史部·恩奖》及《旧唐书》蒋、独孤、韦等本传。

③ 《唐会要》卷六四《史馆杂录下》，页1309。

④ 《旧唐书》卷四三《职官志二》，页1852、1853。

⑤ 《旧唐书》卷十四《宪宗纪上》，页432。

兼判馆事①。《唐会要》对此的解释很直白："宰相李吉甫自淮南至，复监修国史。与垍有隙，又以垍抱病方退，不宜以《贞元实录》上进。故史官皆罢，垍亦更移散秩。"② 因为他与裴垍的恩怨，他迫切地想清除裴垍的政治力量和影响③。在这种非学术的干预下，本应继续的纪传体国史修撰事业再一次半途而废。我们甚至可以大胆推想：按照惯例，国史本纪依据实录编定，由于李吉甫否定了《贞元实录》（即《德宗实录》），本当在这次修撰中完成的国史《德宗本纪》因而被悬置。或许这是一百三十卷本国史的本纪止于代宗，而列传传主却含有德宗名臣的一个原因。

韩愈的门生李翱在元和七年（812年）作《答皇甫湜书》，云："仆近写得《唐书》。史官才薄，言词鄙浅，不足以发扬高祖、太宗列圣明德。"④ 这个时间点刚好在裴垍离任监修国史之后不久，那么他抄得的有没有可能是这版国史呢？李翱此时正在越州（今浙江绍兴）任浙东观察判官，而前一年他曾因事入京，并于八月返回浙东。信中所谓"近写得"者，很可能就是趁这次晋京之便抄回了《唐书》⑤。他在元和元年（806年）至三年（808年）曾任史馆修撰，有大量机会接触韦述等人递修的唐史，却在此时才"写得《唐书》"。为何如此大费周章呢？一个极大的可能，就是在他离开史馆之后，裴垍等人新修订了一版国史，引起了以史才自负的他的浓厚兴趣⑥，故而专程抄录。他在信中一面鄙薄修史诸人，一面发愿"欲笔削国史，成不刊之书"，这样的态度和口吻明显更像针对新

---

① 独孤郁在皇甫湜制策事件中曾为李吉甫抗疏辩白，或以此得到信任。见《旧唐书》卷一四九《李吉甫传》，页3993。

② 《唐会要》卷六四《史馆杂录下》，页1309。《旧唐书》将裴、李合传，其传论曰："吉甫知垍之能别髦彦，垍知吉甫之善任贤良，相须而成，不忌不克。"于此倾轧之事恐有文饰掩恶之嫌。语见页4005。

③ 李吉甫对裴垍及其集团的打压，参见《旧唐书》卷一四九《蒋乂传》、卷一五三《刘伯刍传》、卷一六五《柳公绰传》等。

④ 《文苑英华》卷六八〇，页3509。

⑤ 以时间、篇幅和成本考虑，李翱无论是托人还是亲自抄写，应该只是摘抄，不大可能全书抄竟。关于唐人抄书的情况，可参赖瑞和《刘知几与唐代的书和手抄本：一个物质文化的观点》，载《台湾师大历史学报》第46期，2011年12月。李翱行年可参傅璇琮主编《唐五代文学编年史·中唐卷》，辽海出版社1998年版，以及何智慧的硕士论文《李翱年谱稿》，四川师范大学2002年5月。

⑥ 本信中他自诩："仆文彩虽不足以希左丘明、司马子长，足下视仆叙高愍女、杨烈妇，岂尽出班孟坚、蔡伯喈之下耶？"

修的《唐书》，而不像是他早就接触过的旧版国史。这封语含轻诋的书信竟然成为裴垍增订国史的旁证，李翱一定始料不及吧。

由此看来，不知撰人的十六卷《唐书》有一部分成于裴垍监修之时，其内容包括了德宗朝的史事。朱景玄称引的《唐书》之所以会出现韩滉，极可能就因为他见到的《唐书》已经增添了德宗朝的内容。那么何以贾纬会说"唐史一百三十卷，止于代宗"呢？我们猜测，大概因书中记载德宗大臣的传记不多，贾纬又仅是据本纪作出的陈述吧①。

岑、贾二文将纪传体国史修撰的时限一直下推到晚唐，主要采用的是文献比较的方法。若从制度上观察，由上一节提到的许敬宗、李仁实等修国史的事例，已可知唐代史馆原本就有不时修撰名臣传的任务，晚唐的史馆依旧运作，此种工作当然继续进行。李汉《昌黎先生集序》末云："先生讳愈，字退之，官至吏部侍郎。余在国史本传。"② 所谓"国史本传"就是纪传体国史的本传。韩愈卒于穆宗长庆四年（824年）十二月，蜀本韩集题李汉的职衔为"屯田员外郎史馆修撰"，时在文宗大和元年（827年），可知此时史馆仍不间断地从事纪传体国史的修撰。对于整个唐代修撰的纪传体国史，贾宪保推测："可能是后晋史官所能见到的唐国史并不完整，代宗以前的大概是完整的，故云'唐高祖至代宗已有纪传'。代宗以后的国史，或许只有稿本，或许已散落不全，所以忽略不谈。还有一种可能，即在贾纬天福六年（941年）的这篇奏文之后，又收集到了唐国史文稿，因为《旧唐书》在此后四年才修成进上。"③ 新的国史文稿固然不断产生，但是作为一部完整的著作，流传于世的《唐书》不可能始终处在随时增订的状态，它必然以一版定本的形式流传。通过以上艰难但远未周密的爬梳整理，我们估计，定型于宪宗元和初年的《唐书》一百三十卷，是此后直至北宋传世的纪传体唐国史的标准本。超出这个时限的修撰，虽然持续进行着，但其成果已不再添入先行的版本。受到中唐以来《春秋》学的影响，纪传体也让位于编年体，史馆宁愿续修柳芳私撰的

---

① 《旧唐书》的德宗朝名臣传，除了前述《马燧传》《郭子仪传》《韩滉传》，《段秀实颜真卿传》之传论称段、颜之字"成公""清臣"，《赵憬韦伦贾耽姜公辅传》称贾魏公、韦郧公、赵丞相，《韦皋张建封卢群传》称韦南康、张徐州及卢载初，皆唐人声口，当出于唐史官手笔，但难以确定是否裴垍国史的文本。

② 《韩昌黎文集校注》卷首。

③ 《从〈旧唐书〉〈谭宾录〉中考索唐国史》，载《古代文献研究集林》第一集，页164。

《唐历》，也不再组织修撰纪传体国史了①。

总结上两节所言，我们可以为历次纪传体国史的修撰列出一幅简图，以便了解诸本之间的次第和传承关系。虚线表示关系不太明朗或不强，实线表示关系明确②。

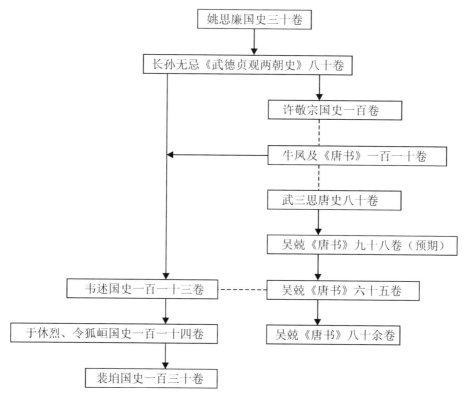

图 1　唐纪传体国史递修关系

---

① 关于中唐以后纪传体与编年体史体的消长，可参谢保成《中唐〈春秋〉学对史学发展的影响》，载《社会科学研究》1991年第3期。

② 英国学者杜希德的《唐代官修史籍考》十一《国史》也有一张名为"各种唐代国史间的亲缘关系"的图表，形制与本图相似，不过拙文属稿之时（1999年，后以《唐纪传体国史修撰考略》为题刊于《文献》2003年第1期），杜书之汉译本尚未问世，英文本亦无缘问津，故两表之形似实为不谋而合，非敢掠美也。杜表见该书页145。本表又根据新的论述内容有所调整，特此说明。

余　　论

　　尽管刘知几严厉指责官修制度的种种弊端，但事实上随着史料数量的激增以及史学专门化程度的加深，国史撰写的难度日益增加，独撰的模式面临着越来越大的困难和阻力。宋人郑樵曾论曰："古者修书，出于一人之手，成于一家之学，班、马之徒是也。至唐人始用众手，《晋》《隋》二书是矣。"① 事实上不只他说的修前代史，本朝史也在同步转向。从吴兢到韦述的转变，标志着纪传体国史修纂由个体写作向集体写作的全面转型，史馆制度日渐健全，书写权力彻底为官家垄断。站在开元、天宝之际的他们一定没有意识到，国史的修撰模式在他们这里拐了一个大弯，吴兢跑完了从司马迁开始的个体书写的最后一棒，韦述、裴坰们则跑出了集体写作的第一棒。

---

① 《通志》卷七一《校雠略》"编书不明分类论"条，页836。

第三章　唐国史体制考索

　　唐修纪传体国史的正式书名当为《唐书》，这一点由众多唐代文献以及《崇文总目》《新唐书·艺文志》的著录可以证明。夷考中古载籍，"书""史"二字用为书名时，名"史"者为通史，继承的是《史记》的传统，如《通史》《南史》《北史》《五代史志》等；名"书"者为断代史，继承的是《汉书》的传统，如唐初"五代史"所包括的《梁书》《陈书》《隋书》等①。唐史馆所修国史为断代之史，《唐书》的命名继承了这个传统。"国史""唐史"则是流行的别称、俗名，指其史体或内容而言。"国史"者，尊本朝也；"唐史"者，明断限也，都不是该书的本名。学者多以"唐书""唐史""国史"为一书之异名，点校本古籍也常常给三者标上书名号或书名线，但严格来讲，"国史""唐史"是不宜加书名号的②。既知唐国史的正式书名是《唐书》，接下来的问题是：这个书名是何时开始确定的？

　　从上文的梳理可知，唐国史的第一次定稿，是长孙无忌等于高宗显庆元年（656年）七月修成的《武德贞观两朝史》，这是唐国史最初的称呼③。嗣后许敬宗、李仁实等相继续修，都没有留下关于书名的记载。武周长寿中（约693年），春官侍郎（即礼部侍郎）牛凤及撰《唐书》一百

---

　　① 《史通·题目》篇概括汉代以来史书之命名，曰："大抵史名多以书、记、纪、略为主。……榷而论之，其编年月者谓之纪，列纪、传者谓之书。"（《史通通释》，页91）观其举例，是就断代之书而论。又参杨联陞《二十四史名称试解》，载氏撰《国史探微》，新星出版社2005年版，页239—241。但他认为《新唐书·艺文志》及《旧唐书·吴兢传》所载吴兢编纂的"《齐史》《梁史》《陈史》《周史》与《隋史》"之所以称为"史"，可能是因为准备汇辑为一部通史来取代唐初的"五代史"，则非是。此"史"当是史书之通名，犹正史、杂史之"史"，《旧传》盖谓吴氏曾修"齐之史""隋之史"数种，不宜目为书名。其下所记"唐史八十余卷"亦作如是观。《新志》则径抄《旧传》，并非欧阳修等人目验原书后著录的实存之书，不可信据。

　　② 至如"武德贞观两朝史"之类，亦是描述其记事时限，本非定名，不过《新唐书·艺文志》均以此为名加以著录，故本书也从俗作书名处理。

　　③ 参《唐会要》卷六三《修国史》及《册府元龟》卷五五六《国史部·采撰二》。

一十卷，记载武德至高宗弘道的历史①。这部《唐书》是武周给业已被它篡夺的李唐编修的前代史，所以冠以朝代之名。尽管此后中宗反正，牛书废黜，"唐书"一名却为后起的国史所沿用。在今本《新唐书》修成（1060年）之前，这部唐人所编的一百三十卷《唐书》偶尔也会被称作"旧唐书"②，以与后晋史官编撰的《唐书》，即今日之二百卷《旧唐书》相区别。

唐国史在高宗初年许敬宗监修的时候，就拟立了十志的部目③；而到了开元、天宝年间韦述主持国史时，进一步完善了全史的格局，并且制定了详明的修撰条例④。那么在唐国史的原本已经杳邈难窥的今天，它的部类名目是否还可以推寻一二呢？

在回答这个问题之前，必须先行申明的是：唐修纪传体国史的版次既多，在引用唐人，尤其是中唐以前的人称述的"唐史"或"国史"的时候，我们往往难以分辨他们谈论的究竟是哪一部唐国史。因此，考虑到各部唐国史之间或多或少的传承关系，下面凡在此等难以索解之处，不得不笼统将之视为同一个文本，即最终传世的一百三十卷本来进行考虑。读者其谅之。

我们知道，纪传体史书的标准体裁包括本纪、列传、志、表四个基本部分。唐国史向无表的编制⑤，本纪则循例一帝一纪，所以在考索其原本的结构和名目时，这两类可以缺而不论；我们着重钩稽的是列传与诸志的名目。

现存文献中保存唐国史原貌最多的是《旧唐书》，前人通过考察它的

---

① 《史通·古今正史》，《史通通释》，页373。
② 如南宋程俱《麟台故事》卷三下《国史》引宋太宗雍熙四年（987年）九月直史馆胡旦之言曰："至唐太宗时，亦述国初起义纪、传、十志，每朝编录。至于代宗，已成百三十卷，今《旧唐书》是也。"中华书局2000年版，页313。《玉海》卷一六八《雍熙修史院》亦引其言，略有出入。
③ 《史通·古今正史》记载："龙朔中，敬宗又以太子少师总统史任，更增前作，混成百卷。如《高宗本纪》及永徽名臣、四夷等传，多是其所造。又起草十志，未半而终。"《史通通释》，页373。
④ 《旧唐书》卷一〇二《韦述传》："国史自令狐德棻至于吴兢，虽累有修撰，竟未成一家之言。至述始定类例，补遗续阙，勒成国史一百一十三卷，并《史例》一卷。"页3184。
⑤ 前述王应麟《玉海》卷一六八引胡旦之言，谓此书"唐太宗述国初起义纪、传、表、志，每朝编录"，当为王应麟抄撮时涉下误衍"表"字。《玉海》（合璧本），页3181。

措辞语气、称谓习惯、行文格式、记事断限,以及与其他唐代史料相比较,已经大量抉剔出它袭用唐国史的地方①。尽管《旧唐书》不是唐国史的简单翻版,它的结构和名目并不跟唐国史完全对应,但是,在不少章节的字里行间,它都留下了关于唐国史原貌的信息。岑建功《旧唐书校勘记序》谓以《太平御览》所引韦述《唐书》校《旧唐书》,乃是"以其所本之书,校其所撰之书"②;我们也可以反其道而行之,"以其所撰之书,考其所本之书"。贾宪保就曾依据《旧唐书》的本文推证出唐国史原有《孝友传》《酷吏传》《外戚传》《儒学传》《方伎传》《隐逸传》以及《四裔传》等,还有《音乐志》和《历志》以及众多的大臣传③。实则从传世的唐代文献里,我们还可以发掘出更多的信息,拼接出李唐王朝细节丰富的官方"自画像"。

第一节 纪传体国史的义例

义例是中国古代史书的命脉,是史法的核心,是一部著作内容表达和文字组织的基本原则。柳诒徵《国史要义》云:"史之有例,亦惟吾国所特创,他国史家莫之能先。"④ 这种特别的著述传统,在先秦时期周王室及各诸侯国修史之际业已存在。杜预《春秋序》认为,孔子所修之《春秋》,"其发凡以言例,皆经国之常制,周公之垂法,史书之旧章"⑤。他将凡例的发明权托于周公,而今人多相信那是由周代史官制定的。后世经学家因为要阐发《春秋》的"微言大义",便依据经文多方推究,"逆向设计"出许多书法义例。《左传》家,杜预作《春秋释例》,有三体五例、五十凡之说;公羊家,何休作《文谥例》,有三科九旨、五始七等、六辅二类之义;穀梁家,范宁作《略例》,有日月之例、称名之例等百余条。

---

① 最早考辨《旧唐书》袭用唐国史原文情况的是清代的赵翼,见氏撰《陔余丛考》卷十"《旧唐书》多国史原文"条及《廿二史札记》卷十六"《旧唐书》前半全用实录、国史旧本"条,并总结出"回护"和"称谓"两种辨识方法。后人查考唐史旧文,大率循此二法求证。
② 《旧唐书校勘记》卷首,《续修四库全书》第 283 册,页 498。
③ 《从〈旧唐书〉〈谭宾录〉中考索唐国史》,载《古代文献研究集林》第一集,页 164 – 165。
④ 柳诒徵:《国史要义·史例第八》,华东师范大学出版社 2000 年版,页 251。
⑤ 《春秋左传正义》,《十三经注疏》本,页 1705。

史学从经学脱胎而来，严肃的史传自然就非常注重著述体例。刘知几《史通·序例》论史例的重要性说："夫史之有例，犹国之有法。国无法，则上下靡定；史无例，则是非莫准。"① 把它奉若国家的法律，视为史书成败的根本，可谓郑重其事。

两汉时期，《史记》及《汉书》即有专篇《太史公自序》《叙传》交代全书的写作缘起、主旨和结构等事项，是为史例之滥觞。魏晋之后史学大盛，刘知几列举干宝《晋纪》、沈约《宋书》、萧子显《南齐书》等例子之后，称"史例中兴，于斯为盛"②。在唐代，修官史者有敬播《晋书》凡例③，注正史者有颜师古《汉书叙例》；理论上，有刘知几的儿子刘餗所撰《史例》三卷，全面总结史书编修的凡例④。足见无论在理论还是实践层面上，史例久已受到高度重视，修史有例已成风气，史例成为史书的"标配"。然而《唐书》作为本朝之正史，却不是一开始就订立了明确的条例。中宗景龙二年（708年），任职史馆多年的刘知几对于因人而异、摇摆不定的工作方式大为不满，他在《上监修国史萧至忠书》中抱怨道："顷史官注记，多取禀监修，杨令公则云'必须直词'，宗尚书则云'宜多隐恶'。十羊九牧，其令难行；一国三公，适从何在？"⑤ 这种混乱的状况直到玄宗朝的韦述手上才稳定下来，他在修成国史一百一十三卷的同时，还编成《史例》一卷，作为开元、天宝间官修国史的准的⑥。

吕思勉云："史家讲书法，起于欧阳公之修《五代史》，而大成于朱子之修《纲目》。"⑦ 欧阳修与他同时代的尹洙、孙甫等人，皆步趋《春

---

① 《史通通释》，页88。
② 《史通通释》，页88。据胡喜云统计，现残存魏晋南北朝皇朝史书的凡例有沈约、范晔、干宝、魏收四种。见氏撰《魏晋南北朝皇朝史书编纂"序例"研究》，载中国魏晋南北朝史学会、武汉大学中国三至九世纪研究所编《魏晋南北朝史研究：回顾与探索——中国魏晋南北朝史学会第九届年会论文集》，湖北教育出版社2009年版，页653–667。
③ 《新唐书》卷一九八《敬播传》："与令狐德棻等撰《晋书》，大抵凡例皆播所发也。"页5656。
④ 《玉海》卷四九《艺文·唐史例》："刘餗《史例》三卷，以前史详略，由于无法，故隐括诸凡，附经为例。"《玉海》（合璧本），页980。
⑤ 书载《史通·忤时》，《史通通释》，页591。
⑥ 说详第二章第二节"开元、天宝年间纪传体国史的修撰"。
⑦ 吕思勉：《吕思勉读史札记》戊帙"史家讲书法之原"条，上海古籍出版社1982年版，页1285。

秋》，师法孔子笔削之义以论次史料，开创了宋代史学中的义例之学①。赵翼《廿二史札记》之"《旧唐书》前半全用实录、国史旧本"以及《陔余丛考》之"新旧《唐书》书年号各有得失""新旧《唐书》本纪书法互有得失""新旧《唐书》本纪繁简互有得失""《新唐书》列传内所增事迹较《旧书》多二千余条"等条目借助《旧唐书》考察了唐国史的回护（或曰隐晦）、繁简、改元、称名等书法，实际上包含了史学义例的两个面向：强调发挥义理的春秋笔法，以及注重史实安排的编纂方法。没有经过史学经学化洗礼的唐代史官，对于前者不会像宋代史家那般执迷②，也就不会像吕夏卿编写《唐书直笔》那样刻意设计一套凡例，企图"以《春秋》书法寓褒贬于纪传之中"③。韦、柳所持义例当偏向后者。

我们今天虽然无法一窥《唐书》的修纂义例，但是通过传世史籍的片言只语，以及《旧唐书》字里行间的信息，我们还是可以察知一些端绪，尤其是作为纪传体之"经"，直承《春秋》编年之体的本纪部分④。

（1）立本纪之例。《唐会要》卷六三《修国史》云：

> （德宗）建中元年七月，左拾遗史馆修撰沈既济以吴兢所撰国史，则天事为本纪，奏议驳之，曰："……今请并天后纪合孝和（引按，即中宗）纪。每于岁首，必书孝和所在以统之，书曰：某年正月日，皇帝在房陵；太后行某事，改某制云云。则纪称孝和，而事述太后，俾名不失正，而礼不违常。名礼两得，人无间矣。其姓氏名讳，入宫之由，历位之资，才艺智略，年辰崩葬，别篡录入《皇后列传》，于废后王庶人之下，题其篇曰'则天顺圣武皇后'云。"事

---

① 北宋史学书法义例之兴起，可参王东《宋代史学与〈春秋〉经学——兼论宋代史学的理学化趋势》，载《河北学刊》1988年第6期。

② 托名隋末王通所撰的《元经》，刻意模拟《春秋》一字寓褒贬之法，自经自传。《四库全书总目》从书目著录、避讳等方面考察，已断为北宋阮逸所伪。即从其通体《春秋》义法的气味，亦可判断绝非隋唐人所为。受到"《春秋》"学影响的沈既济，在其主修的《建中实录》自作"异于常者"的五项条例：举终必见始；善恶必评；月必举朔；史官虽卑，出入必书；太子曰甍。既云"异于常者"，可见当时史官普遍不以此种义例为书写原则。沈例见《崇文总目辑释》卷二"建中实录"条引"原释"，载《中国历代书目丛刊》第一辑，页41。

③ 赵翼：《廿二史札记》卷二一"欧史书法谨严"条，《廿二史札记校证》，页460。

④ 《史通·本纪》云："盖纪之为体，犹《春秋》之经，系日月以成岁时，书君上以显国统。"《史通通释》，页37。

虽不行，而史氏称之。①

"吴兢所撰国史"即韦述国史，在沈既济上奏之时，至少于休烈续编的一百一十四卷本已经完成。由奏文可知，以武则天为本纪，历经韦述、柳芳、于休烈而不改，这样的编排必定是盛唐史官的共识；其体例的蓝本是设立了《吕太后本纪》的《史记》。沈既济的指摘当与其时兴起的《春秋》学有关，体例的蓝本是以吕后事入《外戚传》的《汉书》。沈氏跟中唐《春秋》学派的创始人之一陆淳曾有官场共同进退的经历，同样起家于《春秋》派发源的江南地区，或者因此而思想接近。他主张的编纂义例，思想根源就是该派尊奉的"春秋正朔"之义。陆淳《春秋集传纂例》卷一《春秋宗指议第一》引啖助之言曰："夫子伤主威不行，下同列国，首王正以大一统，先王人以黜诸侯。"卷二《告月视朔例第十一》引赵匡论逊位出逃的鲁昭公则云："凡君在外，不应都废告朔之礼，当是执政大臣摄行矣。"② 很明显，沈既济的建议综合了这两种具有代表性的说法，代表了中唐史官的态度③。

范祖禹曾批评道："唐史亦列武后于本纪，其于纪事之体则实矣，《春秋》之法则未用也。"④ 他针对的是《旧唐书》，但唐国史实开其例。其实韦述等人何尝不知《春秋》之义，何尝或忘《春秋》之法？只是比起雕琢"微而显，志而晦"的字眼，他们更愿意运用"尽而不污""直书其事"的叙事策略，不因所谓的褒贬义例而扭曲事实。章学诚《文史通义·家书二》说自己跟刘知几的区别是"刘言史法，吾言史意；刘议馆局纂修，吾议一家著述"⑤，差可概括两种修史取径的差异。

沈既济的意见没有被后来的唐代史官采纳，也没有被五代史臣接受，而《新唐书》则基本采用了他的意见，既有《则天顺圣武皇后纪》以编年，又有《则天武皇后传》以记事，次序正是在王皇后之下。这一细微

---

① 《唐会要》，页1292-1294。又见《旧唐书》卷一四九《沈传师传》。
② 分见陆淳《春秋集传纂例》（清武英殿聚珍本）卷一，页3a；卷二，页6b。
③ 参见谢保成《中唐〈春秋〉学对史学发展的影响》。关于该派的形成，可参阅查屏球《唐学与唐诗——中晚唐诗风的一种文化考察》第一章"《春秋》学派与中唐学风新变过程"，商务印书馆2000年版，页1-47。
④ 范祖禹：《唐鉴》卷七，《丛书集成初编》本，页64。
⑤ 章学诚撰、仓修良编注：《文史通义新编新注》，浙江古籍出版社2005版，页817。

的义例调整,清楚反映了中唐以后史学思想变化的痕迹。

(2) 本纪书拜免之例。钱大昕《廿二史考异》卷五七《旧唐书一·高祖纪》"武德元年"条历数《旧唐书》本纪书大臣拜免之例,云:"本纪之例,宰相除免皆当书。《高祖纪》书拜而不书罢,如刘文静之除名,《纪》亦失之也。睿宗以前本纪,惟书宰相除免,明皇以后,卿监、方镇亦书矣。"① 玄宗以前的本纪是移用唐国史而成的,恰好属于韦述、柳芳笔削的部分,那么钱氏所总结的条例,当暗合于韦述的《史例》吧。其间的变化,反映了史官根据历史形势对体例作出的调整。如增加方镇之拜免,是因为开元、天宝以后节度使位高权重。吴廷燮《唐方镇年表》云:"唐节度诸使皆为差遣,凡除授者必带京职。节度初授,资望浅者,则加左右散骑常侍,资望深者则加尚书。仆射、平章、中令、侍中、三公、三师皆可特予。平章以上,遇大诏敕,且可系衔,同于真相。"② 既然职衔可以"同于真相",任免节度使与任免宰相同属重大人事安排,自然值得记入本纪了。

(3) 宗室不书姓例。《春秋》有书姓、不书姓之例,以昭避讳,微言褒贬③。正史书写宗室王者人名时,也有不书姓的惯例。钱大昕《廿二史考异》卷八《汉书三·荆燕吴传》"荆王刘贾"条云:"宗室王例不书姓,刘贾、刘泽独书姓,衍文。"④ 此种处理是因宗室为国姓,照例从省,如《宋书》诸王作临川王义庆、江夏王义恭之类皆然,与褒贬关系不大。《旧唐书》书记宗室诸王,亦例不书姓,如卷六十《宗室传》传主,即称永安王孝基、淮安王神通等。王鸣盛发现:"《旧书》于《武后纪》,凡诸武,如攸暨、攸宁、三思、承嗣、懿宗、延秀之类,多不书姓。其意若以革唐命,改国号周,则武为国姓,故不书姓,以纪实也。《新纪》无不书姓者。凡史家之例,于宗室不书姓。当从《旧书》,不书武姓,以著其篡

---

① 《廿二史考异》,页828。
② 吴廷燮:《唐方镇年表·序录》,《二十五史补编》本,中华书局1980年版,页7288。
③ 如《左传·隐公三年》解释声子死后,"不书姓,为公故,曰君氏"。杜预注云:"不书姓,辟正夫人也。隐见为君,故特书于经,称'曰君氏',以别凡妾媵。"据孔疏,声子不是君夫人,但她是当朝国君鲁隐公的生母。此为讳而尊之例。哀公十二年昭公夫人孟子卒,不书其姓,《传》云:"昭公娶于吴,故不书姓。"杜预注:"讳娶同姓,故谓之孟子。"吴、鲁同为姬姓国,理当同姓不婚,昭公违制。此为讳而贬之例。
④ 《廿二史考异》,页145。

位之实。"① 他站在正统论立场，以《春秋》笔法解释旧纪武氏诸王不书姓的原因，似求之过深②。从《旧唐书》渊源所自的唐国史来看，前引沈既济奏章说则天本纪出于吴兢，那么这些地方很可能是保存了韦述的旧貌，而没有从李唐王室的角度加以订正。

（4）书帝讳之例。《旧唐书》中有不少避讳字未及删尽，使人窥知其为唐国史旧文。顾炎武、钱大昕、王鸣盛等人即已举出许多例证，如讳年号"显庆"为"明庆"、"永隆"为"永崇"，讳官名"治书侍御史"为"持书侍御史"，等等③。这些地方不但可以总结出唐人的讳例和避讳方法，也可以透视出史官的书法和国史叠次修改的痕迹。为方便讨论，我们刺取最典型的书皇帝名讳为例，以作观察。

诸史本纪，卷首例行叙述皇帝身世，不过，最早的两部正史《史记》和《汉书》，在记述本朝皇帝的时候却都略去帝名，仅书作"高祖，沛丰邑中阳里人，姓刘氏，字季"④"孝武皇帝，景帝中子也，母曰王美人"⑤云云。曾与二书并称"三史"、同为汉人所修的《东观汉记》，则除光武帝之外，明帝至桓帝皆直录皇帝名讳，如"孝明皇帝讳阳，一名庄，世祖之中子也"⑥ 之类。但《东观汉记》原本已佚，现存为后人辑本，难以认定是原本如此还是后人增改。《史记》《汉书》都是汉代人修本朝史，于皇帝之讳回避严格；其他正史都是后人所修前代史，这种地方不妨直书其名。《旧唐书》诸纪开端都记录诸帝名讳，如"高祖神尧大圣大光孝皇

---

① 王鸣盛：《十七史商榷》卷七十一《新旧唐书三》"诸武不书姓"条，上海书店出版社2005年版，页611。
② 吴缜《新唐书纠谬》对此已有讥弹，见卷十五《义例不明》"宗室有书姓或不书姓者"条。见王东、左宏阁校证《唐书直笔校证 新唐书纠谬校证》，四川大学出版社2014年版，页445。
③ 详顾炎武《日知录》卷二三"以讳改年号"等条，钱大昕《廿二史考异》卷五八《旧唐书二·音乐志三》"明庆中皇后亲蚕"条、《旧唐书三·太宗诸子传》"永崇中"条，王鸣盛《十七史商榷》卷八四《新旧唐书十六》"旧书避唐讳"条，等等。不过他们对出现这种情况的原因持论不同，钱大昕认为是五代史官照录唐国史遗文，顾炎武、王鸣盛认为是刘昫以唐为本朝。钱说是也。
④ 《史记》卷八《高祖本纪》，中华书局1959年版，页341。
⑤ 班固：《汉书》卷六《武帝纪》，中华书局1962年版，页155。
⑥ 刘珍等撰：《东观汉记》卷二，吴树平《东观汉记校注》，中州古籍出版社1987年版，页55。

帝姓李氏，讳渊"①"太宗文武大圣大广孝皇帝讳世民，高祖第二子也"②等，是保存唐国史原貌还是五代史臣所改呢？参考现存唯一一部唐代实录《顺宗实录》，开端直书顺宗之名，同存国史旧文的《唐会要》《册府元龟》《太平御览》等，书帝讳亦然，可知《旧唐书》显示的是唐国史原貌，本纪卷首直书帝名，例不空字。吕夏卿在他的《唐书直笔》开宗明义云："王者、帝，天下名，所以事宗庙、礼天地也。其余接见臣下，从谦称，则名无所通焉。"③虽是为前代史发凡，却也道出了书帝讳的礼法意义。

史文中提及皇帝时，曰上，曰帝，或书庙号，皆循常例。而其未即位前名讳，皆采用空字之法，书"讳"或"某"。经统计共得十例，以下分别以书"讳"或"某"归类排列。

书"讳"之例：

> 卷七《中宗纪》景龙四年（710年）六月："庚子夜，临淄王讳举兵诛诸韦、武，皆枭首于安福门外，韦太后为乱兵所杀。"④
>
> 卷七《睿宗纪》："景龙四年夏六月……庚子夜，临淄王讳与太平公主子薛崇简、前朝邑尉刘幽求、长上果毅麻嗣宗、苑总监钟绍京等率兵入北军……诸韦、武党与皆诛之。"⑤
>
> 卷七《睿宗纪》："景龙四年夏六月……癸卯，殿中兼知内外闲厩、检校龙武右军、仍押左右厢万骑平王讳同中书门下三品。"⑥
>
> 卷九《玄宗纪下》："天宝十五载，七月……丁卯，诏以皇太子讳充天下兵马元帅。"⑦
>
> 卷八四《郝处俊传》："上元元年，高宗御含元殿东翔鸾阁观大酺。……帝令雍王贤为东朋，周王讳为西朋，务以角胜为乐。"⑧

---

① 《旧唐书》卷一，页1。
② 《旧唐书》卷二，页21。
③ 吕夏卿：《唐书直笔》卷一《帝纪第一上·名字》，《唐书直笔校证 新唐书纠谬校证》，页5。
④ 《旧唐书》，页150。
⑤ 《旧唐书》，页152。
⑥ 《旧唐书》，页153。
⑦ 《旧唐书》，页234。
⑧ 《旧唐书》，页2799。

卷八六《高宗中宗诸子·孝敬皇帝弘传》："太子无子，长寿中，制令楚王讳继其后。"①

书"某"之例：

卷七《中宗纪》神龙元年（705 年）三月："诏曰：'……安国相王某及镇国太平公主更不得辄拜卫王重俊兄弟及长宁公主姊妹等。'"②

卷十二《德宗纪上》大历十四年（779 年）："十二月……乙卯，制：'宣王某可立为皇太子。'"③

卷五七《刘文静传》："有诏以太原元谋立功，尚书令、秦王某，尚书左仆射裴寂及文静，特恕二死。"④

卷六四《高祖二十二子·荆王元景传》贞观十一年（637 年）诏曰："……扬州都督越王贞、并州都督晋王某、秦州都督纪王慎等……其所任刺史，咸令子孙代代承袭。"⑤

上述内容，都是天子龙潜时的事迹，而记录的时间一定是在他们登基之后。皇太子为肃宗李亨；其余王爵，临淄王、平王、楚王皆玄宗李隆基的封号，周王为中宗李显最初的封号，相王为睿宗李旦的封号，宣王为顺宗李诵的封号，秦王、晋王最为人熟知，分别是太宗李世民和高宗李治的封号。通过归纳，我们很容易看出，书"某王讳"的，均为撰写史文当时避国君之讳；书"某"的，全部出自诏书本文，但为后来的追改，而非原貌，原诏是直书诸人之名的⑥。最明显的是"皇太子讳"及"楚王讳"两例，原文出自诏令，但经过史官的间接陈述后，乃转用书"讳"

---

① 《旧唐书》，页 2830。
② 《旧唐书》，页 138。
③ 《旧唐书》，页 324。此月丁酉朔，乙卯为 780 年 1 月 30 日。《顺宗纪》将此事系在"建中元年正月丁卯"，晚了十天，可见两纪史源不同。《顺宗纪》与《顺宗实录》同，当源于后者。盖《德宗纪》所载为制书完成时间，《顺宗纪》为改元宣制时间。
④ 《旧唐书》，页 2294。
⑤ 《旧唐书》，页 2424。
⑥ 如宋敏求《唐大诏令集》所载诏令，几乎都直书诸王名讳，太宗却多处书作"秦王讳"，应是后人所改。

之例。书写格式高度一致，可见这些细节处理是有统一义例的。

从时间上看，所避帝讳最早的是太宗李世民，但属于追改；以记事当时而言，最早的是中宗李旦，最晚的是顺宗李诵。这个时间跨度恰好吻合我们考订的一百三十卷唐国史从吴兢到裴垍修撰的时段。这一方面进一步佐证了我们前面的推测，另一方面证明了这种处理是唐国史的旧例。钱大昕《廿二史考异》卷五七《旧唐书一·睿宗纪》"临淄王讳"条云："太宗、高宗、中宗篇中直书高、中、睿三宗之名，高祖篇中但书太宗而不名，此纪于明皇名称讳，于例初未画一。盖五朝之史，成于明皇之世，故特称讳，后来又承其旧文，而不能是正尔。"① 他用修史底本来解释帝名避讳之有无，无疑是正确的。从《旧唐书》编修的角度看，这是"于例初未画一"；从唐国史的角度看，却是义例分明，所依循的当是韦述的《史例》。他据当时之讳而书之，所以特别留意于玄宗之讳，乃至在十条例证中占了一半。

又有"二名不偏讳"之例：

> 卷八《玄宗纪上》景龙四年（710年）六月："丙午，制曰：'……第三子平王基孝而克忠，义而能勇。……基密闻其期，先难奋发……'"②
>
> 同卷景云二年（711年）："又制曰：'……皇太子基仁孝因心，温恭成德，深达礼体，能辨皇猷，宜令监国，俾尔为政。其六品以下除授及徒罪已下，并取基处分。'"③
>
> 同卷延和元年（712年）："七月壬午，制曰：'……皇太子基有大功于天地，定倾危于社稷，温文既习，圣敬克跻。'"④

对此钱大昕认为是双名单称，王鸣盛认为是明人妄改"某"为

---

① 《廿二史考异》，页830。陈垣《史讳举例》卷一《避讳空字例》亦引钱说，上海书店出版社1997年版，页4。
② 《旧唐书》，页167。
③ 《旧唐书》，页168。
④ 《旧唐书》，页168。

"基"①。查宋敏求《唐大诏令集》也记载了这三份制书②，前两条于玄宗名讳处书"隆基"③，第三条书"某"，为追改。可知《旧唐书》所据之国史原文采取的是"二名不偏讳"的原则。《礼记·曲礼上》云："二名不偏讳。"郑注："偏，谓二名不一一讳也。孔子之母名征在，言在不称征，言征不称在。"④《唐会要》卷二三《讳》载，武德九年（626年）六月，太宗登基之后，下令"今其官号人名及公私文籍，有'世'及'民'两字不连续者，并不须避"⑤。唐史官依此令追改诏文。不过，唐皇帝双名者只有太宗和玄宗，所以，这项书法只用在了韦述制订《史例》时的玄宗身上。

除了上述几种有迹可寻的体例，另如李德裕《论时政记等状》中谈及的禁中言论和公卿论事等内容，何者当载、何者不载⑥，均应立有条例，只是已经无法查考了。

第二节 纪传体国史的名臣传

纪传体史书以人作为记叙史实的核心，循名以责实，帝纪和列传自然是该体著作的主干，而在列传之中，大臣的传记又是其中篇幅最大的部分。在唐人的著作中，我们经常可以读到某人"国史有传""事具国史"一类的话，这些人有的传记仍见于《旧唐书》，有的则被删并，取消了独立立传的资格。限于篇幅，我们不拟全面钩抉唐国史列传的遗文，兹各举数例以明之。

《全唐文》卷三三九颜真卿《晋侍中右光禄大夫本州大中正西平

---

① 分见《廿二史考异》卷五七《旧唐书一·明皇纪》，页830；《十七史商榷》卷七二《新旧唐书四》"玄宗卷首"条，页761。
② 据李豪《〈唐大诏令集〉史源考》考证，宋著主要的史料来源是实录，兼采唐人别集、官文书及贾纬《唐年补录》，均早于《旧唐书》。文载《唐史论丛》第23辑，三秦出版社2016年版。
③ "并取基处分"一句，《唐大诏令集》无"基"字，无从对比。三制分别见该书卷二七《立平王为皇太子诏》，卷三十《睿宗命皇太子监国制》《睿宗命皇太子即位诏》。
④ 《礼记正义》卷三，《十三经注疏》本，页1252。
⑤ 《唐会要》，页527。
⑥ 《李文饶文集》卷十一《论时政记等状》，《四部丛刊初编》本，页3a–4b。

靖侯颜公大宗碑》："（颜）思鲁字孔归……《国史·温大雅传》云：'大雅在隋，与思鲁俱在东宫，弟彦博与愍楚同直内史省，彦公与游秦并典校秘阁。二家兄弟，各为一时人物之盛。少时学业，颜氏为优；其后职位，温氏为盛。'"①

赵璘《因话录》卷一《宫部》"玄宗柳婕妤"条自注："柳氏姻眷，弈叶贵盛，而人物尽高……右丞讳范，国史有传。"②

《全唐文补遗》第四辑李墉《唐故江夏李府君（岐）墓志》："考邕，皇朝北海郡太守、赠秘书监，有文集一百八卷行于代。《唐书》有传。公即北海之第二子也。"③

《唐代墓志汇编》贞元034《唐故银青光禄大夫尚书兵部侍郎寿春郡开国公黎公（干）墓志铭并序》："公践履四朝，有简沃匡赞之功，开物易俗之政，著在国史。"④

《唐代墓志汇编》会昌010《唐故汝州司马孙府君墓志铭并序》："大父府君讳逖，当开元盛朝，独揭文柄，年才弱冠，三擅甲科，累迁中书舍人、刑部侍郎，赠尚书右仆射，谥曰文公，国史有传。"⑤

《唐代墓志汇编》咸通029《□□□□□□□□墓铭并序》（按：据志文，墓主为泾州从事卢逢时妻李氏）："高王父尊讳涣，门下侍郎平章事，赠右仆射。……事在国史及《广人物志》。"⑥

《唐代墓志汇编》咸通059《唐故通直郎行河中府猗氏县尉苗府君墓志铭》："堂曾叔祖晋卿，太师，为我朝宗臣，事载国史。"⑦

以上诸人，今本《旧唐书》皆有传。温大雅，传见卷六一；柳范，传附卷七七《柳亨传》；李邕、孙逖，传见卷一九○中《文苑传》；黎干，传在卷一一八；崔涣，传在卷一○八；苗晋卿，卷一一三有传。这些都是

---

① 《全唐文》，页3441。
② 李肇、赵璘：《唐国史补 因话录》，上海古籍出版社1979年新1版，页68。
③ 吴钢主编：《全唐文补遗》第四辑，三秦出版社1997年版，页71。"唐书"之"唐"字原阙，据《唐代墓志汇编》贞元033《唐故江夏李府君（岐）墓志》补。然《唐代墓志汇编》录文大有脱漏，自"皇朝兰台郎"至"考邕皇朝"皆脱去，致使李邕生平误接于李善，当据补。
④ 《唐代墓志汇编》，页1861。
⑤ 《唐代墓志汇编》，页2218。
⑥ 《唐代墓志汇编》，页2400。
⑦ 《唐代墓志汇编》，页2424。

唐代的显贵或名人，其传记先后收入国史与《旧唐书》，说明《旧唐书》的名臣传记，尤其是中唐以前的部分，必然大量地借用了唐国史的旧范，入传人物的规模和人选出入不会太大。

《晋侍中右光禄大夫本州大中正西平靖侯颜公大宗碑》（即《颜大宗碑》）的文字是遗留至今的少量确切可知的纪传体国史遗文之一，将它与《旧唐书·温大雅传》对照，文字几乎全同，只是《旧传》中"彦公"作"彦将"，"一时人物之盛"作"一时人物之选"①。关于这段家族美事，颜真卿再三笔之于书，《唐故通议大夫行薛王友柱国赠秘书少监国子祭酒太子少保颜君碑铭》（即《颜氏家庙碑》）、《秘书省著作郎夔州都督长史上护军颜公神道碑》（即《颜勤礼碑》）都有所记述；而这两处的异文均同《旧唐书》。由此一端，足见《旧唐书》是如何全盘移录唐国史原文的了。

类似标志明晰的国史遗文，还见于《唐会要》卷七十五《选限》"贞观十九年十一月"条的苏冕注："按工部侍郎韦述《唐书》云：贞观八年，唐皎为吏部侍郎，以选集无限，随到补职，时渐太平，选人稍众，请以冬初，一时大集，终季春而毕。至今行用之。"② 考《旧唐书·唐临传》附《唐皎传》，文字几乎全同，可知必为韦书之旧文。

唐国史有传而《旧唐书》无传之例，最显著的是李栖筠。《旧唐书》的《李吉甫传》和《李德裕传》皆提及其父、祖李栖筠"国史有传""自有传"③，然而今本《旧唐书》并没有收录李栖筠的传记，这显然是照抄唐国史和实录原文造成的失误，间接也说明了唐国史原本有《李栖筠传》④。《新唐书》卷一四六则列专传，而以李吉甫附之。

一些传记则在《旧唐书》中遭到删削。《旧唐书》卷五八传论曰："武士彠首参起义，例封功臣，无戡难之劳，有因人之迹，载窥他传，过为褒词。虑当武后之朝，佞出敬宗之笔，凡涉虚美，削而不书。"⑤ 考其

---

① 《旧唐书》，页 2362。
② 《唐会要》，页 1605。
③ 《旧唐书》，页 3992、4509。
④ 岑建功《旧唐书逸文》卷十一从《资治通鉴考异》辑出两条"《旧李栖筠传》"逸文，武秀成师据此认为当是今本《旧唐书》不慎脱漏了《李栖筠传》。参见所撰《〈旧唐书〉辨证》，上海古籍出版社 2003 年版，页 8—9。
⑤ 《旧唐书》，页 2318。

辞气,"虑当"云云为猜测之词,不会是还能目验许敬宗、牛凤及两本国史的韦述等人所当言①,应出自许本灭失之后的史官之笔。考诸载籍,我们仍能发现一些极可能是被删掉的国史武传的内容。保留了大量唐国史遗文的《册府元龟》,其卷三四五《将帅部·佐命六》"武士彟"条,记载他在太原起事前劝止王威、田德平等功绩,与《旧唐书·武士彟传》相同,而中间多出"高祖先令士彟密伏兵于宫城东门外,以防不虞"②一事。查考起事时参掌机要的温大雅所撰《大唐创业起居注》,记此事曰:"帝遣长孙顺德、赵文恪等率兴国寺所集兵五百人,总取秦王部分,伏于晋阳宫城东门之左以自备。"③《资治通鉴》则曰:"渊使世民伏兵于晋阳宫城之外。"④三者相较,揆诸情势,当以温大雅所记为真。司马光要突出李世民的"聪明勇决,识量过人"⑤的形象,特意将调用他的部队改写为由他担任主将;而《册府元龟》的记载最不可信,武士彟当时只是太原留守府的司铠参军,李渊明知他是对头王威之党,绝无可能交给他至关重要的统领伏兵之权。起事之后,他也不过跟随李渊继续做铠曹参军,可见并未立下殊功。此种移花接木的手段,正符合史臣诟病的"载窥他传,过为褒词",删削在所难免。《册府元龟》的《环卫部》《牧守部》等篇还留存不少美化武士彟的记载,其中当不乏唐国史遗文,可由此一窥唐国史之《武士彟传》的鳞爪。

一些传记则或有所省并。卷五八《刘仁轨传》之后,有"史臣韦述曰:世称刘乐城与戴至德同为端揆,刘则甘言接人,以收物誉;戴则正色拒下,推美于君。故乐城之善于今未弭,而戴氏之绩无所闻焉"⑥云云。此段论赞毫无疑问出自韦述本国史,他将刘仁轨(即刘乐城,因其曾封乐城县男)与戴至德合论,依纪传体例,前面应为刘、戴二人合传,可是《旧唐书》的戴传却另附于卷七十《戴胄传》之下⑦。详戴传内容,

---

① 王应麟《玉海》卷四六《艺文》"唐武德以来国史"条引韦述《集贤注记》云:"史馆旧有令狐德棻所撰国史及《唐书》,皆为纪传之体。令狐断至贞观,牛凤及迄于永淳。"见《玉海》(合璧本),页917。令狐德棻为长孙无忌本国史的主撰者。
② 《册府元龟校订本》,页3894。
③ 温大雅:《大唐创业起居注》,上海古籍出版社1983年版,页7。
④ 《资治通鉴》卷一八三"恭帝义宁元年",页5734。
⑤ 《资治通鉴》卷一八三"恭帝义宁元年",页5728。
⑥ 《旧唐书》,页2797。
⑦ 《旧唐书》,页2535。

有一半记录的正是刘、戴二人面对申诉冤结之人不同的处理态度，刘"辄美言许之"，戴则"先据理难诘，未尝与夺，若有理者，密为奏之，终不显己之断决"，与韦述的评语一一对应，衔接至密。可想而知，在韦修国史里，刘仁轨和戴至德本是合传，或者以现存戴传的篇幅看，是戴传附于刘传，但后来的史官移走了戴传，却没有删除韦述的史论，于是出现了在合传中段插入"史臣曰"的奇特现象。

《旧唐书》迻录的虽然是一百三十卷本的唐国史，但历次国史的一些"痕量"递修踪迹，仍可以通过细致排查发现，一窥其"层累形成"的究竟。上述卷五八卷末传论曰："乐城、甄山，昌言规正，若时无君子，安及此言？正平铨藻吏能，文学政事，颇有深识。而前史讥其谬谥，有涉陈寿短武侯应变之论乎！非通论也。"① 乐城即刘仁轨，甄山即郝处俊，正平即裴行俭，三人同传，论赞中通以封号称之，显系唐人的口吻，当出自唐代史官手笔②。末句"前史讥其谬谥"，指的是《裴行俭传》载其死后先谥为"克"，后改为"忠献"，韦述"以改谥为非"一事③。以唐人的口吻将裴传称为"前史"，能有这样资格的，只能是于休烈、柳芳以下，至晚为裴垍的史官。若此推测不误，则《旧唐书》卷五八《刘仁轨郝处俊裴行俭传》至少累积了两代唐国史。

纪传体国史之外，唐实录也有大臣传的体例。《唐会要》卷六四《史馆杂录下》载："（元和）七年六月，上读《肃宗实录》，见大臣传多浮词虚美。"④ 其具体的编修体式，现在还可以从收录在韩愈文集的《顺宗实录》窥见一斑，传记大抵系在大臣薨逝之后或政治生命终结之时。纪传体国史固然仰赖实录为重要材料，其中的传记亦多参照实录的大臣传修成，但是因为国史并不曾形成固定的修撰规律，或者修国史的史官另有去取的标准，所以有的传记便可能只存于实录而未曾被国史采纳。例如前引卢逢时妻李氏墓铭，于崔涣事后继续说道："曾王父尊讳纵，太常卿，赠吏部尚书。贼泚之乱，天子蒙尘。说怀光之兵，解奉天之急。两为御史大

---

① 《旧唐书》，页2808。
② 赵翼《廿二史札记》卷十六"《旧唐书》前半全用实录、国史旧本"条已揭出此点，《廿二史札记校证》，页348。
③ 此事亦见《册府元龟》卷五九五《谥法》，《册府元龟校订本》，页6838。
④ 《唐会要》，页1309。

夫，皆留轨范，为朝典型。事在《德宗实录》。"① 按《旧唐书》卷十三《德宗纪下》，崔纵于德宗贞元七年（791 年）六月乙巳卒官，其事迹载于《德宗实录》是合适的。然而铭文既已在前面引证过国史，这里对于同样官品的人物则用实录的记载，可见在墓志完成的唐懿宗咸通年间，存世的纪传体国史定然没有为崔纵立传。他在《旧唐书》卷一〇八的传记，多半是五代史官根据《德宗实录》的记载撰写的。

清人岑建功据《太平御览》引用的"唐书"辑成《旧唐书逸文》十二卷，其中不见于今本《旧唐书》的传记多达四十九人。岑仲勉《〈旧唐书逸文〉辨》认为"其中多无立传之价值"，不会是《旧唐书》逸文；而《太平御览》所谓"唐书"，他怀疑是包括纪传体国史、实录等在内的"通名之唐史"②。揆诸《旧唐书》，许多附传和类传的传主看起来与《旧唐书逸文》辑录的人物一样乏善可陈，我们并不能单凭主观的"立传价值"来判断这些"逸文"是否出自纪传体国史，但他揭示的大量传记出自实录逸文的可能性不容忽视。

名垂青史乃是凡人跻身不朽的阶梯，国史的官方地位更使得入传之人平添了一种异彩，因此，在一些不那么郑重的撰述里面，我们往往能读到查无实据的"国史有传"之类的标榜。例如韩愈的儿子韩昶，名父之子而不才，李绰《尚书故实》记载他任集贤校理时，曾把史传中说"金根车"的地方一律臆改成"金银车"③，可见学殖不根，在其他方面也无所作为。但是其人十分自负，尝自为墓志铭，序首即称："昌黎韩昶，字有之，传在国史。"④ 实际上这不过是勇于自诩，自欺欺人而已。《旧唐书》在《韩愈传》的末尾用"子昶，亦登进士第"⑤ 一语带过；《新唐书》列传的作者宋祁酷爱韩文，却在他刻意渲染的《韩愈传》中连韩昶的名字都没有提起，全书也仅在卷七三上的《宰相世系表》里填了个"昶"字⑥。这更显得他"传在国史"的自我吹嘘格外滑稽了。

碑志是史之别乘，写作态度认真严肃的，固然可以与正史互证互补，

---

① 《唐代墓志汇编》，页 2400。
② 文载《岑仲勉史学论文集》，页 589-597。
③ 李绰：《尚书故实》，《丛书集成初编》本，页 13。
④ 《全唐文》卷七四一《自为墓志铭并序》，页 7666。
⑤ 《旧唐书》卷一六〇，页 4204。
⑥ 《新唐书》，页 2858。

像前段所引诸大臣的材料即是；然而自来碑铭都有阿谀背实的弊病，刘宋时的裴松之即尝上表批评当时立私碑的不良风气，说："勒铭寡取信之实，刊石成虚伪之常。"① 在唐代，卖文以谋取厚利，是碑文浮夸的一个诱因。《唐国史补》记载，武则天长安年间，碑志写作已经像一个竞争激烈的市场，一旦有大官去世，文士便蜂拥到丧家门口争相自鬻②。名士如李邕者，则常常门庭若市。《旧唐书·文苑中》本传说他"早擅才名，尤长碑颂。虽贬职在外，中朝衣冠及天下寺观，多赍持金帛，往求其文。前后所制，凡数百首，受纳馈遗，亦至钜万。时议以为自古鬻文获财，未有如邕者"③；刘禹锡亦称韩愈"三十余年，声名塞天。公鼎侯碑，志隧表阡，一字之价，辇金如山"④。在经济利益和人情世故的驱遣之下，文起八代之衰、曾经担任史馆修撰的韩愈尚且作了不少"谀墓"之文，一般唐人作手虚构夸张，就毫不奇怪了。《唐代墓志汇编》天宝183《唐故中郎将献陵使张府君夫人太原郭氏临淄县君墓志铭并序》记载："夫人讳囗，太原人也。祖善志，大将军，唐史有传。"⑤ 但是遍征两《唐书》，却不见郭善志的名字，让人很怀疑唐国史会有他的传记。由此可见，许多人物声言"国史有传"，不过是信手拈来的堂皇冠冕，虚文无征，不可凭信。

像上述两类滥套，当然不能证明传主曾经列传国史，却从一个方面透视出国史在唐人心目中的地位。地位隆重，便免不了有人攀附，有人借光。上述两个事例说明，对待唐人撰述中的"国史有传""国史详焉""彰乎国史"等套语，仍须仔细鉴别，不可仓促下结论。

第三节 纪传体国史的类传

类传是将人物按性质归类而成的传记，今《旧唐书》的类传名目，有《后妃传》《宗室传》《外戚传》《宦官传》《良吏传》《酷吏传》《忠义传》《孝友传》《儒学传》《文苑传》《方伎传》《隐逸传》《列女传》

---

① 《宋书》卷六四《裴松之传》，中华书局1974年版，页1699。
② 《唐国史补》卷中，页41。
③ 《旧唐书》卷一九〇中，页5043。
④ 《刘禹锡集》卷四十《祭韩吏部文》，中华书局1990年版，页604。
⑤ 《唐代墓志汇编》，页1659。

等篇。其中大部分唐国史原来也有，传目则大同小异。

1. 后妃传

后妃之有传，自司马迁已然，《史记》设《外戚世家》，司马贞《索隐》曰："外戚，纪后妃也。"① 以后妃为主，兼及亲族，奠定了诸史后妃传的基本格局。此后正史传记皆立此篇，唐国史自然也不例外。前引沈既济建中元年（780年）的奏章，建议将则天事迹"别纂录入皇后列传，于废后王庶人之下，题其篇曰'则天顺圣武皇后'云"②，足为明证。《旧唐书·后妃传》序又云：

> 今录其存于史册者，为《后妃传》云。③

可知它是因藉旧史成篇的，所谓"史册"，主体就是唐国史。《旧传》序所述后妃制度，止于玄宗朝，议论止于"马嵬涂地"，当成于柳芳以下中唐史官之手。传末之赞提及"韦、武丧邦"，却没提到几乎葬送大唐的安史之乱的"贼本"杨贵妃，令人怀疑是在天宝之前书写的。若然，赞语或许出自韦述之手吧。

今人徐冲总结汉唐间正史的"外戚传"与"皇后传"的书写形式，认为从《史记》到《隋书》，"可以区分为三种类型，即'外戚传''皇后传''皇后传+外戚传'。而这三种书写类型的划分，又与相关作品的成书时代区别之间存在大体一致的对应关系。即成书于汉代的作品采取了'外戚传'的书写形式，成书于魏晋南朝的作品采取了'皇后传'的书写形式，成书于北朝隋唐者所采取的书写形式则为'皇后传+外戚传'"④，并认为书写形式的改变与王朝（或曰皇帝）权力结构的改变有关。《旧唐书·后妃传》两处提到皇后亲族"见《外戚传》"，一为肃宗章敬皇后吴氏，一为顺宗庄宪皇后王氏，而《外戚传》所收传主恰止于庄宪皇后之父王子颜。由此推断，唐国史采用的也是"皇后传+外戚传"的形式，一百三十卷《唐书》的《后妃传》可能修到顺宗王皇后为止，与《外戚

---

① 《史记》卷四九，页1967。
② 《唐会要》卷六三《修国史》，页1294。
③ 《旧唐书》卷五一，页2162。
④ 徐冲：《中古时代的历史书写与皇帝权力的起源》单元三"'外戚传'与'皇后传'"，上海古籍出版社2017年版，页126。

传》的终篇同步。其形式的选择，跟权力结构关系不大，而应是初唐以来史官的史体意识逐步健全的结果①。

沈既济称此传为"皇后列传"，似乎暗示这是国史的传名。不过夷考唐修八史，以官修的《隋书》为界，此前四种，《梁书》《陈书》《北齐书》《周书》皆名"皇后传"；此后四种，《隋书》及《晋书》《南史》《北史》皆名"后妃传"。可见《隋书》是此一类传名称确立的分水岭，而深受其编纂形式影响的唐国史，似乎没有必要在这种体例名目上改弦更张。有意思的是，《隋书》此传名为"后妃"，传序归结立传之由，却说："故述皇后列传，所以垂戒将来。"② 今人或将"皇后列传"视为此传之异名③，其实这只是撰者在陈述传记的内容，将此四字作为一个类名而非传名来使用。沈既济的表达法与《隋书》如出一辙，言下之意也是类名而已。唐国史中的这篇类传，名目即为"后妃传"④，其次序亦与六朝以来正史的惯例一样，位于列传之首。

2. 循吏传

循吏有传，创始于太史公。他自谓立此传的动机，在于"奉法循理之吏，不伐功矜能，百姓无称，亦无过行"⑤，要表彰那些奉公守法、为政宽简的官员。唐以前正史，此篇又有"良吏传""良政传"等名⑥。不过唐国史的传名显然一仍《史记》《汉书》《隋书》之旧贯。前引颜真卿《颜大宗碑》云：

> （颜）游秦，度支郎中、廉州刺史，见《循吏传》，著《班汉决疑》。⑦

---

① 刘知几在《史通·题目》篇即批评《史记》曰："如马迁撰皇后传，而以外戚命章。案外戚凭皇后以得名，犹宗室因天子而显称，若编皇后而曰外戚传，则书天子而曰宗室纪，可乎？"《史通通释》，页92。
② 《隋书》卷三六，页1105。
③ 通行的中华书局标点本《隋书》即在此四字旁施以书名线。
④ 陈丽萍《历代正史〈后妃传〉书写模式变化简析》猜测唐八史中"后妃传"的名称选择体现了南北史学家修史理念的差别，但未有论证，似非确解。见氏撰《贤妃嬖宠：唐代后妃史事考》，社会科学文献出版社2014年版，页18。
⑤ 《史记》卷一三〇《太史公自序》，页3317。
⑥ 《魏书》《宋书》《梁书》《晋书》作"良吏传"，《南齐书》作"良政传"。
⑦ 《全唐文》，页3441。

查《旧唐书·颜师古传》附载《颜游秦传》,内容乃是他在平定刘黑闼之后抚恤百姓的事迹,按照类型,确实可以放在《循吏传》。《旧唐书》的记载或是因其文字过少而调整到颜师古传后的吧。

吕温《吕和叔文集》卷十《道州刺史厅后记》:

> 河南元结,字次山,自作《道州刺史厅事记》,既彰善而不党,亦指恶而不诬……予自幼时读《循吏传》,慕其为人,以为士大夫立名于代,无以高此。①

按《文苑英华》卷八〇一、《全唐文》卷六二八所载此文,"《循吏传》"前皆有一"古"字。细读本文,内容是记述修复元结所书《厅事记》的原貌的经过,反复对元结致以景仰之意,而通篇不及前代之人,则"古"字当系衍文。而所谓《循吏传》,必为唐国史固有门类无疑。

元结《旧唐书》无传,《新唐书》卷一四三有传,而不列入《循吏传》。

现在不仅证明唐国史有《循吏传》,而且知道其中曾有颜游秦和元结的传记,而两人在《旧唐书·良吏传》中并未收载。可见虽然《旧唐书》多袭用唐国史旧文,但绝非如有些人认为的那样依样翻版、毫无别裁。

3. 酷吏传

《酷吏传》肇自司马迁,后代或承或废。其本义是取孔子"宽猛相济"的执政思想②,记录任用威刑、执法峻刻的"刚克之吏"③。虽不满于他们有乖德治,却也认为能取效于一时,入传者不乏端方正直的能吏。而自《隋书》之后,此传开始专记那些"无禁奸除猾之志,肆残虐幼贱之心"④ 的枉法滥刑、草菅人命之徒。唐国史一度删去此篇,《崇文总目》叙录谓唐国史修撰至韦述时,曰:

---

① 《四部丛刊初编》影宋抄本,卷十,页9b。
② 《左传·昭公二十年》:"仲尼曰:'善哉!政宽则民慢,慢则纠之以猛;猛则民残,残则施之以宽。宽以济猛,猛以济宽,政是以和。'"《十三经注疏》本,页2094-2095。
③ 《隋书》卷七四《酷吏传》序,页1691。
④ 《隋书》卷七四《酷吏传》序,页1692。

述因兢旧本，更加笔削，刊去《酷吏传》。①

如上一章所论，韦述国史是否因吴兢之旧本值得怀疑，但据此可知，旧本唐史原有《酷吏传》，韦述的国史则不设此一类传。按之武则天当政之初，任用酷吏诛除异己，罗织告密盛行，面对如此惨酷的历史现象和施暴者，韦述为何却独独删去了这篇类传，个中原委难以猜详。或许所谓"刊去"，是取消此一类传名目，而将诸传记改为合传或附传的形式，纳入前篇，一如李延寿《北史》，将一部分原属前代《酷吏传》的人物转入家传②。

今《旧唐书·酷吏传》序有云："中兴四十载而有吉温、罗希奭之蠹政，又数载而有敬羽、毛若虚之危法。朝经四叶，狱讼再起，比周恶党，剿绝善人。"③"中兴"指中宗复辟，"四叶"指中宗、睿宗、玄宗、肃宗四代。据贾宪保考察："此传人物全是代宗以前的，应该是代宗时所写的国史原文。"④池田温认为，此传"从整体看，原样照搬《国史》（原注：即《唐书》，成于中唐史官之手）的痕迹历历在目"⑤。其说是也。传中最晚的敬羽卒于代宗宝应元年（762年），那么这两卷传记当由令狐峘或者稍晚的史官重新编集；令狐德棻、吴兢等人的旧本既然没能躲过安史兵劫，重编的蓝本当为韦述国史和诸帝实录。

4. 孝友传

孝道是古代中国政治伦理的价值核心，也是社会伦理的道德基础。《论语》第二章记录有若之言曰："君子务本，本立而道生。孝弟也者，其为仁之本欤？"⑥将孝悌奉为立身立政的根本。"独尊儒术"之后的历代帝王都乐意提倡"以孝治国"，其中一个手段，便是大力树立典范，仪型天下。在唐代，玄宗御注《孝经》颁行天下，历任皇帝也多次发布诏敕

---

① 《崇文总目辑释》卷二，载《中国历代书目丛刊》第一辑，页37。
② 但《北史》仍保留《酷吏传》。
③ 《旧唐书》卷一八六上，页4836。
④ 《从〈旧唐书〉〈谭宾录〉中考索唐国史》，载《古代文献研究集林》第一集，页153。
⑤ ［日］池田温：《论韩琬〈御史台记〉》之注5，见氏撰《唐研究论文选集》，页362。
⑥ 《论语·学而》，《十三经注疏》本，页2457。

访求孝友淳笃之士①，州县按规定每年要向史馆报送管内"义夫节妇"的事迹，户部则应随时报送"孝义旌表"的事例②。凡此种种，都表明当政者对于孝道的高度重视。在意识形态和史馆制度的双重支持下，唐国史《孝友传》的资源异常丰富。

正史为孝子立传，滥觞于《宋书·孝义传》，其后或名为"孝行""孝友""孝感"等。《旧唐书·孝友传》序云：

> 前代史官所传《孝友传》，多录当时旌表之士，人或微细，非众所闻，事出闾里，又难详究。今录衣冠盛德，众所知者，以为称首。至于州县荐饰者，必覆其殊尤，可以劝世者，亦载之。③

所谓前代史官，即指唐代史官。不言而喻，唐国史原本篇名为《孝友传》，而且入传人数众多。《旧唐书》以一卷篇幅容纳了二十九人的传记，属于类传中密度最大者之一，但这还是删省唐国史之后的结果，原本数量可想而知。贾宪保比较两《唐书》的《孝友传》，认为两传人物"能相差这样多，肯定是国史《孝友传》记载的人物很多，两书限于篇幅各有选择"④，不无道理；但他将《新传》所言"名在国史"理解为仅记录姓名，认为《新传》卷首罗列的"万年王世贵"等二百余人以及"刲股肉为亲治病者二十九人"的名单，都"记在唐国史的《孝友传》中"，《旧传》略而不书，《新传》则如数抄录，恐怕是误解了"名在国史"的含义。"名"也者，姓名也，功名也，必有事迹随之，才是真正的"名在国史"。如此一来，即使每人只记三言两语，这二百多人显然也挤不进区区一卷《孝友传》里。因此，《新传》的表述，当理解为这些人的事迹曾经"宣付史馆""录付史官"。这些史料有一部分收录进了纪传体国史及实录，在《太平御览》的《人事部·孝》、《册府元龟》的《旌表》《孝》

---

① 参《唐大诏令集》卷一〇二《采访孝悌儒术等诏》《访孝悌德行诏》、卷一〇六《孝悌力田举人不令考试词策敕》等。
② 参《唐会要》卷六三《史馆上·诸司应送史馆事例》，页1286。
③ 《旧唐书》卷一八八，页4917–4918。
④ 《从〈旧唐书〉〈谭宾录〉中考索唐国史》，载《古代文献研究集林》第一集，页154。

及《孝感》等部类中，还集中保存着不少遗文片段①。

刘肃《大唐新语》取材"大都出自国史"②，其中《孝行》《友悌》两篇主旨与国史《孝友传》相近，共有十四条，记陈叔达、张志宽等人事迹。比较《旧传》，其中张志宽、王君操、裴敬彝、张琇及张瑝、陆南金六人五条互见，当皆出于唐国史。其他条目有不见于《旧传》，但很可能出于国史者，如"崔希高"条，与《太平御览》卷九二五"兵曹鸟"条引《唐书》崔希乔事相同③；又，岑建功《旧唐书逸文》从《太平御览》辑出《唐书》所载程袁师"白狼号墓"、武弘度"野狸求食"二事，以为出于《旧唐书·孝友传》④。如前所述，此《唐书》应为唐国史；以时代考之，三人皆初唐至玄宗时人，不排除为韦述之旧文。或许是因为其文不够雅驯，而被五代史官删弃吧。

正史的各类传记中，《孝友传》和《列女传》的入传门槛最低，而在男权社会，前者可能包容的群体阶层和数量更为巨大。《旧传》序谓前史"多录当时旌表之士，人或微细，非众所闻"，可知唐国史此传中平民阶层占据了大量席位；而《旧传》撷取时根据地位和名望作了甄别去取。这一方面是受到篇幅的限制，需要挤出水分，地方奏闻的布衣草根容易因邀功希赏而夸饰事迹。所谓"事出闾里"，大约等同《汉书·艺文志》的"道听途说""闾里小知者之所及"⑤者，故刊削从严。另一方面则是考虑宣传效果，选择士族名人入传更易激发认同感，垂范教化，故而取舍标准因人不因事。

---

① 例如《太平御览》卷四一三《孝中》、卷六三四《急假》、卷九二〇《鸟》三引张志宽事，出处皆为《唐书》；《册府元龟》卷七五六《孝六》、七五七《孝感》亦载，内容与《大唐新语》大同小异，可知三个文本皆出于国史旧文。《旧传》文字与《孝感》篇所载几乎全同，而删去了张母死后"有鸟巢于庐前树上，志宽哭临，乌辄悲鸣"的情节，或即因其语涉怪乱，不足以"劝世"吧。《册府元龟》卷一三八《旌表二》所载则文字迥异，且明确记丁忧年份为"武德八年"，与国史类传泛记帝号不同，又称高祖为"帝"，当出自《高祖实录》。分见《太平御览》页1906、2843、4082；《册府元龟校订本》，页8745、8764、1539。

② 陈寅恪：《元白诗笺证稿·七德舞》，页140。

③ 据劳格、赵钺《唐尚书省郎官石柱题名考》及劳格《唐御史台精舍题名考》，姓名当从《太平御览》。

④ 《旧唐书逸文》卷十一。原文分见《太平御览》卷九〇九《兽部·狼》、卷九一二《兽部·狸》，《册府元龟》卷七五七《孝感》文字略同。《太平御览》原夺程袁师之名，《旧唐书逸文》盖据《册府元龟》补。

⑤ 《汉书》卷三〇，页1745。

5. 儒学传

司马迁尊崇儒家学说，又生当"罢黜百家，独尊儒术"的时代，所以在《史记》中开辟《儒林列传》以记载那些"遵夫子之业而润色之，以学显于当世"① 的儒生。唐初编《五经正义》，确立儒家经典的官方读本，诸儒虽则守成有余、创辟不足，然而国史终不能不为此辈留一席之地。晚唐李騭《徐襄州（徐商）碑》追述其七世祖徐文远云：

> 七世祖讳文远，隋朝为国子祭酒，皇朝为国子博士。儒学尊显，名冠国史儒学篇。高祖幸国学，召博士讲论《春秋》，诸儒莫能对。②

此所谓"国史儒学篇"当即唐国史的《儒学传》。《旧唐书·儒学传》就以《徐文远传》居首，讲论《春秋》事亦载。传序结句云"以为儒学篇"③，与李騭的称谓正同。序中称魏晋六朝为"近代"④，显系唐人口吻；历叙唐代儒学之盛衰，却截止于玄宗即位之初置集贤院事，而没有提及肃宗以后的历史，与此传收录人物的下限不符。据传目统计，入传者连附传在内共四十五人，其中徐文远至孙季良皆卒于开元年之前，共三十七人，无论人数还是篇幅都占到全传的八成以上。两相比较，前段传文言事相兼，叙述井井，又多载表奏；后段则无论记言记事，都渐趋简略。后段的《苏弁传》中称其曾叔祖苏良嗣"天后朝宰相，国史有传"⑤，而不用《史记》以来约定俗成的提示语"自有传""别有传"。"国史有传"这种表述常见于家传、行状、碑志等私传文体，而核之《旧唐书》，只有此处与《李吉甫传》出现过两次，其余都书为"自有传"或"别有传"。以书法而言，"国史"为他指；指示某人的传记在本书之中而称"国史有传"，不合常理，因此很可怀疑这两处"特笔"是五代史臣从传状材料移录的，而未顾及一部纪传体史书固有的体例。由此推之，本传的序文保留了韦述之旧，而开元以前诸人的传记亦为韦述等人递修；《旧唐书·儒学

---

① 《史记》卷一二一，页3116。
② 《全唐文》卷七二四，页7453。
③ 《旧唐书》卷一八九上，页4942。
④ 序文在叙述汉唐之间儒学史时，概称"近代重文轻儒"云云。《旧唐书》，页4939－4940。
⑤ 《旧唐书》，页4976。《苏良嗣传》附于《旧唐书》卷七五《苏世长传》。

传》的绝大部分内容保留了一百一十三卷唐国史的原稿。

6. 文苑传

唐代文学鼎盛，文士辈出，这在《旧唐书》中最直观的表现，就是《文苑传》独占三卷，为类传中卷数最多的一类；入传人数高达一百零四人，亦遥遥领先。但稍微留意传主的时代分布，就会发现极度不均衡的现象。据傅汉思统计，总共一百零一位传主（引按，数量有出入）中活跃于高祖、太宗朝者十三人，活跃于高宗、武后、玄宗时期者七十一人，活跃于安史之乱以后者十七人。对于这种明显的纺锤形分布，他推测一部分原因是把许多文人归到了其他类别中①。然而这个理由并不可靠，因为以名臣身份独立立传的文士各个阶段都存在，对整体分布比例影响不大。假如从《旧唐书》构成的角度分析，则可以看出是《文苑传》主体编纂的时代，决定了史官的视野和选择。

《旧唐书·文苑传》序云：

> 近代唯沈隐侯斟酌《二南》，剖陈三变；摅云、渊之抑郁，振潘、陆之风徽。俾律吕和谐，宫商辑洽，不独子建总建安之霸，客儿擅江左之雄。爰及我朝，挺生贤俊，文皇帝解戎衣而开学校，饰贲帛而礼儒生；门罗吐凤之才，人擅握蛇之价。②

"沈隐侯"即是沈约，他身处的齐梁时代，唐人称为"近代"固宜；若是五代人口中的"近代"，则是指唐代了。称唐太宗的谥号"文皇帝"、称唐为"我朝"亦是唐人语气。可见此序当因袭唐史旧文而来，序末所称"其间爵位崇高，别为之传。今采孔绍安已下，为文苑三篇"的体例，也当是唐史旧范。即是说，造成纺锤形人群分布的主因，是传记主体形成于中晚唐史官之手。

此传的传序，《全唐文》收入刘昫名下③；近代研究唐代文学史的学者，往往惑于《旧唐书》为后晋史官所撰，将此序视为五代文学观念的

---

① ［美］傅汉思：《唐代文人：一部综合传记》，载［美］倪豪士编选《美国学者论唐代文学》，上海古籍出版社1994年版，页3。
② 《旧唐书》卷一九〇上，页4982。
③ 《全唐文》卷八五三。

批评文本①，借以讨论唐五代的骈散文体、古体及近体诗歌的创作风气和评价标准变化等问题，认为《旧唐书》史官持守的是骈文和近体诗的立场。不过，考虑到本篇传序乃至整部《旧唐书》的层累形成的文本性质，议论之先，应该厘清哪些是唐国史作者的意见，哪些是五代史官的意见，才能避免时代错置。段玉裁论校书云："校经之法，必以贾还贾，以孔还孔，以陆还陆，以杜还杜，以郑还郑，各得其底本，而后判其义理之是非，而后经之底本可定，而后经之义理可以徐定。"②移用于文学史批评，道理也是一样的。

7. 方伎传

《旧唐书·方伎传》序云：

> 国史载袁天纲前知武后，恐匪格言；而李淳风删方伎书，备言其要。旧本录崔善为已下，此深于其术者，兼桑门、道士、方伎等，并附此篇。③

贾宪保已经指出，袁天纲事见《旧唐书·方伎传》，"旧本"必指唐国史；但他认为"李淳风传未在此卷，再联系'并附此篇'之语，似乎国史原本无方伎传，可能是《旧唐书》撰修者以（引按，当为'从'之误）国史诸传中搜罗此类人物，汇成此篇"④，则论据欠充分。按序中只是说李淳风曾经删方伎书⑤，并且陈述过这方面的见解（"备言其要"），表示作序者的意见与他相同，并没有李淳风传在此篇的意思。由"并附此篇"也难以推出唐国史原本没有这一类传的结论。不过它的篇名是"方伎传"还是像《后汉书》那样叫"方术传"，则未可考知。

该传收入的人物，主要是擅长占相、医术、天文历数的术士，兼采僧人、道士。三类人物的编排界限很分明，崔善为至金梁凤为"方伎"一流，张果、叶法善为"道士"一流，僧玄奘至一行为"桑门"一流，最

---

① 如王运熙《唐代诗文古今体之争和〈旧唐书〉的文学观》，载《文学遗产》1993 年第 5 期；周祖撰主编《历代文苑传笺证》叁《旧唐书文苑传笺证》，凤凰出版社 2012 年版。
② 段玉裁：《经韵楼集》卷十二《与诸同志论校书之难》，中华书局 2008 年版，页 336。
③ 《旧唐书》卷一九一，页 5088。
④ 《从〈旧唐书〉〈谭宾录〉中考索唐国史》，载《古代文献研究集林》第一集，页 154。
⑤ 疑指李淳风编《乙巳占》一事，此书序载《全唐文》卷一五九。

后添补一位术士桑道茂。跟序文最后几句对"旧本"的总结非常一致，说明本传整体上就是国史的移植。

序云"旧本录崔善为已下"，今本《旧唐书·方伎传》也以《崔善为传》开篇，可知保留了唐国史的旧范。依传目统计，入传共三十人，其中生活在天宝以前者二十八人①，只有金梁凤卒于肃宗朝，桑道茂卒于德宗建中年间，这也是本传记事的下限。可知主体成于韦述之手，而天宝以后的内容，如严善思子向、宙，以及金梁凤、桑道茂的传记，则或是令狐峘"随篇增缉"的结果。该传最终的成篇，当在元和年间裴垍监修国史之时，而五代史官并未增补人物。

序文可能出自五代史官。序云："近者綦连耀之构异端，苏玄明之犯宫禁，皆因占候，辅此奸凶。"查綦连耀事见《旧唐书》卷五七《刘文静传》附《刘世龙传》，万岁通天二年（697年）正月谋反伏诛②；苏玄明事见《旧唐书》卷三七《五行志》，长庆四年（824年）四月十七日入宫作乱被诛③。前者固然在裴垍国史的范围，后者却显然是元和初年纂修该书的史官所不及见。五代史官用以参考的"旧本"，就是裴垍等修撰的一百三十卷《唐书》。

8．逸人传

从孙吴谢承的《后汉书》开始，纪传体史书设立"逸民传"，而后为范晔的《后汉书》所继承④，专门记录那些"绝尘不返，同夫作者"的高人贤士。所谓"作者"，出自《论语·宪问》："贤者辟世，其次辟地，其次辟色，其次辟言。子曰：'作者七人矣。'"⑤何晏《集解》引包咸曰："作，为也。为之者凡七人。"朱熹《集注》引李氏（郁）曰："作，起也。言起而隐去者，今七人矣。"⑥可知意指逃名隐居、清高自守的人物。儒家经典对于这种高蹈出尘的"逍遥派"是持赞许态度的，《易经》

---

① 孙思邈子行，明崇俨子珪，严善思子向、宙，依例可以算附传人物，但传目中没有列出。
② 《旧唐书》，页2296。并参卷六《则天皇后纪》。按，此时以十一月为正月，据《资治通鉴》，是月己亥朔，当公元697年11月30日。
③ 《旧唐书》，页1375。
④ 参周天游《八家后汉书辑注·前言》，上海古籍出版社1986年版，页5—6。
⑤ 《论语注疏》卷十四，《十三经注疏》本，页2513。
⑥ 《四书章句集注》，中华书局1983年版，页158。

的《遯卦》就讲过"遯之时义大矣哉"①,《蛊卦》则嘉许"不事王侯,高尚其事"②的清虚之志;孔子也说过"举逸民,天下之民归心焉"③,把对待逸民的态度当成清明政治的一项指标。因此,即使芸芸此辈中不乏"肥遁"或者"身在江湖,心存魏阙"的假隐士,而唐代士人入仕,又不乏从"终南捷径"攀援而来者,但制举既然专设"高蹈丘园""不求闻达"之类科目以招隐,国史自然相应开辟了尊隐的专篇。

《旧唐书·杨炎传》云:

> 父播……肃宗就加散骑常侍,赐号玄靖先生,名在《逸人传》。④

《武元衡传》亦云:

> 祖平一,善属文,终考功员外郎、修文馆学士,事在《逸人传》。⑤

钱大昕《廿二史考异》卷五九及卷六〇对这两条文字皆有考证,认为《旧唐书》没有《逸人传》,只有《隐逸传》,而《隐逸传》也没有杨播和武平一的名字,《旧传》是沿用国史旧文而未刊正⑥。其说甚的。"逸人传"乃是避唐太宗讳改。

按《旧唐书》卷一九二《隐逸传》入传者共计二十一人,除孔敏行、崔觐为文宗时人,其余皆在顺宗以前,可见基本是国史旧文。传序云:"今存其旧说,以备杂篇。"⑦"旧说"当即"旧文"之意。序文中用来概括本传要旨的传主,只列举到玄宗时期的卢鸿一、司马承祯为止,可能沿用了韦述国史的旧稿。

按照类传的惯例,入传人物应按时间顺序编次,而《隐逸传》却存

---

① 《周易正义》卷四,《十三经注疏》本,页48。
② 《周易正义》卷三,《十三经注疏》本,页35。
③ 《论语注疏》卷二十《尧曰》,《十三经注疏》本,页2535。
④ 《旧唐书》卷一一八,页3419。
⑤ 《旧唐书》卷一五八,页4159。
⑥ 分见《廿二史考异》卷五九,页862;卷六〇,页868。
⑦ 《旧唐书》,页5116。

在前后凌躐、年次杂乱的情况，而且是以数传为一单元的形式交错。从开头的王绩到王希夷为一组，皆依时序载录，记年止于开元十四年（726年）。此为甲组。其后总起一段，云："自则天、中宗已后，有蒲州人卫大经、邢州人李元恺，皆洁志不仕；蒲州人王守慎、常州人徐仁纪、润州人孙处玄，皆退身辞职，为时所称。"① 这五人与前一组中的王友贞、王希夷、卢鸿一等人年辈相当或更年长，照例应该混编入前组，但却自成单元；而且均篇幅短小，体制与前后传文都不相似。此为乙组。其后记白履忠、王远知、潘师正、刘道合、司马承祯、吴筠六位上清派道士，传主的年代与前两组又有重合，从高祖开国的武德年间延续至玄宗天宝年间，跨度极大。传记中颇记录了一些荒诞不经的传说，如王远知享寿一百二十六岁、刘道合尸解之类，偏于志异，与其他组注重志行的笔法很不一样。此为丙组。孔述睿、阳城、孔敏行、崔觐为一组，四人均为朝臣，分别卒于德宗贞元十六年（800年）、顺宗永贞元年（805年）及文宗太和年间。此为丁组。

甲、乙、丙三组人物时代重叠、自成起讫的特征非常明显。这种版块拼接的文本构成方式，揭示出《隐逸传》混合了数个版本的唐国史，不同组别由不同时代的唐代史官分别撰写，最终层累形成。根据传文中的蛛丝马迹，我们大约可以推原各单元编次的时代。甲组最晚记录的年份为开元十四年（726年），与吴兢自述所撰九十八卷《唐史》的下限相同②，或是韦述参考了吴兢原稿修成。乙组以"自则天、中宗已后"一句承上启下，审其文气，是对甲组内容有意识的补充，当出自韦述之手。丙组中王远知、潘师正、司马承祯三人的传记，与李渤在贞元二十一年（805年）撰成的《真系》中三人的传记内容极为相近③。比勘可知，《真系》之文系改写自国史，那么这批传记必见于此前已修成的国史。六人中最晚的是卒于大历年间的吴筠。由此推测，此组传记主体成于韦述，《吴筠传》则为德宗时期令狐峘"随篇增缉"而来。丁组人物在德宗贞元至文宗年间，其中《阳城传》的文字与韩愈《顺宗实录》极为相似。它们之

---

① 《旧唐书》，页5111–5112。
② 吴兢《唐书》的修撰经过参见本书第二章第二节。
③ 《真系》见张君房《云笈七签》卷五《经教相承部》引。《中华道藏》第29册，华夏出版社2004年版，页56–62。

编入本传，当在裴坦修国史之后，唯不知是由文宗以后的唐代史官还是五代的史官续补的。

皮日休《皮子文薮》卷一〇《七爱诗》之《卢征君鸿》，述玄宗时著名隐士卢鸿的事迹，有句云："高名无阶级，逸迹绝涯涘。万世《唐书》中，逸名不可比。"① 可见唐国史的《逸人传》原本就有卢鸿的传记。今《旧唐书·隐逸传》有《卢鸿一传》，即此人②，其文字与刘肃《大唐新语》卷十《隐逸》所载卢鸿事迹相似，盖皆从国史抄撮而成。从更广的文献层面考察，同样抄集国史成书的一大一小两部著作，《册府元龟》卷八一〇《隐逸二》收录孙思邈、朱桃椎、田游岩、史德义、王希夷、卢鸿乙（即卢鸿一）、白履忠、崔觐、许寂九位唐人的传记③；《大唐新语》卷十《隐逸》抄录孙思邈、朱桃椎、张果老（即张果）、卢藏用、司马承祯、王希夷、元恺（即李元恺）、白履中（即白履忠）、卢鸿（即卢鸿一）九人的故事④。其中田游岩、史德义、王希夷、卢鸿一、白履忠、崔觐、司马承祯、李元恺八人都见于《旧唐书·隐逸传》。三部书同样类目的人选重复度如此之高，且文字高度相似，必同出一源。设有《逸人传》的唐国史无疑是《册府元龟》和《大唐新语》最集中、最方便的史源。

由以上的推考，可以看出《旧唐书·隐逸传》基本上就是唐国史《逸人传》的移植。杨播和武平一之阙传，证明五代史官做了一些删繁就简的功夫。

9. 列女传

列女有传，西汉刘向开其先河。唐前正史，《后汉书》《魏书》《晋书》《隋书》《北史》立有此传。唐代武则天以女主临朝，对女性事迹十

---

① 《皮子文薮》，上海古籍出版社1981年版，页105。
② 关于其人名之考订，可参傅璇琮主编《唐才子传校笺》第一册卷一"卢鸿"条，中华书局1987年版，页175。
③ 《册府元龟校订本》，页9426－9427。
④ 刘肃：《大唐新语》，中华书局1984年版，页155－160。

分在意，曾命她宠幸的文胆北门学士们编纂了一部《列女传》①；《新唐书·艺文志》一共著录了十四种女性杂传类著作，可见对于女德的重视始终不衰，国史亦开立《列女》之篇。

《全唐文》卷四二〇载常衮《咸阳县丞郭君墓志铭》云：

> 夫人安定梁氏……时人谓之大家，国史编于列女。徽音淑行，雅有余芳。②

梁氏不见于史传，常衮之文大抵是碑记套语，属于"碑志乌有，史篇子虚"③之类；然而唐国史原本有《列女传》却是毋庸置疑的。《旧唐书·列女传》载卢甫妻李氏、王泛妻裴氏遇贼，皆守节而死，吏部侍郎李季卿为二人作行状上闻，得以蒙诏"编入史册"④。则此二人传记当出自国史，其入史的途径，正正遵循了《唐会要》所载《诸司应送史馆事例》的规定："硕学异能、高人逸士、义夫节妇：州县有此色，不限官品，勘知的实，每年录附考使送。"⑤

"不限官品"，指的是入传者的本家或夫家不论阶层，目的是赋予妇女节行普适的道德意义，利于广泛诱掖士庶。《旧唐书》此传收录三十人，而考诸载籍，部分唐国史原传收录的人物被刊落。《太平御览》卷二〇二《封建部·夫人》引《唐书》四条，其中魏衡妻王氏、邹保英妻奚氏两条见于旧《列女传》，文字相近，李谨行妻刘氏、王君㚟妻夏氏两条

---

① 事见《旧唐书》卷八七《刘祎之传》、卷一九〇中《文苑中·元万顷传》等。《旧唐书·经籍志》杂传类录"《列女传》一百卷，大圣则天后撰"，然而《则天本纪》则记载令周思茂等人撰"《孝子》《列女传》各二十卷"，又云撰"《古今内范》一百卷"，疑《旧志》涉下条《古今内范》卷数而误。《新志》分列《列女传》一百卷及《孝女传》二十卷。前者可能是径抄《旧志》；后者仅见于此，恐是迻录旧《则天本纪》时误将"《孝子》《列女传》"认作一部书，脱去"子列"二字。《新志》中未录此部《孝子传》，可为旁证。
② 《全唐文》，页4288。
③ 胡侍：《胡蒙谿文集》卷二《碑志论》，明嘉靖二十四年（1545年）刻本，页3b。
④ 《旧唐书》卷一九三，页5148。据《旧唐书·李季卿传》，季卿在代宗初年历任河南、江淮宣慰使。李、裴二氏事于永泰元年（765年）前后，事发地蕲县和尉氏都属河南道，恰好在季卿宣慰的范围。可知这两人的传记最早是由他写成行状报送史馆，然后敕编入史的。以时推之，正值令狐峘主修国史之时，那么最早就是在他手上收入《列女传》的。
⑤ 《唐会要》卷六三，页1286。

则未载。夏氏事《旧唐书》载在《王君㚟传》，刘氏事则《旧唐书》不传①。夏氏或因其夫有传而转附该篇，刘氏则或为《旧唐书》史官删去。这四条记录有个共同点：四人全都是能上马击贼、手刃寇仇的女中豪杰，这种现象不是唐代所独有，但与后代正史相比，却的的照见唐代史官的女德观，绝不仅限于才艺、贞顺、节烈而已。

10. 四夷传

四夷传相当于古代的"边疆史""外国史"，记载当时所知的最广大的世界的消息。自太史公创设该目，历代沿袭。大唐彬彬盛世，八方来朝，国史中不能无此一门。《史通·古今正史》篇历述初唐国史修撰经过，云：

> 龙朔中，敬宗又以太子少师总统史任，更增前作，混成百卷。如《高宗本纪》及永徽名臣、四夷等传，多是其所造。②

可知四夷传在国史草创之初便占有一席之地。与唐初关系密切的突厥、高昌、吐谷浑、吐蕃、高丽等传，以及亦见于《隋书》的林邑、真腊等传，无疑是许敬宗最可能染指的，但要弄清现存于《旧唐书》中的四十五个蕃夷的传记中哪些源自许本，就难寻线索了。岑建功从《太平御览》辑出不见于今本《旧唐书》的环王、罗刹等二十九国③，也难以判断是否唐国史的遗文。

唐国史四夷资料的来源，据《唐会要》之《诸司应送史馆事例》记载，包括两个方面：其一是"蕃国朝贡：每使至，鸿胪勘问土地风俗、衣服贡献、道里远近，并其主名字报"，大抵是关于国情的记录；其二是"蕃夷入寇及来降：表状，中书录状（引按，'状'字疑衍）报；露布，兵部录报；军还日，军将具录陷破城堡、伤杀吏人、掠掳畜产，并报"④，主要是军事方面的记录。除了这两个来源，本国出使人员的官方或私家记

---

① 岑建功《旧唐书逸文》卷十一以为是旧《列女传》逸文，依前所考，不如说是唐国史逸文更为可信。
② 《史通通释》，页 373。
③ 《旧唐书逸文》卷十二，《续修四库全书》第 285 册，页 107 – 115。
④ 《唐会要》卷六三《史馆上》，页 1285 – 1286。《五代会要》卷十八《诸司送史馆事例》追述之事例基本相同，唯第二项称为"四夷人役来降"。页 293。

录也提供了重要的资源。官方记录方面,《唐会要》卷三六《修撰》记载显庆三年(658年):"五月九日,以西域平,遣使分往康国及吐火罗等国,访其风俗物产,及古今废置,画图以进。令史官撰《西域图志》六十卷,许敬宗监领之。书成,学者称其博焉。"① 颜世明考证这六十卷全为志文,完稿时间在龙朔三年(663年)②,与许敬宗"总统史任"的时间恰好重叠。那么他在编修国史四夷传之时利用《西域图志》,无疑是顺理成章、一举两得的事情。或者可以想见,正是因为有如此丰厚的资料基础,他才得以创立四夷传。私家记录方面,有学者考证,《旧唐书·高丽传》的开篇就删改了贞观十五年(641年)出使高句丽的陈大德的《高丽记》③。若追根溯源的话,这应是由唐代史官改写,而为《旧唐书》作者所承袭的。

本类传记因为涉及华夷之辨,有意无意中保留了很多唐国史的"内辞",对此前贤已经注意及之。今《旧唐书》之《突厥上》开篇即云:"突厥之始,启民之前,《隋书》载之备矣,只以入国之事而述之。"④ 以唐为本国,显然是唐代史官口气。同传又云:"默啜于是杀我行人假鸿胪卿臧思言。"⑤《北狄传》则云:"史臣曰:……我太宗文皇帝亲驭戎辂,东征高丽。"⑥《吐蕃下》亦云"郭子仪遣先锋将浑瑊与贼战于宜禄,我师不利""(贞元)六年,吐蕃陷我北庭都护府"及"长庆元年六月,犯青塞堡,以我与回纥和亲故也"⑦ 等,都是视唐为本朝的语气,应该出于国史、实录旧文。

从传中的行文缝隙、叙事断裂之处,我们也能探索到一些唐国史的信息。如《西戎·大食传》叙事至开元初大食使来朝之后,插入"一云隋开皇中"一段,补叙白衣大食和黑衣大食的历史。《唐会要》卷一百《大

---

① 《唐会要》,页765-766。此事又见《唐会要》卷七三《安西都护府》,页1568;《册府元龟》卷五六〇《国史部七·地理》,《册府元龟校订本》,页6425。
② 颜世明:《许敬宗〈西域图志〉研究拾零——兼议道世〈法苑珠林〉的成书时间》,载《图书馆理论与实践》2017年第2期。
③ 高福顺、姜维公、戚畅:《〈高丽传〉研究》,吉林文史出版社2003年版,页87。《高丽传》即《新唐书·艺文志》著录之不著撰人的《奉使高丽传》。
④ 《旧唐书》卷一九四上,页5153。
⑤ 《旧唐书》卷一九四上,页5172。
⑥ 《旧唐书》卷一九九下,页5364。
⑦ 分见《旧唐书》卷一九六下,页5244、5257、5263。

食国》内容与本传大同小异,而此句作"又按贾耽《四夷述》云"①,可知补叙部分出自贾耽的《古今郡国县道四夷述》。这种生硬的"植入"方式,显示出这篇传记至少存在两个史源。以记事下限推测,前半段或本于韦述国史。而全传的记事止于代宗大历十四年(779年),这也是本卷《西戎传》的记事下限。考贾耽之书进献于贞元十七年(801年)十月辛未②,那么《西戎传》成稿于裴垍监修国史之时,也并非没有可能吧。

第四节 纪传体国史的志书

姚思廉草创的国史和长孙无忌监修的《武德贞观两朝史》都仅有纪传而无志。唐国史之有志,始于许敬宗。《史通·古今正史》篇说他在龙朔中以太子少师总统史任,起草十志,未半而终。这十志的名目我们已经无从复原了,不过许敬宗本人参加过《晋书》和《五代史志》(即《隋书》诸志)的编写③,这两部书恰恰各有十种志,许修国史十志的名目自当有所因袭,而此后所修诸本国史也应该大致相同。英国学者杜希德《唐代官修史籍考》之十四《〈旧唐书〉及其史料渊源:志》对《旧唐书》诸志作了系统爬梳,鉴别出大量史料层累构成的痕迹④。他虽然是站在《旧唐书》的角度考证,实际上却处理了唐国史志书的内在结构问题。他的总体看法是,《旧唐志》(即《旧唐书·经籍志》)先以国史诸志为蓝本,再补充《会要》等材料。谢保成《〈旧唐书〉的史料来源》亦有专节论述《旧唐书》诸志。与杜希德的"改装说"不同,他持的是"组装说",其结论是:"《旧唐书》'十一志'基本不是采用唐代实录、国史'旧本',而是以'记礼法之沿革'的各项'专史'为主要史源的,如《大唐开元礼》《唐六典》《通典》《会要》《续会要》《曲台新礼》《大中统类》以及律令格式等。"⑤ 根据我们上文对国史修撰历程的考察,可以明确认为,唐国史从韦述的一百一十三卷到传世的一百三十卷,其纪、

---

① 《唐会要》,页2126。
② 《旧唐书》卷十三《德宗纪下》,页395。
③ 《旧唐书》卷八二《许敬宗传》:"自贞观已来,朝廷所修《五代史》及《晋书》……皆总知其事。"又见《唐会要》卷六三《史馆上·修前代史》。
④ 《唐代官修史籍考》,页183-212。
⑤ 《唐研究》第1卷,页365。

志、传体制完整，诸志亦当规模完备，否则令狐峘等不会只是在纪、志、传后面"随篇增缉"① 而已。五代史官似乎没有必要在一部结构完整的蓝本之外，重新搜罗原始材料另起炉灶。再从内容来看，诸志整体上详于玄肃以前的制度，这固然可能因为此后制度变革较少，记录价值降低，但更主要的原因应该是韦述、柳芳、于休烈等人修撰的下限到此为止，他们的工作奠下了《旧唐书》诸志的基础。《大唐开元礼》《唐六典》等韦、柳时代成书的著作，《旧唐书》与它们相同的内容，当是先被融裁进了国史，五代史官再加以转录，毕竟抄一部国史比转抄多种原书省便得多。《通典》《会要》等次级文献，众所周知是抄撮包括上述著作以及国史在内的各种材料而成，即是说，国史既可能是它们的同源文本，又可能是它们的母本，如果国史存在同样的内容，五代史官似乎没有必要舍近求远；而把它们与后出的晚唐、五代史料一样用作修书的补充，反而较合情理。因此，从编纂的角度考量，杜希德理解的文本处理方式更具有操作性；从《旧唐书》修撰者贾纬上奏强调"唐高祖至代宗已有纪传，德宗至文宗亦存实录"② 的语气，也不难揣测他们完成工作的底气和依傍何在。职是之故，经由《旧唐书》诸志回溯唐国史诸志，实为最直接的途径，尽管它像一方被反复椎拓的碑石，已经不容易看清楚本来的面貌了。

本篇从诸志中选择几种名目尤为显著可考者，略叙如次，以见唐国史原志之概貌。

1. 音乐志

《旧唐书·音乐志三》云：

> 今依前史旧例，录雅乐歌词前后常行用者，附于此志。其五调法曲，词多不经，不复载之。③

所谓"前史旧例"，可能指唐国史，也可能指前代正史，因为自《汉书》以下，诸史《乐志》中记录歌词已是常例。下文的一些记载则提示了唐国史的踪迹：

---

① 《崇文总目辑释》卷二，载《中国历代书目丛刊》第一辑，页37。
② 《五代会要》卷十八《前代史》，页298。
③ 《旧唐书》卷三〇，页1090。

> 冬至祀昊天于圆丘乐章八首，贞观二年，祖孝孙定雅乐。贞观六年，褚亮、虞世南、魏徵等作此词，今行用。①

又记载：

> 正月上辛祈谷于南郊乐章八首。贞观中褚亮作，今行用。②

"今行用"的说法，显然出自唐代史官的口吻，可证"此志"为唐国史原有。

今志中又屡次提到"御撰"：

> 则天大圣皇后享明堂乐章十二首。御撰。③
> 则天皇后永昌元年大享拜洛乐章十五首。御撰。④

"御撰"当是指唐玄宗。此志中歌词作者，凡是玄宗时的大臣，皆具书职衔，否则仅直记姓名而已。这不妨看作它多存韦述国史原文的佐证。杜希德认为《音乐志》的主体脱胎自开元年间刘贶所编的《太乐令壁记》以及韦縚铨叙的乐章，最初的编撰者很可能就是担任史馆修撰的刘贶本人⑤；孙晓辉更详细地证明了国史《音乐志》与《太乐令壁记》之间的因袭关系，认为"吴兢、韦述所撰唐国史《音乐志》时直接摘录了《太乐令壁记》中的雅乐、二部伎、清乐、四夷乐和八音等部分文字"⑥。那么这些"时代特征"就不难理解了。

---

① 《旧唐书》卷三〇，页1090。
② 《旧唐书》卷三〇，页1099。
③ 《旧唐书》卷三〇，页1101。
④ 《旧唐书》卷三〇，页1113。
⑤ 《唐代官修史籍考》，页193–196。
⑥ 孙晓辉：《两唐书乐志研究》，上海音乐学院出版社2005年版，页102；论证见页106–122。按，根据本书第二章的考证，应该是韦述所撰国史袭用了刘著。

2. 历志

《旧唐书·历志一》云：

> 前史取傅仁均、李淳风、南宫说、一行四家历经，为《历志》四卷。近代精数者，皆以淳风、一行之法，历千古而无差，后人更之，要立异耳，无逾其精密也。《景龙历》不经行用，世以为非，今略而不载。但取《戊寅》《麟德》《大衍》三历法，以备此志，示于畴官尔。①

这是《旧唐书》里交代得最明确的史料来源。由此可知，唐国史《历志》原为四卷，《旧唐书》删去了南宫说的《景龙历》，余下三卷分别记录傅仁均《戊寅历》、李淳风《麟德历》、一行《大衍历》。天文、历法之书，非专家不办，故此唐及五代史官都采取"述而不作"的办法处理，可谓得体。

唐朝改历频繁，除了上述四家，志序还提到"天后时，瞿昙罗造《光宅历》。……肃宗时，韩颖造《至德历》；代宗时，郭献之造《五纪历》；德宗时，徐承嗣造《正元历》；宪宗时，徐昂造《观象历》"②，此后还有穆宗时所造《宣明历》、昭宗时边冈等造《崇玄历》两种则没有提及。对此杜希德很是疑惑，不理解为何《旧唐志》和《唐会要》卷四二《历》的历法记录都止于徐昂的《观象历》。他进而猜测在《观象历》行用的元和二年（807年）至被《宣明历》取代的长庆二年（822年）之间，唐国史的《历志》曾经做过续补，但苦于没有证据，又自我否定掉了③。根据我们对唐国史修撰历程的考察，裴垍于元和四年（809年）任监修国史，有证据表明他续修了德宗朝的部分内容，《历志》记载的历法恰好止于他主持修史前的最后一部，这应该不是一个巧合。而他于元和六年（811年）去世，不及见《宣明历》。若然，杜氏的疑问就可以这样回答了：《旧唐志》和《唐会要》的历法记录都源自裴垍补修的唐国史。

---

① 《旧唐书》卷三二，页1152–1153。
② 《旧唐书》卷三二，页1152。
③ 《唐代官修史籍考》，页197–198。

3. 地理志

《旧唐书》卷一九二《隐逸·孔述睿传》云：

> ……加史馆修撰。述睿精于地理，在馆乃重修《地理志》，时称详究。①

此事《册府元龟》卷五六〇《国史部·地理》及《新唐书》本传亦载，《册府元龟》更明言其"重修国史《地理志》"②，足证唐国史原本必有《地理志》，杜希德对此书是否一部独立著作的怀疑也可以澄清了③。《崇文总目》所谓"史官令狐峘等复于纪、志、传后随篇增缉"④，孔述睿就属于隐含在"等"里面的一位，《旧唐书》该志中肃、代之际的内容，当有不少他的遗泽。

4. 官品志

《太平御览》之《皇亲部》和《职官部》多处征引《唐书·官品志》的文字，岑建功辑《旧唐书逸文》推测可能是唐国史的佚文，其《自序》夹注云："《官品志》与《职官志》显然不同，《御览》所引各条，疑是韦述所撰《唐书》。今列于诸志之后，别自为卷以俟考。"⑤ 其卷八《官品志》首条下按语又云："案《御览》'职官'一门，凡引《唐书》而无'官品志'三字者，俱编为《职官志》逸文；其有'官品志'三字者，今依《御览》之次序，汇列于此卷。《旧书》本无《官品志》名目，故次于各志之后以俟考。"⑥ 应该说，岑建功的处理手法比较谨慎，没有把《官品志》简单等同于《职官志》，也就是说，没有把《唐书》等同于《旧唐书》，而是另外立目，存疑待考。

今检《太平御览》标明为《唐书·官品志》的材料凡二十九条，经过考核比较，发现全部在《隋书·百官志》中有相同的文字，其中属于梁官制者十九条，陈官制者一条，北齐官制者五条，隋官制者四条，没有

---

① 《旧唐书》，页 5130 – 5131。
② 《册府元龟校订本》，页 6426。但此书误将述睿为史馆修撰的时间记为"元和中"。
③ 《唐代官修史籍考》，页 203 – 204。
④ 《崇文总目辑释》卷二，载《中国历代书目丛刊》第一辑，页 37。
⑤ 《旧唐书逸文·自序》，《续修四库全书》第 285 册，页 3。
⑥ 《旧唐书逸文》卷八，《续修四库全书》第 285 册，页 70。

任何唐代官制沿革的内容，也没有一条文字跟《旧唐书·职官志》的相关内容相同①。那么这会不会是《太平御览》误标了书名呢？按《太平御览》引《唐书·官品志》之后，好几处接下去的引书标目，都作"又曰"，按照《太平御览》的体例，这表示本段与上段引文同出一源，即《唐书》。如卷二二六《职官部》二十四"御史中丞"，在引录了《唐书·官品志》"中丞一人"云云之后，复征引十四条与唐代御史中丞有关的故事。有的与今本《旧唐书》文字相似，如"卢弈""齐映"条；有的有显著差异，如"张易之"条；有的《旧唐书》没有对应文字，如"姚庭筠"条。显然这些文字连同前面的《官品志》，都极有可能出自唐国史，而为《旧唐书》所改编。《官品志》应是唐国史原有的一目。

那么为什么《太平御览》所引《唐书·官品志》的文字如同《隋志》的翻版呢？我的猜测是，唐国史的志书或许采用的是通代而不是断代的体例，所以才有这些关于前代职官的复述。

《旧唐书·职官志一》云：

> 自高宗之后，官名品秩，屡有改易。今录永泰二年官品。其改易品秩者，注于官品之下。若改官名及职员有加减者，则各附之于本职云。②

由"今录永泰二年官品"一语推测，这段话大约是代宗时或稍后的史官写的，就是说，唐史官以永泰二年（766 年）的官品令为蓝本编写本志，又把武德以来职官名称、品秩等的变化附注在官名品秩之下。今本《旧唐书·职官志》的注文每引《武德令》《贞观令》《永徽令》等，当即保留了唐国史的原样③。以往的纪传体史书的官志多称为"百官志""职官志"，唐国史的"官品志"这个不同寻常的名目，也许得自初盛唐不断颁布的官品令。

---

① 岑建功将"驸马、奉车、骑三都尉"和"录尚书"两条跟《旧唐书·职官志》条文相比照，已经发现《太平御览》所引《官品志》跟《旧志》无论名目、文义都有所出入，认为前者可能是"附列前代之制以备参考"，却没有进一步比较记载六朝制度的《隋志》，可谓失察。
② 《旧唐书》卷四二，页 1786。
③ 《旧唐书·职官志二》云："明庆中，又置起居舍人。"明庆即显庆，为唐人避高宗讳改。这也是本志保留国史旧文的一个证明。

唐国史的志传的内容当然不止以上提到的这些，比如外戚、宗室、宦官等类传，礼仪、天文、刑法、舆服等志，都应当是原本设立的类别，现在从《旧唐书》相应的章节中我们还不难考见唐国史的旧文，但是想要全面甄别、复原旧貌，等待我们的将是漫长而多歧的文本分析之路。这部命途多舛的《唐书》，就像贾岛寻访不遇的那位隐者，"只在此山中，云深不知处"，无论你见或不见，它就在那里。

第五节　实录的起源和体式

"实录"一词最初是作为史学著作的一个价值标准出现的，即是据实记录的意思。如《汉书·司马迁传赞》曰："自刘向、扬雄博极群书，皆称迁有良史之材，服其善序事理，辨而不华，质而不俚，其文直，其事核，不虚美，不隐恶，故谓之实录。"应劭注曰："言其录事实。"① 到了南北朝时期，开始有人用"实录"命名史书。王应麟《玉海》卷四八《艺文·实录》说：

> 实录起于萧梁，至唐而盛。杂取编年、纪传之法而为之，以备史官采择。②

这段话概述了实录的起源、体式和功能，可谓要言不烦，因此时常被学者所引用。不过，最早以实录名书的并非萧梁，而是十六国晚期西凉（400—421年）的刘昞。《隋书·经籍志》霸史类著录刘昞《敦煌实录》十卷，按照霸史的性质，它应该相当于西凉的国史。然而《史通·古今正史》篇只提到刘昞著有《凉书》，而没有谈及《敦煌实录》。《凉书》同见于《隋书·经籍志》霸史类，刘知几叙此而遗彼，很可能是因为《敦煌实录》的体例不类国史。《旧唐书》卷四六《经籍上》将其归入杂传类，属"褒先贤耆旧三十九家"③ 之一。余嘉锡曾经推测："盖刘昞籍

---

① 《汉书》，页2738。
② 《玉海》（合璧本），页949。
③ 《旧唐书》，页2006。

隶敦煌，著书以序耆旧，因其地尝为国都，故纪李暠①之事以提纲，《隋志》缘斯列入霸史。《史通·杂述篇》历举杂史之流别，其十五曰郡书，以昞与常璩并论。按《隋志》杂传类序中所谓郡国书，即唐宋州郡图经之类也。"② 即是说，《敦煌实录》开创了以"实录"名书的先河，但它的体制并非唐以后标准的编年加纪传的体例，仍是杂记风土人物的方志类著作③。这个判断如果成立，那么在以"地名＋实录"命名的著作中，它跟中唐许嵩的《建康实录》类型相似，而非五代蒋文恽（一作怪）的《闽中实录》④ 之类。

《隋书·经籍志》杂史类著录了两部《梁皇帝实录》：三卷本为周兴嗣撰，记武帝事；五卷本为谢吴撰，记元帝事。另有以年号命名的《梁太清录》，《史通》及两《唐志》都记为《梁太清实录》⑤。这是历朝皇帝实录的滥觞。王应麟把实录的起源推定至此，依据的就是后来约定俗成的概念，仅指那些逐朝撰录的皇帝实录⑥。这种观念在目录体系上得到确认，始于北宋中叶的《崇文总目》。它将实录单独成立类目，自然是该体裁"至唐而盛"的顺理成章的结果。但是欧阳修所撰《崇文总目叙释》

---

① 西凉国主，400—417 年在位。
② 余嘉锡：《四库提要辨证》卷二〇《李文公集》，中华书局 1980 年版，页 1288。"其十五"三字，"十"字衍；或"其十"二字倒，"十"属上句。
③ 余嘉锡说它"貌类杂史而体同地志"，严格地说，应是"貌类杂传"。又参岳纯之《说〈敦煌实录〉》，载《烟台师范学院学报》2000 年第 2 期。
④ 此书最早著录于《崇文总目》，入伪史类。陈振孙《直斋书录解题》卷五"伪史类"著录，曰："周显德中，扬州永贞县令蒋文恽记闽王审知父子及将吏、儒士、僧道事迹，末亦略及山川土物。"上海古籍出版社 1987 年版，页 138。高似孙《史略》卷五亦列入霸史，谓："蒋文怿记王氏据闽，尽留从效、李仁达事，惟不及陈洪进。"周天游《史略校笺》，页 138。此书已佚，残文见于《资治通鉴考异》。
⑤ 据《史通》所述，此书当为裴政所撰。裴政，《隋书》《北史》有传。太清是梁武帝最后一个年号（547—549 年），故学者多谓此书所载为梁武帝时事。姚振宗因梁武帝死后，在江陵的湘东王萧绎仍行用太清年号至六年（552 年），故怀疑效命于萧绎的裴政所撰之书实为梁元帝之实录，疑与本传记载他所修撰的《承圣降录》十卷（一云《承圣实录》，承圣为萧绎称帝后年号）为同一书。考现存《梁太清实录》佚文，基本是以梁元帝为叙述中心，姚说不为无见。说见姚振宗《隋书经籍志考证》，《二十五史补编》本，中华书局 1955 年版，页 5280。
⑥ 《玉海·艺文》在"梁实录"条中夹有《建康实录》和《敦煌实录》，似乎王应麟为例不纯，自相矛盾。这应当是受制于《玉海》的类书性质，为方便应用而按书名进行了形式分类，与所记录作品的性质无关。参王重民《中国目录学史论丛》，中华书局 1984 年版，页 156，以及氏撰《冷庐文薮》之《王应麟的〈玉海·艺文〉》，上海古籍出版社 1992 年版。

认为"实录起于唐世",则或是根据当时实存的作品作出的判断,不免溯源未尽了①。

关于实录的体式,根据流传至今的《顺宗实录》以及其他文献的记载②,王应麟的解释可以确信无疑。萧梁的实录是否如此,已不可考知,不过《旧唐志》把它们归入史部起居注类,推测也当是编年之体。唐代以后则一直如王应麟所说,具体而言,就是以编年为主干,而附以大臣传。《唐会要》卷六四《史馆杂录下》元和七年(812年)六月记载:"上(宪宗)读《肃宗实录》,见大臣传多浮词虚美,因宣与史官,记事每要指实,不得虚饰。"③ 附传一般系在大臣亡故、追赠之事后。司马光在《答范梦得书》中讨论怎样汇集唐实录的材料时说:"假如《实录》,贞观二十三年李靖薨,其下始有靖传。"④ 此"《实录》"即唐高宗永徽五年(654年)长孙无忌等人所修的《太宗实录》⑤,可见大臣传附载的位置在唐实录修撰的初期就已确定。《册府元龟》卷五五七《采撰三》载:"唐路隋为翰林待诏侍讲学士,与中书舍人韦处厚同撰《宪宗实录》。内永贞元年九月书'河阳三城节度使元韶卒',不载其事迹。隋等立议曰:'凡功臣不足以垂后,而善恶不足以为诫者,虽富贵人,第书其卒而已。'"⑥ 这又说明大臣的附传与否是有条件的,并不单纯取决于其官爵的高低。但是,也有的大臣传系在其政治生命终结之时。考今本《顺宗实录》五卷,载有张荐、令狐峘、张万福、陆贽、阳城、王叔文、王伾、韦执谊等人的小传,前三人系在书卒之下,陆、阳二人系于褒赠之下,而后三人则分别在各自贬官之下叙述,并且都预述最终亡故的情况。与两《唐书》各人的本传相比,篇幅较为短小,而生平的重要事迹基本具备,

---

① 参《崇文总目辑释》卷二,载《中国历代书目丛刊》第一辑,页42。衢本《郡斋读书志》卷九"《崇文总目》"条曰:"《国史》谓书录自刘向至毋煚所著皆不存,由是古书难考,故此书多所谬误。"或可为欧公的疏失备一解。孙猛《郡斋读书志校证》,页402。
② 如《册府元龟·国史部·采撰》、司马光《资治通鉴考异》及《答范梦得书》等。
③ 《唐会要》,页1309。
④ 曾枣庄、刘琳主编:《全宋文》第56册,卷一二一五,上海辞书出版社、安徽教育出版社2006年版,页79。
⑤ 《资治通鉴考异》卷九引有一条《太宗实录·李靖传》的残文。
⑥ 《册府元龟校订本》,页6384。又见《唐会要》卷六四《史馆杂录下》,页1308—1309。

只是偏重记事而不录章疏①。因此，实录可以独立成为一种国史，又可以作为纪传体国史的材料，"以备史官采择"。

上述的实录体式特征，学界羌无异议，而这种兼糅二体的特殊样式究竟是如何起源的，似乎还未有人详细探究。专注于魏晋南北朝史研究的周一良没有发表过唐国史方面的论文，但他在《魏晋南北朝史学发展的特点》一文中实际上触及了实录体式的发生问题：

> 袁宏之书（指《后汉纪》）的特点，是编年体而兼采纪传体之长。如杨彪事屡见，但到建安二十五年记彪以寿终时，又较详细追叙其生平及其子杨修事，类似以简单传记插入编年体中。吐鲁番出土《晋史》残卷，陈国灿、李征二同志考订为孙盛所著《晋阳秋》。其书编年体，而叙事中夹有人物传记。如叙述张华被害，同时记其为人与历任官职，并载其所著《鹪鹩赋》，其体例与袁宏《后汉纪》如出一辙。袁宏与孙盛是同时代人，这种寓传记于编年的办法，可能是当时习用的。②

所谓"编年体而兼采纪传体之长""寓传记于编年"的特征，正是实录的标准形制。孙盛和袁宏都是东晋著名的史学家，生活年代早于刘昞，更远在萧梁之前，换言之，实录在尚未名书、更未成为国史专名以前，它的体式就已经成形了。《晋阳秋》原本已佚，无法看清它的形貌。《后汉纪》则保存完整，类似周文所举的例子还能找到不少，而小传插附的位置并不一定在大臣亡故之后。例如：卷十九顺帝永和五年（140 年）八月，马融乞自效疏之后即附以传记，简叙其家世、才德；同卷十一月，张衡上书谏政僻崇侈，其后便接张衡小传，记述他的著述和制造地动仪等事迹③。两段叙事都与奏疏的内容相关，可能是作为背景和旁证材料被引入的，尚未有穿插二体的自觉。可见，此时实录体的原型虽已流行，像唐实录那样规范的体制和意识却还没有确立。介于晋唐之间的梁代实录，若假

---

① 参《隋唐五代史学》第五章"国史的系统修撰"第三节"国史的体制与价值"，页 104–106。
② 周一良：《魏晋南北朝史论集》，北京大学出版社 1997 年版，页 394–395。
③ 荀悦、袁宏：《两汉纪》下《后汉纪》，中华书局 2002 年版，页 369–370、371–372。

定为实录体式演进的重要过渡阶段,当不会距离事实太远。

前人多数认为,袁宏《后汉纪》的体例是依仿东汉末年荀悦所撰的《汉纪》而成①,那么这其中是否包括附载小传的方式呢?翻检《汉纪》,我们果然轻易地就找到了类似的例证。比如,卷十二武帝元狩元年(前122年)十一月,淮南王安谋反被诛,其后用较长的篇幅追叙了刘安的生平以及举兵谋反前后的情事②;又如,卷十九宣帝神爵元年(前61年)记大司农朱邑亡故后,即简略追记其生平事迹③。这种融合了传记的叙述方式,显然有别于它所因承的《左传》所代表的古编年体。在《左传》的叙事模式里,不乏追叙、倒叙的笔法,但是它回顾的出发点往往是事件,而不是人物。从俯拾皆是的以"初"领起的文段内容,我们不难体会出两部书的这种差别。司马光等历代史家十分推重《汉纪》,当然主要是因为它振兴了编年体这种最古老的史著体裁,使它能跟纪传体并驾齐驱、角力争先,成为断代编年史的开山。而它在编年框架之中别出手眼的新变和调整,相比之下,也许算不上什么值得大书特书的发明,但这不起眼的一小步,却实在奠定了后代帝王实录体式的原初起点,一直绵延至唐代而赫然成为国史的定体之一。如此看来,荀悦提出的"立典五志"之一的"章法式"④,若理解为书法义例,倒也并非空言自诩了。

《汉纪》采取这样的编纂形式不是偶然的,其《序》陈述成书经过时称:"(建安)三年,诏给事中秘书监荀悦抄撰《汉书》,略举其要。……悦于是约集旧书,撮序表志,总为帝纪,通比其事,例系年月。"⑤由此可见,《汉纪》是在《汉书》的基础上,以诸帝纪为编年纲要,综合志、表、列传的内容,重行排比编撰的,可谓《汉书》的改编本。因为所依据的主要素材不是编年排列的,那些极有价值却又难以确切系年的材料,尤其是与重要历史人物的事迹和人格形象密切相关的内容,就必须寻找一种妥当的处理方式。将原有的传记稍加剪裁,可以增强叙事的生动性,又可以避免受制于时间的牢笼,这大概是荀悦选择新的叙事手段的动机吧。

---

① 参见《史通·古今正史》、《文献通考》卷一三九《经籍考》二十"《汉纪》"条引巽岩李氏(李焘)之语、《四库全书总目·后汉纪》、王鸣盛《十七史商榷》卷三八等。
② 《两汉纪》上《汉纪》,页204-208。
③ 《两汉纪》上《汉纪》,页335。
④ 《后汉书》卷六二《荀悦传》,页2062。传谓此语出于《汉纪序》,然今本序无之。
⑤ 《两汉纪》上《汉纪序》,页1。

司马光在写给范祖禹的信中向他介绍过将众多的史料汇录成长编的方法：

> 请且将新旧《唐书》纪、志、传及《统纪》《补录》并诸家传记、小说，以至诸人文集稍干时事者，皆须依年月注所出篇卷于逐事之下。实录所无者，亦须依年月日添附。无日者附于其月之下，称"是月"；无月者附于其年之下，称"是岁"；无年者附于其事之首尾；有无事可附者，则约其时之早晚，附于一年之下。①

此法对于汇集素材、筹备写作的确相当有效，后辈史家作编年，皆奉为不二法门。从《汉纪》的成书来看，荀悦当时很可能就采取过类似的方法。例如卷七，文帝六年（前174年）十一月，"淮南王长谋反，发觉，徙蜀郡，道死于雍。谥曰厉"。下面以"初"领起的刘长骄恣自弊一段，取自《汉书》卷四四《淮南衡山济北王传》；文帝悲恨一段，取自《汉书》卷四九《爰盎晁错传》②。这明显带有在长编的基础上拼合的痕迹。除了在亡故之后集中叙述生平，《汉纪》还时常将简介放在人物出现的首件大事底下。如卷一"项籍亦起兵会稽"以下，对项羽的奇特外貌、家世以至杀会稽守等事，用百余字篇幅加以记叙③。值得注意的是，像这样碎片式的小传在《汉纪》里占了多数，而像前面所举的朱邑传记那样比较完整的并不多见，也就是说，这些传记式的文字是出于历史叙述的完整性考虑而书写的，其本身并没有游离于上下文之外，这跟唐实录所附小传给我们的阅读印象截然不同。在这一点上，《汉纪》和唐实录的体式又似乎透露着某种功能和性质上的差异。金毓黻曾经从著作类型的角度对实录体进行分析，他认为：

> 实录之体，略如荀悦《汉纪》，为编年史之一种，即于一帝崩殂后，取其起居注、日录、时政记等记注之作，年经月纬，汇而成篇，故自成书之时言之，本为撰述之一种。然编纂实录，取材至繁，诏令

---

① 《答范梦得书》自注，载《全宋文》第56册，卷一二一五，页79。
② 《两汉纪》上《汉纪》，页102–104。
③ 《两汉纪》上《汉纪》，页4。

奏章，悉得入录，并于大臣名人书卒之下，具其事迹，略如列传，其体实为长编，以备史官之采，故自易代后汇修正史之日言之，则亦与起居注、日录、时政记等书，一律视为记注。是则实录之书，介乎记注、撰述之间，新旧两《唐志》皆以之入记注，《宋史》以下则以之入编年，前后异趣，盖以此也。……总之，前代实录为长编之体，略如史料汇编，修通史、专史者，有事于此，可以取用不竭，是盖可与正史并存不废，与其谓之撰述，无宁属之记注，凡撰述之为长编体者，皆入古记注之林而远于撰述者也。①

金氏所强调的实录"介乎记注、撰述之间"的两重属性特征，可以借以解释《汉纪》和实录附传方式的微妙差别。《汉纪》是终端性的史著，而唐实录的创始尽管晚于纪传体国史，但是在作为国史的终端成果流通的同时，它长期被赋予了为日后开撰的纪传体国史提供基本材料和框架的功用。如今人所熟知，《旧唐书》的帝纪多半取自实录，名臣列传则多由实录的小传改写而成。可见，实录这种编年变体的最终形成，是跟著作的功能设定紧密相关的。

如同其他的文化成果，滋生于中国的实录体式不久也漂洋过海，落户在一水之隔的日本土地上了。据上引周一良文介绍：

（日本）第一部历史《日本书纪》出现于八世纪初，也是编年体。《日本书纪》是用汉文写的，也在编年体中吸取了纪传体的作法。在每个重要人物死去时，比较详细地总括叙述其生平，有似列传。可以说综合了编年体和纪传体的优点。公元891年左右，藤原佐世把当时日本存在的中国书籍编了一部书目——《日本国见在书目》……在古史家中收有荀悦《汉纪》、袁彦伯（袁宏的字）《后汉纪》和孙盛《晋阳秋》。这三部书可能早在编书目以前已传入日本。《日本书纪》名称的书纪二字，可能源于中国，书表示纪传，纪表示编年；而其兼采编年纪传体制之长，可能也是受袁宏和孙盛之书的影响。②

---

① 金毓黻：《中国史学史》第六章"唐宋以来设馆修史之始末"，页137-139。
② 《魏晋南北朝史论集》，页395。

其实在日本的六部国史中，《日本书纪》成书较早，编年夹杂传记的特点并不显著，仍保留比较标准的本纪的写法。但到了8世纪末修成的《续日本纪》，则相当明显地受到实录体制的影响。如卷二四《淡路废帝》天平宝字七年（763年），"五月戊申，大和上鉴真物化"之下，便附载鉴真传记数百言，记叙其生平①；卷三三《光仁天皇》宝龟六年（775年）十月壬戌，"吉备朝臣真备薨"之下，亦附有吉备真备小传②。到了9世纪末期，更出现直接以实录命名的《文德天皇实录》和《三代实录》。之所以出现这种变化，应该跟唐实录进入日本，提供了更新鲜、更直接的范例有关。在《日本国见在书目录》的"杂史家"里著录了三种唐实录：《唐实录》九十卷，司空梁国公房玄龄等撰③；《唐实录》九十卷，中书令许敬宗撰④；《高宗实录》六十卷，武玄之撰。根据作者的署名，前两者中想必包括了《高祖实录》《太宗实录》和《高宗实录》，都是体式臻于成熟的实录体著作，利于以编年为体的诸部日本国史借鉴⑤。

---

① 《续日本纪》卷二四，《国史大系》本，经济杂志社明治三十年四月（1897年4月）版，页410–411。

② 《续日本纪》卷三三，页588–589。

③ 孙猛推测，"当时传入日本，盖有二部：一本以《高祖实录》（或《太宗实录》第一次撰修本）为首，遂题'房玄龄等撰'，一本以许敬宗撰《高宗实录（皇宗〔引按，当作皇帝〕实录）》居首，遂题'许敬宗撰'"（孙猛《日本国见在书目录详考》，上海古籍出版社2015年版，页661）。按，若以《旧唐志》推断，玄宗时传世的这三部实录的诸多版本中，房玄龄《高祖实录》二十卷，长孙无忌《太宗实录》四十卷，许敬宗《高宗实录》三十卷，合计正好九十卷，或许藤原氏记录的正是这三种的合称或合钞本。

④ 孙猛以为，此本"从《日本国见在书目录》诸署撰者及卷数推测，盖显庆时修成之一百卷《国史》（案：亦谓之《实录》，实非《实录》），唯阙十卷耳。其中有长孙无忌等所修《国史》八十一卷，起自宁，尽贞观末。又有显庆四年，中书令许敬宗受诏所补贞观二十三〔年〕以后至显庆三年者二十卷，故《日本国见在书目录》笼统称之曰《唐实录》"（《日本国见在书目录详考》，页663–664）。持说与上条相驳。我认为许敬宗所补二十卷即两《唐志》著录的《高宗实录》（或《皇帝实录》）三十卷（卷数疑误，当从《唐会要》《册府元龟》），并非纪传体国史。许敬宗监修的百卷本国史，据《史通·古今正史》所载，成书于龙朔中，而非显庆年间。《唐会要》《册府元龟》"添成一百卷"的意思，应是指新修二十卷实录与原有八十卷纪传体国史共计一百卷，使得王朝记录更完整，而不是说两者体例相同或者两相混杂。署名许敬宗的原因，仍当以孙氏上条之推测为近真。

⑤ 朱云影怀疑这三种实录是为修日本实录而输入的。见氏撰《中国文化对日韩越的影响》，广西师范大学出版社2007年版，页4。

于此可以见出，实录不仅影响普及于后世，即在当时，也已经作为一种国史的范式泽及域外了①。

---

① 唐实录对日本六国史的影响，可参〔日〕池田温《唐朝实录与日本六国史》，载《中央研究院第二届国际汉学会议论文集：历史与考古组》下册，1989年6月。

第四章　唐国史的流传和存佚

唐太宗贞观三年闰十二月（已入630年）史馆建立，史官作为皇帝钦派的使职，取代了原先专职修史的秘书省著作郎、佐郎，标志着皇权向学术公域的进一步渗透和扩张①。从此以后，当朝国史的修撰由官方、私家皆可从事，逐步转变为由专门的政府机构负责组织运作，唐国史便是史馆制度孕育的第一批作品。长期以来，在唐国史的研究领域，论述的焦点普遍集中于各部国史的修撰经过及史馆制度两个方面，相形之下，唐国史的流传就不那么受人瞩目了。然而它对于我们了解唐人如何接触和使用本朝最重要的官方史料，进而探究官方话语与私家话语的互动，极为关键。

第一节　唐国史在唐代的传布

唐代的国史、实录修成之后，并没有严格的保密规定，朝官甚至获得任意抄传的许可。《唐会要》卷六三《修国史》载：

> 贞观十七年七月十六日，司空房玄龄、给事中许敬宗、著作郎敬播等，上所撰高祖、太宗《实录》各二十卷。……仍遣编之秘阁。并赐皇太子及诸王各一部，京官三品以上，欲写者亦听。②

这很清楚地表明，唐国史从一开始就是开放的，虽然唐太宗的传抄许可附带了品级的规定，仿佛今日常见的"内部发行"，但事实上一传十，十传百，低级别的官员和民间不久也能辗转抄存。唐太宗的这个举动，自然不是出于知识传播的考虑，而是有积极的宣传目的。此前他多次过问修

---

① 关于唐代史馆史官的使职化，参见赖瑞和《唐代高层文官》第四部分"史官"，页209–256。

② 《唐会要》，页1289。

史事宜，尤为关切"六月四日事"，即玄武门之变的书写，不满意稿中"语多微文"，明确指示监修国史房玄龄等人"改削浮词，直书其事"①。可以想见，原稿对于李世民袭杀建成、元吉是带着回护、遮掩的态度来描述的，而李世民则要求从正面叙述其行为之正当性，比照"周公诛管蔡""季友鸩叔牙"来书写。书成之后颁赐大员，无疑是宣示自身夺嫡得位之合法性，统一历史认识，建构共同记忆的重要政治举措。此后多种实录出现屡修屡毁的情况，亦是基于同样的原因。

刘知几在《史通·自叙》篇自述学史经历时说："自汉中兴以降，迄乎皇家实录，年十有七，而窥览略周。"②考刘知几的从祖刘胤之，贞观末年及高宗初年曾经任职史馆③，而官阶不到三品，尽管无法实证刘知几读到的"皇家实录"是不是他利用馆职之便抄写的④，但至少可以证明实录的流传很快就超出了唐太宗许可的范围。《唐大诏令集》卷八一载录高宗总章三年（670年）十月⑤颁布的《简择史官诏》，要求"自今以后，宜遣史司于史官内简择堪任修史人，录名进内。自余虽居史职，不得辄令闻见所修史籍及未行用国史等事"⑥。这份诏书是修史职权从著作局彻底转向史馆，史官职位使职化的重要文件⑦。就国史而言，既云"未行用国史"，反之即有"已行用国史"，它们的归宿是定向颁布，而不是闭藏宫禁。这表明从一开始唐国史就有主动传播的制度。《唐会要》卷六三《修国史》记永贞元年（805年）九月监修国史韦执谊奏，又谈到"已成实

---

① 见《贞观政要》卷七《文史》、《唐会要》卷六三《史馆杂录上》、《册府元龟》卷五六〇《记注》等。
② 《史通通释》，页288。
③ 《旧唐书》卷一九〇《文苑上·刘胤之传》，页4994。
④ 赖瑞和对刘知几获得书籍的途径作了生动有趣的研究，见氏撰《刘知几与唐代的书和手抄本：一个物质文化的观点》，载《台湾师大历史学报》第46期，2011年12月。
⑤ 按，是年三月已改元咸亨，《唐会要》卷六三《修史官》记此事在咸亨元年十一月二十一日，月份不同。
⑥ 《唐大诏令集》，页467。
⑦ 《史通·史官建置》已指出了这一点："至咸亨年，以职司多滥，高宗喟然而称曰：'朕甚慵焉。'乃命所司曲加推择，如有居其职而缺其才者，皆不得预于修撰。由是史臣拜职，多取外司，著作一曹，殆成虚设。凡有笔削，毕归于余馆。"《史通通释》，页318。末句，卢文弨校云"于字衍，馆当作官，下云以余官兼掌是也"，其说是也。见氏撰《群书拾补·史通》，抱经堂丛书本，页19b。

录撰进宣下者"① 云云，可见至少实录的发布后来成为定制。

唐代早期的纪传体国史时编时辍，并没有形成定本。直到唐中宗时，刘知几还说："每惟国家受命，多历年所，史官所编，初惟纪录，至于纪传及志，则皆未有其书。"②"未有其书"并非未尝修撰，而是《旧唐书·韦述传》所谓"国史自令狐德棻至于吴兢，虽累有修撰，竟未成一家之言"③的意思。源出开元中秘书目的《旧唐书·经籍志》，一部纪传体国史也没有著录，也许证明诸本国史还处于稿本阶段，故未能跻身著述之林。但是这不等于说史馆以外的人员完全没有接触国史的机会。唐睿宗景云二年（711年）年底④，远在桂州贬所的宋之问为了记叙亡父事迹，致书时任史职的吴兢，请他代为抄录国史的部分内容，信中说：

> 往年恩贷，许惠为看起居注、实录、江融《别录》，使不错漏。国史及高明所撰《唐史春秋》等六处并乞。逸遗事迹，不翳声尘；代业有光，实在吾子。⑤

这段文字提到的起居注是国史的基本素材，实录、国史则都是史馆史官编修的内容，前两种宋之问曾向吴兢索取到手，此时又毫不避忌地笔之于书，可见这些材料的保密程度一般，连远谪的罪臣都敢公开征求，朝中权贵若想得到，必然更加易如反掌。《史通·忤时》篇载刘知几上监修宰相萧至忠书，抱怨史馆的管理松懈，常常是"五始初成，一字加贬，言未绝口，而朝野具知；笔未栖毫，而搢绅咸诵"⑥。此信作于景龙二年（708年）⑦，与上述宋之问的信件大致同时。这说明当时尚不健全的史馆制度使得草创中的唐国史轻易就可以飞出九重，传布人间。

我们还收集到许多盛唐以后有关国史流传的信息，以下略举数事，足以觇见其广泛传播的情形。

---

① 《唐会要》，页1295。
② 《史通通释》，页290。
③ 《旧唐书》卷一〇二，页3184。
④ 此据《唐五代文学编年史·初盛唐卷》系年，页483。
⑤ 宋之问：《在桂州与修史学士吴兢书》，载《全唐文》卷二四〇，页2434。
⑥ 《史通通释》，页591。
⑦ 据《唐会要》卷六四《史馆杂录下》，页1306。

杜甫《唐故万年县君京兆杜氏墓碑》及《唐故范阳太君卢氏墓志》，皆称其从父杜并［并］① "国史有传"，据文中所述，二文分别作于天宝元年（742年）和三载（744年），而杜并卒于武周圣历中。所谓"国史"，或指韦述所修本，据前面章节的推测，此本未曾终稿②，杜甫的信息来源怕跟宋之问差不多，也是从史馆传抄得来的；或指《则天实录》，与刘知几获得实录的途径类似。而杜甫确实读过《高祖实录》和《太宗实录》，他的《别张十三建封》诗开篇便说："尝读唐实录，国家草昧初。刘裴建首义，龙见尚踌躇。"③

白居易、皮日休等中晚唐诗人的诗中则可发现纪传体国史的踪迹。白居易《自到郡斋仅经旬日……仍呈吴中诸客》诗："湖犹借寇恂，愧无铛脚政。"自注云："河北三郡相邻，皆有善政，时为'铛脚刺史'。见《唐书》。"④ "铛脚刺史"事见《旧唐书·良吏上·薛大鼎传》。皮日休自编之《文薮》有《七爱诗·卢征君鸿》一首，云："万事唐书中，逸名不可比。"⑤ 卢鸿，开元时隐士，其名又作"卢鸿一"，传见《旧唐书·隐逸传》。根据前章考察，这些传记都是韦述国史的旧文，那么诗人所称"唐书"，自然是韦述之《唐书》了。白居易作诗时甫任苏州刺史（825年），此前在中央历官翰林学士、中书舍人等要职，自然不难接触国史。而皮日休《文薮》成于咸通七年（866年），其时皮氏尚未及第，却能读到国史，可见其流传之广。

颜真卿《晋侍中右光禄大夫本州大中正西平靖侯颜公大宗碑》，作于大历六年（771年）十一月⑥，引有《国史·温大雅传》记载颜思鲁的文字，又称颜游秦事迹见《循吏传》，所指必为纪传体国史。稍后撰成的《秘书省著作郎夔州都督长史上护军颜公神道碑》（779年）和《唐故通议大夫行薛王友柱国赠秘书少监国子祭酒太子少保颜君碑铭》（780年），

---

① 《旧唐书·文苑上·杜易简传》附《杜审言传》及《大唐新语》卷五《孝行》、《唐代墓志汇编》长安007《大唐故京兆男子杜并墓志铭并序》（苏颋撰）皆作"杜并"，当据正。
② 参见本书第二章第二节"开元、天宝年间纪传体国史的修撰"。
③ 仇兆鳌：《杜诗详注》卷二三，中华书局1979年版，页2009。
④ 《白居易集》卷二四，页532。
⑤ 《皮子文薮》卷十，页105。关于国史卢鸿传的考证，参见本书第三章第三节"纪传体国史的类传"之"逸人传"部分。
⑥ 据〔清〕黄本骥《颜鲁公年谱》，清道光三长物斋丛书本，页21b；朱关田《颜真卿年谱》，见氏撰《唐代书法家年谱》，江苏教育出版社2001年版，页392。

即颜体的著名法帖《颜勤礼碑》和《颜氏家庙碑》，又再次提及《温大雅传》。其时柳芳所修国史已"经于奏御"，有否颁行则史无明文，但颜真卿与柳芳为姻亲，年轻时即过从甚密，同属一个文人集团①；颜氏家族自颜师古以来又久列朝班，代有闻人，通过私人关系取得历次修撰国史中的任何一个版本都不无可能。

杜佑《通典》卷十七《选举五》载洋州刺史赵匡《举选议》，建议改革官吏考选制度，其中《举人条例》说："其史书，《史记》为一史，《汉书》为一史……国朝自高祖以下及睿宗《实录》，并《贞观政要》，共为一史。"② 赵匡为洋州刺史，约在代宗大历中③，他的建言从现有的资料来看，似乎没有被采纳，但是提出以诸帝实录作为考试内容，足见它们的易得和久为士子所熟知。另外，大历三年（768年），令狐峘的《玄宗实录》一百卷已经修成进上，赵匡却未提及，也许是由于该录的质量欠佳，流传未广，地位和受重视程度尚赶不上前面各代的实录吧。

李翱《答皇甫湜书》说："仆近写得《唐书》。史官才薄，言词鄙浅，不足以发扬高祖、太宗列圣明德。"④ 按此信中交代："仆到越中，得一官，三年矣。"可知是他在元和七年（812年）任职浙东观察判官期间所作⑤。从字面上猜测，会认为他是在越州（今浙江绍兴）任上抄写《唐书》的，但一如我们在第二章考察纪传体国史修撰下限时的推测，这应当是前一年他利用上京"出差"的机会抄得的，抄录的是裴垍监修的最新"修订版"国史。若然，李翱可能是第一批接触到这部《唐书》的外地官员了。

同样较早读到这部《唐书》的，还有李公佐。他是唐传奇的名家，又撰有杂史《建中河朔记》六卷，《直斋书录解题》著录此书曰："《序》言与从弟正封读国史至建中、贞元之际，序河朔故事，未甚详备，以旧闻

---

① 李华《三贤论》："尚书颜公重名节，敦故旧，与茂挺少相知。颜与陆据、柳芳最善。"《全唐文》卷三一七，页3215。柳芳是颜真卿表兄弟殷绍的女婿，详颜撰《杭州钱塘县丞殷府君夫人颜君神道碣铭》，载《全唐文》卷三四四，页3493-3494。
② 杜佑：《通典》，中华书局1988年版，页423。
③ 据郁贤皓先生《唐刺史考》，江苏古籍出版社1987年版，页2488。
④ 《文苑英华》卷六八〇，页3509。
⑤ 据《唐五代文学编年史·中唐卷》，页708。

于老僧智融及谷况《燕南记》所说略同，参错会要，以备史补。"① 李公佐贞元、元和之际登第，此后多次在朝廷及地方任职；与他一起读国史的李正封，元和二年（807 年）登进士第，此后基本在中央任职，位至中书舍人②。他们共读的地点应是在长安，因职官之便获睹国史。

宪宗朝，魏博节度使田弘正建有一座私人藏书楼，聚书万余卷，《旧唐书》本传称他"颇好儒书，尤通史氏，《左传》、国史，知其大略"③。唐代像田弘正这样收藏宏富的私人藏书家为数不少④，有的藏书数量甚至媲美皇家。《旧唐书·儒学·苏弁传》说："弁聚书至二万卷，皆手自刊校。至今言苏氏书，次于集贤秘阁焉。"⑤ 他所编撰的《唐会要》，正是利用了家藏的本朝史料类聚而成，国史、实录理当是至关重要的资源。可见国史藏于私室者为数不少。

来鹄《〈圣政纪〉颂序》曰："乡校小臣来鹄，居山泽间……因窥《穆宗实录》，得解愤释嫉于立史官为《圣政纪》者，追而颂出其事，以鉴今之廷列。"⑥ 来鹄，唐末一个落拓文士⑦，也能阅读到国史。再联系唐人碑传中常见的套语"国史有传"，我们不难想见时人接触国史的普遍和频繁了。

《资治通鉴》唐顺宗永贞元年（805 年）二月壬子"李师古发兵屯曹州"事，《考异》曰："（宋仁宗）景祐中，诏编次《崇文总目》，《顺宗实录》有七本，皆五卷，题曰'韩愈等撰'。五本略而二本详。"今人对

---

① 《直斋书录解题》卷六"杂史类"，页 145。
② 二人生平可参见周祖譔主编《中国文学家大辞典》（唐五代卷），中华书局 1992 年版，页 265－267。
③ 《旧唐书》卷一四一，页 3850。
④ 参刘汝霖《唐五代时期的私家藏书》，载《图书馆》1962 年第 1 期；曹之《唐代藏书家考略》，载《图书情报论坛》1993 年第 1 期。
⑤ 《旧唐书》卷一三九下，页 4997。
⑥ 姚铉：《唐文粹》卷二十，《四部丛刊》景元翻宋小字本，页 7a；又见《全唐文》卷八一一，页 8530。
⑦ 《全唐诗》卷六四二来鹄小传云"一作来鹏"，据梁超然考证，实为二人。参傅璇琮主编《唐才子传校笺》第 3 册卷八"来鹏"条，中华书局 1990 年版，页 429－431。

详略二本的作者还有不同看法①，但两者一并流传到宋朝，说明在唐代，不同版本的实录有并行传世的情况。

唐实录不仅通行国内，而且传播到了海外。藤原佐世编纂的《日本国见在书目录》是现存最早的日本藏汉籍书目，大约成书于9世纪末，相当于唐昭宗时。其编目全仿《隋书·经籍志》，"杂史家"著录唐实录三种：《唐实录》九十卷，司空梁国公房玄龄等撰；《唐实录》九十卷，中书令许敬宗撰；《高宗实录》六十卷，武玄之撰。无论书名、卷数还是作者，都跟我国史书的记载出入甚大，可能是整理的时候把数朝的实录混在了一起，而只署首卷的作者名，也可能他们得到的书本原貌如此。但是，无论如何，可以肯定诸书必是唐修实录②。可见唐国史在当时已经突破了地域的界限，流行于汉字文化圈了。

由上可知，唐代的国史流布十分广泛，而相应的限制却很宽松。比较而言，纪传体国史流出的途径基本上是由史官亲自抄存，或者朝官借助私人关系到史馆抄录，故流传较少，以至于安史之乱中兴庆宫史馆被焚毁之后几乎失传③；实录则持续发布，故而民间传本较多，前述《顺宗实录》最为典型。然而国史从来不是一个单纯的历史文本，它所负载的政治功能和褒贬权力，带给史官优裕的修撰条件④，也使它沦为党同伐异的牺牲品。相对宽松的传播许可，不能抵销时政动荡导致的禁毁厄运。武周革命之后，牛凤及为树立自己所编的胜朝史《唐书》而收缴了姚思廉、许敬宗等递修的国史⑤，使它差点成为宣示正统的牺牲品；晚唐牛李党争激

---

① 参张国光《今本〈顺宗实录〉非韩愈所作辨——兼与瞿林东、胡如雷同志商榷》，载《文学评论丛刊》1980年第7辑；张国光《韩愈〈顺宗实录〉重辑本序言（上下）》，载《殷都学刊》1985年第3、4期；蒋凡《今本〈顺宗实录〉作者考辨》，载《文学评论丛刊》1982年第16辑；卞孝萱先生《论〈顺宗实录〉的作者》，载《南开史学》1984年第2期；刘健明《唐〈顺宗实录〉三论》，载《古代文献研究集林》第一集；刘真伦《韩愈〈顺宗实录〉考实》，载四川师范大学学报1996年第3期；等等。

② 关于这三种书的一些推测，参本书第三章第五节"实录的起源和体式"。

③ 参《旧唐书》卷一〇二《韦述传》，页3184；卷一四九《于休烈传》，页4008。

④ 刘知几对史馆制度诸多批评，唯独对个人待遇十分满意，云："西京则与鸾渚为邻，东都则与凤池相接。而馆宇华丽，酒馔丰厚，得厕其流者，实一时之美事。"《史通通释·史馆建置》，页318。

⑤ 《史通·古今正史》："长寿中，春官侍郎牛凤及又断自武德，终于弘道，撰为《唐书》百有十卷。……既而悉收姚、许诸本，欲使其书独行。由是皇家旧事，残缺殆尽。"《史通通释》，页373－374。

烈，国史的修撰更是成为党派斗争的工具，《宪宗实录》的改修和施行是两党之间一场典型的拉锯战。先是文宗大和四年（830年），由杜元颖、路隋监修的《宪宗实录》修成奏上；接着，武宗会昌元年（841年），宰相李德裕认为其中一些记载有损于乃父李吉甫的声誉，奏请重修，由李党的李绅监修，会昌三年（842年）进上，称为"新本"，前本则谓"旧本"；到了宣宗登基，李党失势，牛党当路，大中二年（848年）便敕令收缴新本《宪宗实录》："路随（隋）等所修《宪宗实录》旧本，却仰施行。其会昌新修者，仰并进纳。如有抄录得，敕到并纳史馆，不得辄留，委州府严加搜捕。"① 这种频繁的政治干预必然造成一部分国史、实录濒于失传。除此之外，作为传播重要环节的印刷术，有唐一代尚未广泛应用，也使得为数有限而贮藏相对集中的抄本很容易湮没在天灾人祸的旋涡里。这提醒我们，那些今日同样见载于书目或者史籍的国史、实录，在当时流传中的命运并不能一概而论。因此，以上鸟瞰式的结果，只是大体清理了唐人接触国史的可能性问题，对于漫长传布流程之中诸本国史、实录的升降沉浮，还需要进行精心爬剔和仔细分析。

《新唐书·艺文志》是了解唐人著作的窗口，我们对唐国史流传的细部考察就从这里着手。

第二节　唐纪传体国史的著录与流传

《新唐书·艺文志》的著录原则

《旧唐书·经籍志》和《新唐书·艺文志》同为记录唐代文献的常用史志书目，而成书在后的《新志》远比《旧志》受重视，这与两者著录内容的多寡有关，也与著录原则的本质差异密切相关。

《旧唐书》修成于五代后晋时期，其《经籍志》以唐玄宗开元年间毋煚编纂的《古今书录》四十卷为蓝本，而《古今书录》又是依据开元初年完竣的《群书四部录》缩编而成。《旧志》序对此交代得很清楚：

---

① 《旧唐书》卷十八下《宣宗纪》大中二年十一月，页621。又见《册府元龟》卷五六二《国史部·不才》、《唐会要》卷六三《修国史》。

> （开元）九年十一月……重修成《群书四部录》二百卷，右散骑常侍元行冲奏上之。自后毋煚又略为四十卷，名为《古今书录》。……今录开元盛时四部诸书，以表艺文之盛。①

又声明：

> 天宝已后，名公各著文章，儒者多有撰述，或记礼法之沿革，或裁国史之繁略，皆张部类，其徒实繁。臣以后出之书，在开元四部之外，不欲杂其本部，今据所闻，附撰人等传。其诸公文集，亦见本传，此并不录。②

显然，《旧志》沿袭了班固《汉书·艺文志》和魏徵《隋书·经籍志》的做法，依据一部官修书目修葺成篇，编目原则仍然是纪一代藏书。这个原则对于后人研究西汉或隋代之前的学术还算适用，而对于研究唐代，缺陷就非常大了。天宝上距唐朝开国约一百二十年，下去唐亡仍有约一百七十年，《旧志》所录，仅仅反映了唐王朝前期的文化成就，盛唐后期直至唐末的成就则概付阙如。以文学为例，成名于盛唐的李白、杜甫等著名诗人的文集尚且未能入录，安史之乱后古文运动、新乐府、唐人传奇这一枝枝耀眼奇葩更是无迹可求。这种情况当然严重制约了《旧志》的利用价值。罗士琳等《旧唐书校勘记》即认为："惟是史家编次经籍，自当备列一代之书，不独集部当然，即经部、史部、子部亦当广为登载，方合体裁。今此志仅以开元四部为断，未免太略，必参之以《新志》，然后唐时著作乃全。"③ 相形之下，《新志》的著录完备得多。

《新志》的每个类目，分成"著录"和"不著录"两种。所谓"著录"，指《旧志》（也可说是《古今书录》）已登载的部分；所谓"不著录"，指编《新志》时添加的唐代著作④。这些新补充的内容主要援藉了同为欧阳修主撰的《崇文总目》，同时也参考了唐人的传记、碑志、文

---

① 《旧唐书》卷四六，页1962–1963。
② 《旧唐书》卷四六，页1966。
③ 《旧唐书校勘记》卷二九，《续修四库全书》第284册，页196。
④ 参王重民《中国目录学史论丛》，页107。

集、笔记等其他材料①。《崇文总目》著录的是北宋中叶的皇家藏书,而唐人的著作中所记录的书籍未必进入过唐代的书府,因此,《新志》的性质就有别于《旧志》。王重民的《中国目录学史》谈论两者的异同时指出:

> 《旧唐书·经籍志》专据《古今书录》以纪开元盛时经籍,是符合班固、魏徵纪藏书的意义的;《新唐书·艺文志》所补充的《古今书录》未著录的两万多卷是根据宋代的藏书,而不是唐代藏书,就有纪唐代著述的意义了,所以《新唐书·艺文志》各类的"著录"和"未著录"部分,对史志目录来说,实际上是包含着两种不同性质的东西。②

纪藏书和纪著述两种目录性质混为一体,令研究者在使用《新志》时必须谨慎别择。王重民极精当地辨析了著录与流传的关系,他又说:

> 凡是依据《古今书录》所著录的,唐代开元时候必有其书,其传本(包括书名,卷数以及撰人等)也必然如所著录;凡"未著录"内依据宋代藏书或宋代藏书目录所著录的,其书在唐代未必流传,其书本与宋代所流传的相符合,而未必符合于唐代原始情况。③

历来研究者普遍认为《新志》著录的唐代著作,必为北宋实存之书,在这一点上,王重民对《新志》"纪唐代著述"的定性原本富有推廓的意义,可惜他本人没有进一步阐发,仍然断定"不著录"的部分来自宋代的藏书。我们认为,纪著述的目录关心的是著作的生产状况,与该目录编修时著作的存在状态关系不大;《新志》所谓"不著录"的部分,存在大

---

① 参南丽华《论〈新唐书·艺文志〉》,载《中国典籍与文化论丛》第三辑,中华书局1995年版;陈尚君《〈新唐书·艺文志〉补——集部别集类》,载《唐研究》第 1 卷,后收入《陈尚君自选集》,广西师范大学出版社 2000 年版,改题《〈新唐书·艺文志〉未著录唐人别集辑存》;张固也《论〈新唐书·艺文志〉的史料来源》,载《吉林大学社会科学学报》1998 年第 2 期,及《也论〈新唐书·艺文志〉》,载《烟台师范学院学报》1998 年第 1 期。
② 王重民:《中国目录学史论丛》,页 108。
③ 王重民:《中国目录学史论丛》,页 108。

量不是依据宋代藏书或书目著录的著作，它们在北宋也未必流传，甚或子虚乌有。这看似细微的出入，会给我们判断文献的存佚造成重大影响。我们打算探讨的唐国史，都属于《新志》中"不著录"一类的著述，可以作为一个案例加以研究。

《新唐书·艺文志》著录唐国史辨疑

《旧唐书·经籍志》没有著录任何一部纪传体唐国史，换言之，盛唐的官修书目里并未收录当朝的纪传体国史。今知有它们出现的最早书目是《崇文总目》。下面先列表比较《新志》和《崇文总目》著录纪传体唐国史的情况：

表1 《新唐书·艺文志》与《崇文总目》著录唐纪传体国史对照

《新唐书·艺文志》	《崇文总目·正史类》
《武德贞观两朝史》八十卷，长孙无忌、令狐德棻、顾胤等撰	
《唐书》一百卷	
又一百三十卷，（吴）兢、韦述、柳芳、令狐峘、于休烈等撰	《唐书》一百三十卷，唐韦述撰。初，吴兢撰唐史，自创业迄于开元，凡一百一十卷。述因兢旧本，更加笔削，刊去《酷吏传》，为纪、志、列传一百一十二卷。至德、乾元以后，史官于休烈又增《肃宗纪》二卷，而史官令狐峘等复于纪、志、传后随篇增缉，而不加卷帙。今书一百三十卷，其十六卷未详撰人名氏（钱东垣辑释本注：见《文献通考》）
《国史》一百六卷	
又一百一十三卷	

显而易见，《新志》一共著录了五部纪传体唐国史，只有一部见于《崇文总目》。可以认定，这一部《唐书》肯定是北宋中秘的庋藏，它的书名、卷数、作者署名反映了北宋传本的面目。那么，其余四部北宋时期是否留存于世呢？

我们知道,《崇文总目》原本已经失传,今天通行的是后人的辑本,也就是说,有可能其余四部的记录是在亡佚的条文里,而当初《新志》据以收载。还有一种可能,就是在宋仁宗庆历元年(1041年)《崇文总目》编成之后,《新唐书》修撰之际(1044—1060年),这几部书重现天壤,被皇家采获。唐末五代战乱频仍,国家藏书屡遭浩劫,遗书秘籍散落民间并不稀奇,辗转复得的事例也不罕见。与修《新唐书》的宋敏求在他撰写的《春明退朝录》卷下记载,王胜之转运两浙时,从民家收得沈既济所作《刘展乱纪》一卷①。其时《新唐书》业已完成,这书自然无法利用,《新志》也没有著录。等到司马光撰《资治通鉴》,就用它考证了好些刘展叛乱的事迹②。这样看来,今本《崇文总目》的著录与否,还不足以断定四部唐史的存亡。

前面说过,《新志》有一部分"不著录"是根据唐人的史传材料登录的,我们假如能够从唐人的记述里摸清四部书的来龙去脉,上述两个疑难问题就不攻自破了。

我们先考察后两部。《国史》一百六卷,又一百一十三卷,《新志》皆不著撰人。通检各种有关唐国史的记载,卷帙标记相同的,有肃宗时史官于休烈上奏提到的两种。上奏一事各种史料多有记述,《册府元龟》卷五五六《国史部·采撰二》所载较详核,其文云:

> 至德二年十一月二十七日,(于休烈)奏曰:"国史一百六卷、《开元实录》四十七卷、起居注并余书三千六百八十二卷,并在兴庆宫史馆。京城陷贼后,皆被焚烧。且国史、实录,圣朝大典,修撰多时,今并无本。伏望下御史台推勘史馆所由,令府县招访。有人别收得国史、实录,如送官司,重加购赏。若是官书,仍赦其罪。得一部超授官,得一卷赏绢十匹。"数月之内,唯得一两卷。前修史官工部侍郎韦述陷贼,入东京;至是,以其家藏国史一百一十三卷送于官。③

---

① 宋敏求:《春明退朝录》,中华书局1980年版,页35。
② 见《资治通鉴》卷二二一及二二二《考异》,共计六条。
③ 《册府元龟校订本》,页6378。

由奏文可知，原藏于兴庆宫的一百零六卷本国史①，在安史乱中已化为劫灰，虽然多方悬赏搜访，最终还是绝迹于人间。于休烈上奏的至德二年十一月（758年）②前后，大局尚未敉平，唐军虽一度克复洛阳，但还在河南等地与安庆绪的叛军苦战。于休烈在此时急切提出文献抢救的建议，当是出于以国史存续国脉、凝聚人心的"文化救亡"考虑，而非有的学者猜测的党同伐异③。两条抢救路径，一是"御史台推勘史馆所由"，"所由"即所由官，指史馆具体经办各种事务的官吏，这是史馆的内部自查，审查历年抄藏的情况；二是"府县招访"，这是指令地方政府向民间征集散落的国史，包括此次动乱散失的"官书"和往年流传于外而为民间所"别收得"的传抄本。由于此时唐廷实际控制的区域受限，兵荒马乱之际，政令传达和执行很成问题，真正寻访的大概也就限于余烬未熄的京城周边，所以耗时数月只找到一两卷也就不足为奇了。

在兴庆宫被焚毁的纪传体国史和《开元实录》，都处于持续修撰的未定稿阶段，官方不大可能传录多个副本，民间也难有机会全本抄存；起居注只供史官削稿之用，帝王尚且不能随意阅览，遑论整本外传。经此一炬，这些孤本秘籍必定遭到灭顶之灾④。而《新志》不仅著录了《国史》一百六卷，起居注类还著录了《开元实录》四十七卷、《开元起居注》三千六百八十二卷。可想而知，这些条目无论如何不会是根据北宋的藏书记录下来的。它的来源，只可能是抄自《册府元龟》所据的唐国史或实录；而且一时疏忽，看漏了原文的"并余书"等字，把国史、实录、起居注等所有史馆藏书的总卷数记成了起居注的卷数。

再看一百一十三卷的《国史》，从上面的引文已知是韦述家藏的那一部⑤。这套天壤孤本，《旧唐书·韦述传》说他"抱国史藏于南山"，似乎在他试图逃离长安时被带到了终南山，后来他返回京城并被挟持到洛阳时，或许并没有随身携带，此书才侥幸躲过一劫，免于像他的其他收藏那

---

① 此本当为韦述所修国史的一部阶段性文本，详本书第二章第二节。
② 是月乙亥朔，二十七日为758年1月11日。
③ 如麦大维《唐代中国的国家与学者》第五章"史学"的正文及注141的长篇论述，页188、303-305。
④ 《郡斋读书志》卷五《实录类》"《唐玄宗实录》一百卷"，晁公武注曰："安史之乱，玄宗《起居注》亡。"《郡斋读书志校证》，页218。
⑤ 此本跟一百六卷本《国史》的关系，参本书第二章第二节。

样被"焚剽殆尽"。呈献国史的时候，他一定百感交集：一面庆幸自己半生的心血得以重见天日，一面希望凭此保全之功洗刷接受伪职的污点。文中"若是官书"一语，《旧唐书·于休烈传》作"若是史官收得"①，未详孰是。从他最终贬谪的下场，可见所谓"仍赦其罪"的意思，只是赦免私自收藏官书的罪过，而非"背国从伪"这种大逆不道的罪行②。在贼焰仍炽的情势下，韦述仅仅遭到流放，已属万幸。

此本的去向，可以由表1所列《崇文总目》的叙录知道，该本经由中唐史官续写，形成北宋存世的一百三十卷本《唐书》，题名仍署韦述③。如此一来，韦述冒死保藏的一百一十三卷本，继续单独流传的机会想必微乎其微，连唐史馆以外的官员怕也缘悭一面，更不用说北宋的臣僚了。这两部《国史》，《新志》大概都是从《唐会要》或者《于休烈传》等处抄录的，不能作为北宋实有其书的证据。

《武德贞观两朝史》八十卷，修成于唐高宗显庆元年（656年）七月，并"藏其书于内府"④。可是《旧志》竟无著录，这不免令人有些疑惑。《旧志》源出毋煚的《古今书录》，而《古今书录》源自马怀素、元行冲等的《群书四部录》，两者都是开元年间经由众多学者精心结撰的巨著，性质和关系近似刘向的《别录》和刘歆的《七略》。作为基础的《群书四部录》，工作方式有如《别录》，也是先广采异本，然后整理写定，最后形成目录。为求图籍美备，唐玄宗特地下敕"于秘书省、昭文馆、礼部、国子监、太常寺及诸司，并官及百姓等，就借缮写之"，以至于整比完成之后，进入乾元殿书库的观众"无不骇叹"⑤。如此兴师动众的大工程，照理不会遗漏掉本朝一部具有奠基意义的国史。依据毋煚保留在《旧唐书·经籍志》的《古今书录》序文所言，《群书四部录》仓促成

---

① 《旧唐书》卷一四九，页4008。
② 《唐律疏议》卷一《十恶》："三曰谋叛。谓背国从伪。"中华书局1983年版，页8。史载，克复洛阳之后，崔器、吕谭上言肃宗，认为："诸陷贼官，背国从伪，准律皆应处死。"赖李岘、萧华等力谏，才改为"六等定罪"，即"重者刑之于市，次赐自尽，次重杖一百，次三等流、贬"。参《旧唐书》卷一一五《崔器传》、《新唐书》卷二〇九《酷吏·崔器传》、《资治通鉴》卷二二〇"至德二年十二月"。
③ 修撰过程参本书第二章第二、三节。
④ 《唐会要》卷六三《修国史》，页1290。
⑤ 《唐会要》卷三五《经籍》，页752。《旧唐书·经籍志上》亦载搜书、写书之事，而云"无不骇其广"，更确切表明其数量之惊人。

篇，存在很多遗憾，他概括了五点失误，前两条皆为阙录的问题，曰："于时秘书省经书，实多亡阙，诸司坟籍，不暇讨论"；"新集记贞观之前，永徽已来不取；近书采长安之上，神龙已来未录"①。这说明由于调查、搜集工作不彻底以及体例、断限的制约，《群书四部录》遗漏了很多典籍、著作。毋煚于是大事修订，撰为《古今书录》，自谓其书"永徽新集，神龙近书，则释而附也。……改《旧传》之失者三百余条，加新书之目者六千余卷"，增补的目的明确，数量可观，可是《武德贞观两朝史》作为成书在长安之前的"近书"，仍旧无迹可查。这又是何故呢？

刘知几在他的《史通·古今正史》篇曾经提到，武则天长寿中（约693年），《武德贞观两朝史》被当时编修《唐书》的春官侍郎牛凤及收缴，"悉收姚、许诸本，欲使其书独行。由是皇家旧事，残缺殆尽"②。似乎开元时两都的皇家书库里已经没有这部书了，导致元行冲、毋煚等人无从著录。但依第二章第二节的考证，此本被韦述用作续修国史的蓝本之一，它在开天之际仍然存世。那么刘知几的意思，指的是国史记录遭到篡改破坏，而非书本残缺。再者，韦述也曾躬预《群书四部录》的编纂，并且负责其中史部的工作，不可能不了解这部藏在史馆的国史。既非书缺有间，也非无人知晓，那么该书不著录的原因，或许在于两部书目的收录标准：只记载已完成的著述。而《武德贞观两朝史》是作为史稿存放于史馆，属于持续开放修撰的国史的一部分，虽然"新"且"近"，但既非"集"也非"书"，因此被排除在外了。许敬宗、牛凤及、刘知几等人次第更撰的国史或《唐书》不见载于《旧志》，也应是基于同样的理由。

长期深藏内府的这部国史，命运的终点还是安史之乱。鉴于全本抄写的难度，且不存在民间传抄的记录，欧阳修在三百年后编《新志》时肯定无缘得见。《新志》的著录，只是从《唐会要》或者长孙无忌诸人的传记转载的罢了。

《唐书》一百卷，《新志》不著撰人。查考现有的关于唐国史修撰的资料，有两部号为一百卷的唐国史：一是高宗龙朔中许敬宗监修本，一是开元年间吴兢所修本。许敬宗本的情况详见《史通·古今正史》，《唐会要》《册府元龟》亦略有提及，但是同样见于这三部书而不见于《旧唐

---

① 《旧唐书》卷四六，页1964。
② 《史通通释》，页374。

书》的几部唐国史：姚思廉本、牛凤及本、武三思本，《新志》都没有著录，因此，我怀疑这部佚名的百卷本指的不是许本而是吴本，其名目来自《旧唐书·李元纮传》所称的吴兢撰"《唐书》一百卷"①。吴兢长期从事纪传体国史的修撰，关于他的成果记载纷纭，根据前文的分析，这部百卷本其实是吴兢"以私济公"撰写的国史，而非纯粹的官修史；"一百卷"的数量也只是预期成果，不是最终篇幅。它的修撰时间大体介于《群书四部录》和《古今书录》编纂之间，毋煨至少有机会见过萧嵩从荆州索回的六十五卷史稿。《旧志》之所以未予著录，仍是因为它处于稿本阶段，不被视为著作。《旧唐书·沈传师传》附《沈既济传》载其在德宗建中元年（780 年）七月"以吴兢撰国史，以则天事立本纪，奏议非之"②。所谓"吴兢撰国史"，并非指其原稿，而应为韦述、柳芳所撰之本。盖因吴兢被认为是草创之人，所以将他冠为作者③。欧阳修等修《新志》时若是根据《李元纮传》的记载著录，当然就不能作为北宋犹存其书的证据了——甚至历史上就不曾存在过这样一部百卷本的国史。

由此可知，《新志》著录的五部唐史，流传到北宋的只有《崇文总目》所载由吴兢、韦述、柳芳、于休烈、令狐峘等递修的一百三十卷《唐书》，这也是安史之乱以后唯一一部流布人间的唐修纪传体国史。

这部历经劫难的唐国史，多数研究者认为毁于北宋末年，但是有证据表明，它也许幸运地逃过了靖康之难的兵火。《四库全书总目》卷八五史部目录类的《崇文总目》提要据《续宋会要》谓今传本《崇文总目》在每部书下多注"阙"字，是记录了宋高宗绍兴十二［三］年十二月（1144 年）④诸州军搜访遗书的线索，而在这部《唐书》名下并无"阙"字；大致编于同时，同样是求阙书目的《秘书省续编到四库阙书目》，也未著录此书，说明当时皇家书库极可能还保存着这部书。不过，在南宋的其他公私书目里，我们再也找不到它的踪迹了；中秘若有保藏，料必已是海内孤本。元军入临安后，掘坟盗宝，摧残文物，此书大厄，或在此时。

---

① 《旧唐书》卷九八，页 3074。
② 系年见《唐会要》卷六三《修国史》。
③ 吴兢《唐书》与韦述国史的关系，详本书第二章第二节"开元、天宝年间纪传体国史的修撰"。
④ 《宋会要辑稿》第五十五册《崇儒》四《求书藏书》作"十三年"，《四库提要》盖误。按此年十二月癸未朔，当 1144 年 1 月 7 日。

元修《宋史·艺文志》录有"柳芳《唐书》一百三十卷",只是照抄宋代《国史·艺文志》的著录罢了。

第三节　唐实录的著录与流传

　　唐国史的另一部分是诸帝的实录。前面纪传体国史的情况既已明了,实录自然不难类推。兹选取唐宋五家书目:《旧唐书·经籍志》《崇文总目》《宋史·艺文志》以及晁公武《郡斋读书志》和陈振孙《直斋书录解题》,与《新唐书·艺文志》的著录对照研究。

　　这六家书目,《旧唐书·经籍志》《新唐书·艺文志》和《崇文总目》的性质前文已述,余下三家都是记载宋代藏书的目录。其中《宋史·艺文志》虽然编于元代,主体则脱胎于宋朝人修撰的四部国史艺文志。《宋志》总序说:"宋旧史,自太祖至宁宗,为书凡四。志艺文者,前后部帙,有亡增损,互有异同,今删其重复,合为一志。"①《宋志》的性质近似《新志》,宁宗以前的著录为赵宋历代秘阁实有的藏书,从中可以窥见宋代皇家典籍藏弆的情形,也就是说,《宋志》所著录的唐代文献均曾进入过宋代书府,其著录事项标志着宋代存本的状态。前人对《宋志》屡有讥评,或目为诸史艺文志中最为草率者。钱大昕《廿二史考异》卷七三批评道:"当时史臣无学,不能博涉群书,考其同异,故部分乖剌,前后颠倒,较之前史,踳驳犹甚。"②他指出大量重见复出、编次失当、义例不一的例子。所幸这些毛病在唐实录部分未曾发作。对我们的考察有所影响的是,宋朝绵历既久,中间又经战乱播迁,有些书南渡前后已然佚失。史载,金人掳囚钦宗之后,索要三馆文籍图书、国子监书版,席卷而北。途中因害怕勤王兵马追及,仓遽行军,致使劫夺的文物大量损毁,南宋初汪藻所撰《靖康要录》描述金兵洗劫之后的惨景曰:"秘阁图书,狼籍泥中,金帛尤多,践之如粪壤。书史以来,安禄山陷长安以后破京师者,未有如今日之甚。二百年府库蓄积,自一旦扫地。"③《宋志》把两宋的藏书混合编目,难免录入一些南宋已无传本的著作。要深入进行正

---

①《宋史》卷二〇二,页5033–5034。
②《廿二史考异》,页1016。
③《靖康要录》卷十六,王智勇《靖康要录笺注》,四川大学出版社2008年版,页1792。

本清源的工作，就得借助其他纪藏书的目录来考订了。

南宋以来版刻书籍逐渐发达，出现了私人藏书的数量超过中秘、私人书目的质量优于国家书目的情况。南宋初年晁公武编纂的《郡斋读书志》和南宋末年陈振孙编纂的《直斋书录解题》是南宋私家书目的代表，向为学者重视。二氏的书目，皆是依据自家存本加以著录，反映了南宋书本的实际情况；它们又有比《宋志》详尽得多的提要，这就为描润唐代文献在南宋传本的存世面貌提供了极其可贵的材料。《四库全书总目》论及《直斋书录解题》的价值时曾说："古书之不传于今者，得藉是以求其崖略；其传于今者，得藉是以辨其真伪，核其异同。亦考证之所必资，不可废也。"① 洵为中肯之论。因此，我们就采用这两部目录有关唐实录的著录，共相比勘。下面仍先制表胪列诸家书目的异同。

表 2　唐宋六家书目著录唐实录对照

帝号	《旧唐书·经籍志》	《新唐书·艺文志》	《崇文总目》	《宋史·艺文志》	《郡斋读书志》（衢本）	《直斋书录解题》
高祖	《高祖实录》二十卷，房玄龄撰	《高祖实录》二十卷，敬播撰，房玄龄监修，许敬宗删改	《唐高祖实录》二十卷，敬播撰，房玄龄监修，许敬宗删改	《唐高祖实录》二十卷，许敬宗、房玄龄等撰	《唐高祖实录》二十卷。右唐房玄龄等撰。太宗诏玄龄与许敬宗、敬播同修，起创业，尽武德九年。贞观十七年书成	《唐高祖实录》二十卷。唐给事河东敬播撰。案《志》称房玄龄监修，许敬宗删改。今本首题监修国史许敬宗奉敕定，而第十一卷题司空房玄龄奉敕撰，不详其故

---

① 《四库全书总目》卷八五，页 730。

续上表

帝号	《旧唐书·经籍志》	《新唐书·艺文志》	《崇文总目》	《宋史·艺文志》	《郡斋读书志》（衢本）	《直斋书录解题》
太宗	《太宗实录》二十卷，房玄龄撰。 《太宗实录》四十卷，长孙无忌撰	《今上实录》二十卷，敬播、顾胤撰，房玄龄监修。 长孙无忌《贞观实录》四十卷	《正观实录》四十卷，长孙无忌等撰（钱绎按：贞作正避仁宗嫌名）	《唐太宗实录》四十卷，许敬宗撰	《唐太宗实录》四十卷。右唐许敬宗等撰。起即位，尽贞观二十三年。初贞观十七年，房玄龄、许敬宗、敬播撰《今上实录》，止十四年，成二十卷。永徽五（当作元）年，无忌与史臣续十五年后，尽昭陵事，合四十卷。其后敬宗改定	《唐太宗实录》四十卷。案《艺文志》有《今上实录》二十卷，敬播等撰，房玄龄监修。又有长孙无忌《太宗实录》四十卷。今本惟题中书令许敬宗奉敕撰

续上表

帝号	《旧唐书·经籍志》	《新唐书·艺文志》	《崇文总目》	《宋史·艺文志》	《郡斋读书志》（衢本）	《直斋书录解题》
高宗	《高宗实录》三十卷，许敬宗撰。 《述圣记》一卷，大圣天后撰。 《高宗实录》一百卷，大圣天后撰	许敬宗《皇帝实录》三十卷。 《高宗后修实录》三十卷。初，令狐德棻撰，止乾封，刘知几、吴兢续成。 韦述《高宗实录》三十卷。 武后《高宗实录》一百卷	《唐高宗后修实录》三十卷，令狐德棻撰，刘知几、吴兢续成	《唐高宗后修实录》三十卷，刘知几、吴兢撰	《唐高宗实录》三十卷右唐刘知几等撰。起即位，尽永淳二年，凡二十九年。（孙猛按云：唐高宗即位至永淳二年凡三十四年。）初，令狐德棻、许敬宗等撰录，止显庆三年，成二十卷，上之。后知几与吴兢续成	《唐高宗后修实录》十九卷。唐左散骑常侍彭城刘知几子玄、恒王傅汴州吴兢撰。案《志》，令狐德棻撰，止乾封。知几续成之。故号"后修"。书本三十卷，今阙十一卷

续上表

帝号	《旧唐书·经籍志》	《新唐书·艺文志》	《崇文总目》	《宋史·艺文志》	《郡斋读书志》（衢本）	《直斋书录解题》
武后	《圣母神皇实录》十八卷，宗秦客撰	《则天皇后实录》二十卷，魏元忠、武三思、祝钦明、徐彦伯、柳冲、韦承庆、崔融、岑羲、徐坚撰，刘知几、吴兢删正。 宗秦客《圣母神皇实录》十八卷	《唐则天实录》二十卷	《唐武后实录》二十卷，魏元忠等撰，刘知几、吴兢撰	《唐则天实录》二十卷。右唐吴兢撰。起嗣圣改元甲申临朝，止长安四年甲辰传位，凡二十一年	《唐则天实录》二十卷。吴兢撰。案《志》，魏元忠等撰，刘知几、吴兢删正。今惟题兢撰
中宗	《中宗皇帝实录》二十卷，吴兢撰	吴兢《中宗实录》二十卷	《唐中宗实录》二十卷，吴兢撰	《唐中宗实录》二十卷，刘知几、吴兢撰	《唐中宗实录》二十卷。右唐吴兢撰。起神龙元年复位，尽景龙四年，凡六年	《唐中宗实录》二十卷。吴兢撰

续上表

帝号	《旧唐书·经籍志》	《新唐书·艺文志》	《崇文总目》	《宋史·艺文志》	《郡斋读书志》（衢本）	《直斋书录解题》
睿宗		刘知几《太上皇实录》十卷。	《太上皇实录》十卷，刘知几撰。	《唐睿宗实录》十卷，刘知几撰。	《唐睿宗实录》十卷。右唐刘知几撰。知几与吴兢先修《太上皇实录》，起初诞，止传位，凡四年。后续修益，止山陵	《唐睿宗实录》十卷。刘知几撰。《志》有二录，五卷者为吴兢。今此十卷，当是知几也。《馆阁书目》亦别有五卷者
		吴兢《睿宗实录》五卷。	《睿宗实录》五卷，吴兢撰	又五卷，刘知几、吴兢撰		
玄宗		张说《今上实录》二十卷。说与唐颖撰次玄宗开元初事。	《明皇实录》一百卷，令狐峘撰，元载监修	《唐玄宗实录》一百卷，元载、令狐峘撰	《唐玄宗实录》一百卷。右唐元载等撰。起即位，尽上元三年，凡五十年	《唐玄宗实录》一百卷。题元载撰。盖左拾遗令狐峘所为，而载以宰相监修也
		《开元实录》四十七卷，失撰人名。				
		《玄宗实录》一百卷，令狐峘撰、元载监修				

续上表

帝号	《旧唐书·经籍志》	《新唐书·艺文志》	《崇文总目》	《宋史·艺文志》	《郡斋读书志》（衢本）	《直斋书录解题》
肃宗		《肃宗实录》三十卷，元载监修	《肃宗实录》三十卷，元载监修	《唐肃宗实录》三十卷，元载撰	《唐肃宗实录》三十卷。右唐元载等撰。起即位，尽后元年，凡六年	《唐肃宗实录》三十卷。（四库馆臣案：《文献通考》作二十卷。）亦元载监修，不见史官姓名
代宗		令狐峘《代宗实录》四十卷	《代宗实录》四十卷，令狐峘撰	《唐代宗实录》四十卷，令狐峘撰	《唐代宗实录》四十卷。右唐令狐峘撰。起宝应元年壬寅，止大历十四年己未，凡十七年	《唐代宗实录》四十卷。令狐峘撰
德宗		《德宗实录》五十卷，蒋乂、樊绅、林宝、韦处厚、独孤郁撰，裴垍监修	《德宗实录》五十卷。（钱绎按：《玉海》云："《德宗实录》五十卷，蒋乂、樊绅、林宝、韦处厚、独孤郁撰，裴垍监修。《崇文目》同。"）	《唐德宗实录》五十卷，裴垍等撰	《唐德宗实录》五十卷。右唐裴垍等撰。起即位，尽贞元二十一年，凡二十五年。元和二年诏蒋乂、樊绅、林宝、韦处厚、独孤郁同修。五年，垍上之	《唐德宗实录》五十卷。称裴垍撰。亦监修宰相也。案《志》，蒋乂、樊绅、林宝、韦处厚、独孤郁撰

续上表

帝号	《旧唐书·经籍志》	《新唐书·艺文志》	《崇文总目》	《宋史·艺文志》	《郡斋读书志》（衢本）	《直斋书录解题》
德宗		沈既济《建中实录》十卷	《建中实录》十卷（辑本引原释：唐史馆修撰沈既济撰，起大历十四年德宗即位，尽建中二年十月既济罢史官之日）	《唐建中实录》十五卷，沈既济撰		《唐建中实录》十卷。唐史馆修撰吴郡沈既济撰。其书止于建中二年十月，既济罢史官之日
顺宗		《顺宗实录》五卷，韩愈、沈传师、宇文籍撰，李吉甫监修	《顺宗实录》五卷，韩愈等撰，李吉甫监修	《唐顺宗实录》五卷，韩愈撰	《唐顺宗实录》五卷。右唐韩愈撰。起贞元二十一年乙酉正月，止永贞元年丙戌八月	《唐顺宗实录》五卷。唐史馆修撰韩愈撰。见愈《外集》。案《志》称韩愈、沈传师、宇文籍撰，李吉父监修
宪宗		《宪宗实录》四十卷，沈传师、郑澣、宇文籍、蒋系、李汉、陈夷行、苏景胤撰，杜元颖、韦处厚、路隋监修	《宪宗实录》四十卷，沈传师等撰，杜元颖等监修	《唐宪宗实录》四十卷，路隋等撰	《唐宪宗实录》四十卷。右唐路随等撰。起即位，尽元和十五年	《唐宪宗实录》四十卷。题路隋撰。隋自长庆中与韦处厚同修撰，历年久而未成，至文宗太和中，隋为监修，乃上之

续上表

帝号	《旧唐书·经籍志》	《新唐书·艺文志》	《崇文总目》	《宋史·艺文志》	《郡斋读书志》（衢本）	《直斋书录解题》
穆宗		《穆宗实录》二十卷，苏景胤、王彦威、杨汉公、苏涤、裴修撰，路隋监修	《穆宗实录》二十卷，苏景允等撰，路隋监修	《唐穆宗实录》二十卷，路隋等撰	《唐穆宗实录》二十卷。右唐路随等撰。起即位，尽长庆四年	《唐穆宗实录》二十卷。亦路隋监修，史官则苏景裔、王彦威、杨汉公、苏涤、裴休也
敬宗		《敬宗实录》十卷，陈商、郑亚撰，李让夷监修	《敬宗实录》十卷，陈商、郑亚撰，李让夷监修	《唐敬宗实录》十卷，李让夷等撰	《唐敬宗实录》十卷。右唐李让夷等撰。起长庆四年甲申即位，止宝历二年丁未，凡三年	《唐敬宗实录》十卷。监修李让夷，史官陈商、郑亚
文宗		《文宗实录》四十卷，卢耽、蒋偕、王沨、卢告、牛丛撰，魏謩监修	《文宗实录》四十卷。原释：起宝历二年，尽开成五年，凡十四年（钱绎按：《玉海》云："《文宗实录》四十卷，蒋偕、王沨、卢告、牛丛撰，魏謩监修。《崇文目》同）	《唐文宗实录》四十卷，魏謩修撰	《唐文宗实录》四十卷。右唐魏謩等撰。起即位，尽开成五年，凡十四年	《唐文宗实录》四十卷。监修魏謩，史官卢耽、蒋偕、王沨、卢告、牛丛也

续上表

帝号	《旧唐书·经籍志》	《新唐书·艺文志》	《崇文总目》	《宋史·艺文志》	《郡斋读书志》（衢本）	《直斋书录解题》
武宗		《武宗实录》三十卷，韦保衡监修	《武宗实录》一卷，韦保衡监修	《唐武宗实录》二十卷，宋敏求撰	《唐武宗实录》一卷。右唐韦保衡等撰。武宗以后实录皆亡，今存止会昌元年正月、二月	《唐武宗实录》三十卷。监修韦保衡①
宣宗				《唐宣宗实录》三十卷，宋敏求撰	《宣宗实录》三十卷。宋敏求补	《宣宗实录》三十卷。宋敏求撰
懿宗				《唐懿宗实录》二十五卷，宋敏求撰	《懿宗实录》三十卷。宋敏求补	《懿宗实录》二十五卷。[陈振孙案：(《新志》)《懿录》三十五卷，止有二十五卷，而始终皆备，非阙也。]宋敏求撰
僖宗				《唐僖宗实录》三十卷，宋敏求撰	《僖宗实录》三十卷。宋敏求补	《僖宗实录》三十卷。宋敏求撰

---

① "监修"句下，四库馆臣案："原本脱此句，今据《唐书·艺文志》校补。"实误。韦保衡修三十卷本早亡，宋人所见仅宋敏求补撰本，《直斋书录解题》原本当未录此书。参岑仲勉《唐史余渖》卷三《武宗实录》，中华书局 2004 年新 1 版，页 183－185。

续上表

帝号	《旧唐书·经籍志》	《新唐书·艺文志》	《崇文总目》	《宋史·艺文志》	《郡斋读书志》（衢本）	《直斋书录解题》
昭宗				《唐昭宗实录》三十卷，宋敏求撰	《昭宗实录》三十卷。宋敏求补	《昭宗实录》三十卷。宋敏求撰
哀帝				《唐哀帝实录》八卷，宋敏求撰	《哀帝实录》八卷。宋敏求补	《哀帝实录》八卷。宋敏求撰

从表2中可以发现，除了宋敏求补撰的六种因为是宋人著述不收录，《新志》登载的唐实录最完整，其余五部书目有的，它几乎无一遗漏。唯独《旧志》著录的武则天撰《述圣记》一卷不在此列，《新志》将它归入了"故事类"，书名作"《述圣纪》"。此书仅见于两《唐志》，是武则天为高宗撰写的碑文[①]，本为碑志之体，与实录不侔，故《新志》移向"故事类"，并放在该类的唐人著作的首位，以示尊崇。

与其他宋代的书目相比，《新志》著录了好几部其他书目缺载的实录，这与唐国史一样，也当是《新志》从唐人文献采录得来，并不表示当时有其传本，而其中颇有疏于考证，著录失当的地方。

（1）《今上实录》二十卷。该录是贞观十七年（643年）七月与《高祖实录》一同修成进上的，各二十卷，纪事止于贞观十四年（640年）。至高宗永徽元年（650年）闰五月，长孙无忌奏上贞观十五年（641年）至二十三年（649年）五月的实录，两部实录合而为一，《玉海》引《唐会要》云："通前共四十卷。"（今本《唐会要》无此语）先修本玄宗朝秘阁仍有收藏，流行的则应是四十卷完整的《太宗实录》。

（2）许敬宗《皇帝实录》三十卷。多数研究者认为即是高宗显庆四年（659年）二月所上的贞观二十三年以后至显庆三年（658年）那一部，《唐会要》和《册府元龟》都作"二十卷"。关于这部实录的参修人

[①] 原碑今仍立于陕西乾陵之前，文字大多泐失，《全唐文》卷九七、陆心源《唐文续拾》卷一、《乾县文物志》第四卷（该志编委会出版，1983年12月）录有残文。

员,《册府元龟》卷五五四《国史部·选任》和卷五五六《国史部·采撰二》的相关条目都没有令狐德棻,而同在卷五五四的《国史部·恩奖》却记载了书成奏上之后"国子祭酒令狐德棻进封彭阳县公"①,《旧唐书》本传亦载:"寻又撰《高宗实录》三十卷,进爵为公。"② 可见令狐德棻是参加了该录的修撰的。许敬宗与令狐德棻,是二十卷本的监修和主笔,因此功成受奖时才会位居前列。《崇文总目》《新志》《郡斋读书志》及《直斋书录解题》称《高宗后修实录》由令狐德棻首撰,盖本于此。那么两《唐志》著录的许敬宗撰三十卷的卷数是不是错了呢?我们先考察刘知几、吴兢续成的《后修实录》。此事两《唐书》二人的本传皆缺载,其书撰于何时,诸史亦无明文,从《旧志》不著录来看,我们虽然很难假设它晚于《古今书录》修成的天宝年间,但不免疑心它至少晚于《群书四部录》成书的开元九年(721年),而毋宁也许漏载了。这个假定有些纡曲,漏洞不少。另一种更直接一点的推测是,《旧志》的三十卷本《高宗实录》就是所谓的《后修实录》,只不过它的作者只署了最初监修的许敬宗,这同其他书目只把主笔的令狐德棻记作《后修实录》的草创者道理一样。《新志》说令狐德棻撰本"止于乾封",似乎在显庆三年之外他又续有修造,然而前人已指出其失误:龙朔二年(662年)致仕的令狐德棻,不可能继续修书至乾封。臆其由来,恐怕是根据令狐德棻卒于乾封元年(666年)得出的,就是说,他没有在二十卷本之后再行添续,《旧唐书》本传所记的卷数,当从《唐会要》等作"二十卷"。敬宗与德棻所修既是同一书,那么刘知几、吴兢依此续成的三十卷本自然可以挂许敬宗的名头了。《新志》的编者大概见《崇文总目》有署令狐德棻的《后修实录》,而《旧志》又有署许敬宗的《高宗实录》,便误以为是两种著作,于是兼收并蓄,造成了千古悬案。《后修实录》的纪事止于高宗崩,比原来的二十卷本多记了二十五年,篇幅却只增加了十卷,可见刘、吴二人的书法相当简练。续修本是完本,涵盖并替代了前面的各家高宗实录,因此,也许不必等到北宋,社会上流传的就只剩下《后修实录》了。

(3) 韦述《高宗实录》三十卷。此书见于《旧唐书·韦述传》,有

---

① 《唐会要》卷六三《修国史》"显庆元年"条正文与注文的差互略同此,而注文舛误较多,故用《册府元龟》。

② 《旧唐书》卷七三,页2599。

人怀疑是韦述的私撰①，根据唐代国史的撰修制度，这是不可能的。我猜测大概是韦述也参与了《后修实录》的编写，或者说《韦述传》的作者认为他参加了编写，而各书目未予记载吧。若然则《新志》为此书别立条目，与上述许敬宗《皇帝实录》一样，似乎欠妥。

（4）武后《高宗实录》一百卷。此书的修撰情况不详，武后只是挂名而已。《新志》小学类"武后《字海》一百卷"下的编者注谓："凡武后所著书，皆元万顷、范履冰、苗神客、周思茂、胡楚宾、卫业等撰。"②这几个人除卫业生平不详，其余皆是所谓"北门学士"的成员，高宗乾封之后特受荣宠，其中范、苗、周、胡四人当时分任左右史，即起居郎、起居舍人，范履冰又在永昌元年（689年）十月曾以宰相兼修国史③，看来这部百卷本的《高宗实录》很可能是由他们捉刀的。

（5）宗秦客《圣母神皇实录》十八卷。此书修撰情况也是文献无征。考武则天垂拱四年（688年）五月加尊号"圣母神皇"，天授元年（690年）九月革唐命之后，加尊号曰"圣神皇帝"，是书所记当为高宗去世之后武则天以太后临朝称制的七年间，即嗣圣至载初的事迹，而统以最后的尊号名之。宗秦客在革命的次月，十月甲子就坐赃被贬④，所以此书的修撰时限不会超过十月。

以上二书，刘知几、吴兢撰《后修实录》时或有所取资，流传的命运大致无异于许敬宗所修本。

（6）张说《今上实录》二十卷。《新志》注称："说与唐颖撰次玄宗开元初事。"⑤ 考《新志》杂史类著录"唐颖《稽典》一百三十卷"，注曰："开元中，颖罢临汾尉，上之。张说奏留史馆修史，兼集贤待制。"⑥按张说于开元十五年（727年）二月罢知政事，在家修史，六月以后敕命

---

① 杨翼骧、叶振华：《唐末以前官修史书要录》（续），载《史学史研究》1992年第1期。
② 《新唐书》卷五七《艺文志一》，页1450。"卫业"，《旧唐书·则天皇后纪》作"卫敬业"，《新志》当是宋人避太祖之祖父赵敬讳缺。
③ 据《旧唐书·则天皇后纪》及《文苑中·元万顷传》附本传。
④ 据《资治通鉴》则天后天授元年。
⑤ 《新唐书》卷五八，页1471。
⑥ 《新唐书》卷五八，页1467。

入史馆撰录国史①，十六年拜尚书右丞相、知集贤院事②，唐颖大约即在此时进入史馆。《玉海》卷四八"唐玄宗实录"条引韦述《集贤注记》记载："唐颖（引按，当作"颍"）进所撰《稽典》一百卷。燕公奏留史馆修史，撰《今上实录》十三卷。"③若然则二十卷中只有七卷为张说所撰。《集贤注记》又曰："韦述知史馆，敕令述写燕公所撰《今上实录》二十卷，藏集贤史库。"据两《唐书》本传，韦述知史官事在开元十八年（730年），同年十二月（已入731年）张说卒。韦述奉命抄写的《今上实录》当即张说晚年编修的国史，其中杂有唐颖所修者十三卷。《新志》此条的著录大概本自《集贤注记》或韦述所撰的《集贤书目》④。其书藏于集贤院，恐难逃于安史之乱的兵火。

（7）《开元实录》四十七卷，安史之乱时毁于长安史馆，已见前节。

（8）韦保衡《武宗实录》三十卷，《五代会要》卷十八《前代史》载后晋起居郎贾纬奏云："武宗至济阴废帝凡六代，唯有武宗录一卷。"⑤《新志》著录为足本，当然不反映现实的藏书⑥。这残存的一卷，《郡斋读书志》仍见录存，大概已近乎海内孤本了。所载内容是会昌元年（841年）正月、二月的史事⑦。尤袤的《遂初堂书目》实录类载有"唐十五帝实录"，当只存武宗之前的实录；陈振孙也未能访得此录。可见韦修武录的残本大约南宋后期就湮灭了。

如今我们能见到的完整的唐实录，只剩下韩愈撰写的《顺宗实录》五卷了。其余几部亡于何时，今已无法一一稽考。明代中叶的藏书家陈第在其《世善堂藏书目录》卷上著录有"唐历朝实录抄十本"⑧，在"实录

---

① 参《旧唐书》卷八《玄宗纪上》、卷九七《张说传》及《唐会要》卷六三《在外修史》。《唐会要》"二十五年"为"十五年"之讹。

② 《职官分纪》卷十五引《集贤注记》。《旧唐书·玄宗纪上》及本传记此事在开元十七年（729年）二月，为"左丞相"。按，是年直至八月尚书左丞相为源乾曜，当以《集贤注记》所记官职为是。

③ 《玉海》（合璧本），页951。

④ 说参武秀成师《〈新唐书·艺文志〉"著录"探源》，见《周勋初先生八十寿辰纪念文集》，中华书局2008年版，页259-276。

⑤ 《五代会要》，页298。

⑥ 参岑仲勉《唐史余渖》卷三《武宗实录》，页183-185。

⑦ 孙猛：《郡斋读书志校证》卷六，页223。

⑧ 冯惠民、李万健等选编：《明代书目题跋丛刊》，书目文献出版社1994年版，页827。

类"的末尾又说:"右实录。内多奇闻异事,正史所未载者,亦有与正史相矛盾者,不可不知。约而抄之,共四十五本。"① 从他简短的综述里,只能得知其所谓"抄"包含节录和抄本两重意思,至于那作为母本的"唐历朝实录"是怎样的面貌,是足本还是残本,其中有哪几部是我们关注的唐实录,一概不得而知。同在"实录类"的有温大雅《唐创业起居注》抄二本,此书只有三卷,而抄成两本,可见那十本"唐历朝实录抄"的容量必然十分有限。其来源,或是书贾从《资治通鉴考异》等书汇录之后辗转流入陈第手中,或是由他自抄而成。明代的其他书目里,唐实录都已经销声匿迹。恐怕除了附骥在《韩昌黎集·外集》的《顺宗实录》,明人也无缘亲见唐实录的真容了。唐实录的散亡,一方面固然归咎于宋元之际的动荡;另一方面,《新唐书》仰仗欧阳修的声威,渐次赢得了在唐史的尊尚地位,连《旧唐书》在元、明及清初也一度被挤出正史之列,数量更大而知名度更低的唐实录,就更容易被忽略、被埋没了。

余　　论

通过上述考察可知,唐国史消亡的原因不外二端:一是被后修的作品合并或取代,一是毁于灾祸。《新唐书·艺文志》细大不捐地网罗了几乎全部唐国史著作,为我们认识唐国史提供了一份比较完备的清单。可是《新志》的作者务存一代著述,难免贪多务得之弊;又限于体例,没有考察各本唐国史之间的递嬗,更没有像《隋书·经籍志》那样标明著作的存佚。这样在造成自身著录的一些失误的同时,也给后人认识唐国史的存没和流传留下了疑难。

今人对于《新志》失收唐人著作的问题已多有关注,而以上的抽样调查则说明,《新志》已收著作本身也存在着一些问题。最大的问题或许是,它使得原本是历时性存在的文本变成了共时性的存在,削弱了它考证文献流传的作用。我们认为:《新志》有一部分"不著录"图书,是根据唐代文献的记载著录的,北宋时未必存世;它的著录原则是记一代之著述,未必反映北宋时期书籍流通的实况;它所记载的一些唐代文献,仅存

---

① 《明代书目题跋丛刊》,页828。

在于作者的写作计划，最终并未完成，从无其本存世①。这个认识对于正确地利用《新志》考镜唐代文献的源流是十分重要的。

---

① 姚名达概而言之，说"《新唐志》所收者，必非尽为宋室所藏"，结论甚确，但未作细论，见氏撰《中国目录学史》，上海古籍出版社2005年版，页158。张固也《论〈新唐书·艺文志〉的史料来源》（载《吉林大学社会科学学报》1998年第2期）考查了《新志》众多条目之后，认为它除依据唐宋书目外，也采摭了史传杂著材料，做法同于清人补文艺文志。马楠《〈新唐书·艺文志〉增补修订〈旧唐书·经籍志〉的三种文献来源》（载《中国典籍与文化》2018年第1期）总结《新志》实际由四部分组成：①《隋志》，即贞观见存书；②《旧唐志》，即开元见存书；③《崇文总目》等，即以馆阁藏书为主的北宋见存唐人书；④史传文献所载唐时所当有书。这些论述都证明《新志》不能作为北宋实存图书的证据。而将"预期成果"著录为实存图书的情况，学界似未注意分辨。

第五章　唐人的偏记小说概念

"偏记小说"是唐代史学家刘知几创造的一个概念。他在《史通·杂述》篇说：

> 在昔三坟、五典，《春秋》《梼杌》，即上代帝王之书，中古诸侯之记。行诸历代，以为格言。其余外传，则神农尝药，厥有《本草》；夏禹敷土，实著《山经》；《世本》辨姓，著自周室；《家语》载言，传诸孔氏。是知偏记小说，自成一家，而能与正史参行。其所由来尚矣。①

《史通·古今正史》篇叙述完历代正史的修撰得失之后，在篇末总结道：

> 大抵自古史臣撰录，其梗概如此。……自余偏记小说，则不暇具而论之。②

可见，刘知几提出这个概念的时候，是以正史为参照标准的。所有不入正史的史传，一律划为外传，偏记小说是它们正式的大类名称③。而要了解偏记小说的概念，须先弄清刘知几如何界义正史。

修成于刘知几去世后不久的《唐六典》，给正史下的定义是"以纪纪

---

① 《史通通释》，页273。
② 《史通通释》，页376。
③ 刘知几又有"偏记杂说"之说。《史通·核才》篇云："然向之数子所撰者，盖不过偏记杂说、小卷短书而已。"此语盖改造《汉志》"街谈巷语、道听途说"、桓谭《新论》"丛残小语""短书"等贬斥小说家的习语而来，意在批驳"龆龀文章而兼修史传"的罗含、谢灵运诸家，并不作为特定概念使用。语见《史通通释》，页250。

传表志"①。这是唐初以来逐渐确定的目录学标准,专指纪传体史书。刘知几自己没有对正史概念作过专门解释,我们只能通过《史通》全书的表述推测它的定义。

从《史通·古今正史》讨论的具体史著来看,既有《史记》《汉书》这样的纪传体典范,又有编年体的起居注及实录,还有被《隋志》和两《唐志》别出另立"霸史""伪史"的十六国史书,甚至包括历来归属经部的《尚书》和《春秋》。显然,刘知几不是基于正统的目录学立场来定义正史,体裁也并非他判断正史的必要条件。研究者认为,他所遵循的是史料学原则。那么,他执行的具体标准是什么呢?

《史通》开宗明义道:"自古帝王编述文集,外篇言之备矣。"所谓"外篇",程千帆先生认为兼指其《史官建置》和《古今正史》两篇②。其《杂述》篇明确强调正史所载"即上代帝王之书,中古诸侯之记",由此可见,刘知几的正史概念的着眼点在于史书记载的内容,凡以帝王事迹为叙述中心的史书皆可视为正史。在帝制时代,王朝与国家密迩无别,这样的划分自然有它的合理性。这个标准不妨叫作本文认定原则。但是《古今正史》篇的末尾又说:"大抵自古史臣撰录,其梗概如此。"似乎正史还有一个著作人资格认定的标准,即只有官修史才可算作正史,私修不在其列。事实上这只是刘知几以偏概全的一种表达,并不表示划分的原则。《史官建置》篇专门讨论历代史官的设置和职责变迁,篇末声称:"大抵自古史官,其沿革废置如此。夫仲尼修《春秋》,公羊高作传。汉、魏之陆贾、鱼豢,晋、宋之张璠、范晔,虽身非史职,而私撰国书。若斯人者,有异于是。故不复详而录之。"③所举的这些人,都不是史官,然而在《古今正史》篇中,对《春秋》《公羊》以及陆贾的《楚汉春秋》、鱼豢的《魏略》、张璠的《后汉纪》、范晔的《后汉书》全都作了评述。可见官私之别并不影响正史的判定。不难看出,刘知几所秉持的正史概念,跟唐人使用的广义的国史概念,并没有多少区别。他实际上执行的划分标准,正是唐人集体认知的明晰化和系统化。刘知几从史料学的角度将历代史书一分为二的做法,反映了唐人对历史著作的普遍观念。

---

① 《唐六典》卷十《秘书省》"秘书郎",页299。
② 程千帆:《史通笺记》,中华书局1980年版,页3—4。
③ 《史通通释》,页325。

明白了刘知几的正史概念，就不难理解偏记小说为何物了。这些正史以外的偏记小说，刘知几将其归并为十类，他说：

> 爰及近古，斯道渐烦。史氏流别，殊途并骛。榷而为论，其流有十焉：一曰偏纪（原注：一作记，后同），二曰小录，三曰逸事，四曰琐言，五曰郡书，六曰家史，七曰别传，八曰杂记，九曰地理书，十曰都邑簿。①

这段流别判析，熟悉中国目录学史的人很容易联想起《汉书·艺文志》。班固继承刘歆的《七略》，"辨章学术，考镜源流"，把先秦至汉代的文献整合为六略，加以著录。其"六艺略"登载所谓出于"王官之学"的正统学术流派：《易》《书》《诗》《礼》《乐》《春秋》，以及《论语》、《孝经》、小学三家的著作。"诸子略"记录"王道既微，诸侯力政"之际诸子百家的学术著作，分成儒、道、阴阳、法、名、墨、纵横、杂、农、小说十家。班固说它们"亦六经之支与流裔"②，认为十家都是从正统学术派生、演化的。刘知几将古今正史树为史学的正宗，偏记小说虽与之源头相接，却是旁枝异脉，自成统绪，而且恰好也是十类。显然，刘知几对史学"辨其指归，殚其体统"③的时候，借鉴了《汉志》的模型。当然偏记小说的细目命名和分类另有渊源，与诸子略没有关系。《汉志》的小序简介各家特点时，都是先述此家原出某官，然后用简洁的判断语分论其长短。比如序法家：

> 法家者流，盖出于理官，信赏必罚，以辅礼制。《易》曰"先王以明罚饬法"，此其所长也。及刻者为之，则无教化，去仁爱，专任刑法而欲以致治，至于残害至亲，伤恩薄厚。④

刘知几评述各类偏记小说的语式明显模仿了《汉志》，比如论

---

① 《史通·杂述》，《史通通释》，页273。
② 《汉书》卷三十，页1746。
③ 《史通·自叙》，《史通通释》，页291。
④ 《汉书》卷三十，页1736。

"杂记":

> 阴阳为炭,造化为工,流形赋象,于何不育。求其怪物,有广异闻……若论神仙之道,则服食炼气,可以益寿延年;语魑魅之途,则福善祸淫,可以惩恶劝善,斯则可矣。及谬者为之,则苟谈怪异,务述妖邪,求诸弘益,其义无取。①

也许因为难以探察渊源,才把原出某官改成创作动机;因为不是目录专书,所以把全面著录文献改为择要举证。可见刘知几虽然深讥《汉志》虚妄,说"夫古之所制,我有何力?而班《汉》定其流别,编为《艺文志》"②,甚至建议今后修史志者应当删除《艺文志》,但是他的思维模式和行文方式却透露出《汉志》的深刻影响。

第一节　偏记的性质及其流变

如果说"诸子略"的九流十家中,小说家是异类的话,偏记小说里的偏记就跟其他九类不同。

刘知几给偏记的解释是:"夫皇王受命,有始有卒,作者著述,详略难均。有权记当时,不终一代。"③ 意思是这类史著也专记帝王事迹,但不是以国家享祚或皇帝在位的全部时间为起讫,而是只载录其中一段而已。以纪事时段作标志,似乎界划分明,可是执行起来,刘知几自己也不免顾此失彼。且看他举的两个例子:陆贾的《楚汉春秋》及王韶的《晋隆安纪》④。陆书的内容为"记项氏与汉高祖初起及说惠文间事"⑤,只记秦汉之际和汉初史事,确属"不终一代";但是《史通》之《古今正史》篇又有提及。王书记载东晋安帝事迹,止于义熙九年(413年)。按义熙一共十四年,《晋隆安纪》显然符合偏记"不终一代"的标准。但是温大

---

① 《史通通释》,页274、276。
② 《史通·书志》,《史通通释》,页61。
③ 《史通通释》,页273。
④ 《晋隆安纪》各本原作《晋安陆纪》,程千帆先生《史通笺记》引章宗源《隋书经籍志考证》谓当作此名,今据改。见《史通笺记》,页169-170。
⑤ 裴骃《史记集解序》之司马贞《索隐》。《史记》附录,页2。

雅的《大唐创业起居注》记载的是唐高祖李渊自晋阳起兵到登基称帝的事迹，同样"权记当时，不终一代"，却列入《古今正史》篇。类似的还有常璩《华阳国志》，《杂述》篇归为"地理书"，《古今正史》篇则当作成汉的国史叙述。按照《史通》诸篇成稿互有先后的情况，这大概是刘知几的观点变化之后，疏于照应的结果。许冠三曾经推测，《杂述》的写作晚于《古今正史》[①]，也就是说，《杂述》的分类更成熟，可以视为最终结论。这个假说能否成立还有待验证，分歧和矛盾本身则告诉我们，正史和偏记之间并不存在一条鸿沟。

偏记和正史的亲缘，有些类似儒家和六艺的关系。儒家"游文于六经之中，留意于仁义之际，祖述尧舜，宪章文武，宗师仲尼"，在九流中"于道最为高"[②]；偏记则是"简装版"的正史，跟其余九类"外传"的内容、性质不太一样。刘知几认为，在十类"外传"之中，偏记和小录"皆记即日当时之事，求诸国史，最为实录"，史料价值最高；但是，可惜都"言多鄙朴，事罕圆备，终不能成其不刊，永播来叶，徒为后生作者削稿之资焉"[③]，所以只能排出正史之外。偏记和小录相提并论，只是就史料价值而言，两者的内容并不相同。小录所载，是当代名士显人的事迹，很容易跟以帝王和王朝为中心的正史区别开来。刘知几将偏记一会儿夹进正史里叙述，一会儿冠在小说前面论说，这种模棱两可的处理方法，也许表明他观念里狭义的"小说"范畴，只总括"小录"以下九种。"偏记"既作类目名，又是构成总名的成分之一，刘知几这种费心安排的命名方式，或许暗示着偏记和小说在他的史学谱系中的细微差别；但他最终还是让血统高贵的偏记跟出身低微的小说通谱联姻，而脱离了正史。由此可以看出，自《汉书·艺文志》为"小说家"立目，经过六朝的发荣滋长，小说已由附庸而蔚为大观，由稗野而入室升堂，就连原本毗接正史的部分著作，也被拉进了小说的行列。

我们知道，偏记小说的分类方式，援藉了《隋志》的分类成果。"偏记"的形式近似编年，而性质与"杂史"最贴切。因此，刘知几举为偏记的《楚汉春秋》和《山阳公载记》，《隋志》都归入杂史类；另外两部

[①] 许冠三：《刘知几的实录史学》，香港中文大学出版社1983年版，页214–215。
[②] 《汉书》卷三十，页1728。
[③] 《史通通释》，页275。

著作，《晋隆安纪》和《梁后略》，则被归入古史类，即后来的编年类。可以说，编年类所代表的正史，是偏记的来路和实录典范；杂史类则是沟通偏记与小说的去途。后代的史家和目录家绝少沿用偏记的概念，偏记的后身则朝着这两个方向演变。我们要用它来指称唐代史著，自应从中推寻。

在编年体方向，随着国史修撰制度的改变，国史修撰尽归史馆，又有起居郎、起居舍人专记君王言动，记注、修撰的制度臻于完善。私人丧失了记注的权力，史官连续修撰的起居注、实录取代了偏记中接近正史的那部分，成为更加周备系统的"后生作者削稿之资"。起居注在《隋志》自成一类，实录仍混于杂史。《旧唐志》之后，实录或附于起居注，或附于编年，或单独成类，和有小说嫌疑的杂史划清了界限。唐修实录有不少是"不终一代"的，比如《太宗实录》，前后两次修撰，第一次起贞观元年（627 年）至十四年（640 年），第二次起贞观十五年（641 年）至二十三年（649 年），按理都符合偏记的条件，但是国史乃国之大典，当然不能将它跟小说相提并论。因此在这一路向，偏记似乎只能被限定为一个历史概念，脱离与唐代著作的比附。然而假若以通变的眼光搜索，唐人私撰的编年体史书，有不少是可以看作偏记的。《新唐志》编年类著录的几部唐代史书，比如吴兢、韦述各自计划编撰的《唐春秋》，均属草于景龙、开元年间[①]，符合偏记"不终一代"的标准；柳芳的《唐历》、陆长源的《唐春秋》、陈岳的《唐统纪》也是如此。之所以略存疑义，是因为以上作品均为勒成修定的"后来之笔"，不符合偏记的另一个标准："记即日当时之事"。窃以为，编年体史书不能满足这个条件，是史权一统的结果。用发展的观点看待，上述诸书应是偏记在唐代最合适的延伸和代表。

后代记录当代帝王事迹的私史，多半以杂史的面貌出现。《隋志》对杂史的界义是："大抵皆帝王之事"，且都"体制不经"，"盖率尔而作，非史策之正"[②]。记载帝王之事，是偏记和大部分杂史的共同点，它们的区别在于，后者还注重与正史体式的差异，即如《唐六典·秘书省》所谓"以记异体杂记"[③]；前者则重视纪事完整与否，只包括最接近于实录

[①] 分见《唐会要》卷六三《在外修史》、《旧唐书·韦述传》。
[②] 《隋书》，页 962。
[③] 《唐六典》，页 299。

原则的那部分杂史。查考《新唐书·艺文志》，杂史类著录的唐代作品中，温大雅《今上王业记》、裴廷裕的《东观奏记》，最为符合偏记的标准。

"偏记"之"偏"、"杂史"之"杂"，都含有驳杂不纯、体统不正的意思，故其立名之始便隐含轻视之意。《隋志》说杂史类中"又有委巷之说，迂怪妄诞，真虚莫测"①，已经留意到杂史的部分著作含有小说成分；在刘知几之后不久，"偏记"一词的应用，也远于正史而近于小说了。杜佑《通典》卷一七一《州郡序》曰："凡言地理者多矣……如诞而不经，偏记杂说，何暇编举。"② 自注中更列举了辛氏《三秦记》、常璩《华阳国志》、罗含《湘中记》、盛弘之《荆州记》等著作，批评它们"皆自述乡国灵怪，人贤物盛。参以他书，则多纰谬"。这四种书，刘知几归在"地理书"一类。显然杜佑参考了《杂述》篇的意见，却像《核才》篇一样把偏记和杂说连称，意在批评其记载之不经。明代胡应麟《经籍会通》谓有"偏记小史"一类书，举的例子是一向归于杂史的《越绝书》和归于小说的《世说新语》③，与《隋志》对杂史的看法若合符节。与胡应麟约略同时的焦竑，径把偏记等同于小说私记，其《国史经籍志》论述杂史源流云："盖出纪传、编年之外，而野史者流也……岩处奇士，偏部短记，随时有作，冀以信己志而矫史官之失者多矣……但其体制不醇，根据疏浅，甚有收摭鄙细，而通于小说者。"④ "偏部短记"应该是偏记的衍生说法，而否定的意味更重⑤。

值得注意的是《四库全书总目》对杂史的重新界定，标准较前代大为严格，认为此一类目"既系史名，事殊小说，著书有体，焉可无分"，出于维护史著应实录传信的立场，要清理掉偏向小说的"杂"质。而它别择著作的原则，很明显脱胎于刘知几给偏记下的定义。其小序云："今仍用旧文，立此一类，凡所著录，则务示别裁。大抵取其事系堂庙，语关

---

① 《隋书》，页962。
② 《通典》，页4451。
③ 胡应麟：《少室山房笔丛》卷三《经籍会通三》，中华书局上海编辑所1958年版，页40。
④ 焦竑：《国史经籍志》卷三，《明代书目题跋丛刊》，页263。
⑤ 北宋的宋庠是极少数原样使用刘知几概念的例子。他在奏议重修《唐书》时谈到前代史料，说："每缘是正文字，见秘府所藏唐家纪传、诏令及偏记、小说之类，名种尚多。"语见《全宋文》卷四二九《乞修定唐书五代史札子》，第20册，页407。

军国，或但具一事之始末，非一代之全编；或但述一时之见闻，只一家之私记。要期遗文旧事，足以存掌故，资考证，备读史者之参稽云尔。"而传统杂史类著作中迹近小说的那些，如《拾遗记》《汲冢琐语》等，则因为"语神怪，供诙啁，里巷琐言，稗官所述"，而"别有杂家、小说家存焉"①。在小说家类杂事之属，则说："记录杂事之书，小说与杂史最易相淆，诸家著录亦往往牵混。今以述朝政军国者入杂史，其参以里巷闲谈、词章细故者，则均隶此门。"② 将小说与杂史分流，着眼于可信程度的高下，这似乎又回到了刘知几的史料学立场。或许可以说，偏记在杂史的名义下转世投胎，终于在目录学体系中获得了自己的位置。

第二节 小说与史传的分合

小说成为学术的一家，始于《汉书·艺文志》，附在"诸子略"的末尾。班固说道：

> 小说家者流，盖出于稗官。街谈巷语、道听途说者之所造也。孔子曰："虽小道，必有可观者焉，致远恐泥。是以君子弗为也。"然亦弗灭也。闾里小知者之所及，亦使缀而不忘。如或有一言可采，此亦刍荛狂夫之议也。③

小说家虽然叨陪诸子的末座，却既没有宗师，又没有宗旨，严格算来，是不入流的一家。故班固又说："诸子十家，其可观者九家而已。"那么，小说家既是可有可无的流别，为何不附入其他"略"中，而偏偏归到"诸子略"中去呢？

战国时代，诸子以自己经邦济世的道术干谒王侯，逐渐形成了各具宗旨的学派。汉武帝时，"罢黜百家，独尊儒术"，儒家确立了在意识形态领域的主导地位，曾经相互争鸣鼓噪的诸子百家，则退居次席。反映在《汉志》，就是以记录儒家经典的"六艺略"居首，"诸子略"次之。诸

---

① 《四库全书总目》卷五一，页460。
② 《四库全书总目》卷一四一，页1204。
③ 《汉书》，页1745。

子的学术各有千秋，但多以议论见长。所以，依照现在的学术行业来划分，多把他们归为哲学家，或通称作思想家。"小说"一词，语出《庄子·外物》："饰小说以干县令，其于大达亦远矣。"① 本是指浅薄琐碎的言论。班固用来命名一批了无统绪的著作，看中的正是它们的议论，所谓"一言可采，此亦刍荛狂夫之议"是也。这跟现代文学理论所理解的以叙事为主的小说观念显然有很大的差距。

小说家一共收录著作十五种，现已全部亡佚。它们的内容，鲁迅据班固、颜师古等人的注释，认为先秦的九种，"其中依托古人者七，记古事者二"②。余下六部亦大致如此，因而谓诸书"托人者似子而浅薄，记事者近史而悠缪"③。也就是说，小说家不独具有子部的特质，还包蕴了史部的根芽。史部的目录学起点是《汉志》"六艺略"的春秋家，一部分记事之书被剔入小说家，固然是因为其内容荒诞无稽，不足以附骥经典④；而一概名曰小说，则显见其叙事能力尚不如那些短浅的识见引人注目。比班固稍早，与刘向、刘歆父子有所过从的桓谭也说："若其小说家，合丛残小语，近取譬论，以作短书，治身理家，有可观之辞。"⑤ 跟《汉志》的看法相当。桓谭也许与刘歆交换过意见，才如此声气相通。这足以证明当时学者对小说的共识。

明代胡应麟在其《少室山房笔丛》卷二九《九流绪论下》将小说分为六类：

> 一曰志怪，《搜神》《述异》《宣室》《酉阳》之类是也；一曰传奇，《飞燕》《太真》《崔莺》《霍玉》之类是也；一曰杂录，《世说》《语林》《琐言》《因话》之类是也；一曰丛谈，《容斋》《梦溪》《东谷》《道山》之类是也；一曰辨订，《鼠璞》《鸡肋》《资暇》《辨疑》之类是也；一曰箴规，《家训》《世范》《劝善》《省心》之

---

① 郭庆藩：《庄子集释》，中华书局1961年版，页925。
② 《中国小说史略》第三篇《汉书艺文志所载小说》，《鲁迅全集》本，人民文学出版社2005年版，页29。
③ 《中国小说史略》第一篇《史家对于小说之著录及论述》，《鲁迅全集》本，页8。
④ 参周勋初师《唐人笔记小说考索》，江苏古籍出版社1996年版，页2-5。
⑤ 《文选》卷三一江淹杂体诗《李都尉从军》李善注引《新论》，中华书局1977年版，页444。

类是也。①

这个分类遵守的显然是传统的小说原则,但又因应唐代以来发展的小说观念作了调整:把以虚构为主的志怪、传奇放在前列,以论说为主的辨订、箴规置于末尾;而当时已然蔚为大观的白话小说,仍旧排除在外。可以说,胡应麟是基本依照班固的轮廓对古典意义上的小说进行归纳整合。有人觉得后三类非叙事文体,放进小说不伦不类②,那是因为使用了后起的文学或文体的标准,不知道小说的本义,并不在乎叙事与否。浦江清《论小说》评论小说古义的演变,很得要领:"现代人说唐人开始有真正的小说,其实是小说到了唐人传奇,在体裁和宗旨两方面,古意全失。所以我们与其说它们是小说的正宗,无宁说是别派,与其说是小说的本干,无宁说是独秀的旁枝吧。"③

可见,小说之得名与被正统学术接纳,是由于其议论的价值。侧重于议论的小说,后来发展出笔记、家训、诗话一类。至于在叙事一途的突飞猛进,则是受到史传的影响。《汉志》十五家小说,已经透露出依傍史传的苗头。如《周考》七十六篇,班固注:"考周事也。"《虞初周说》九百四十三篇,应劭曰:"其说以《周书》为本。"《青史子》五十七篇,班固注:"古史官记事也。"④ 余嘉锡发挥梁玉绳的考证,谓"青史"如同"南史",是周代的小史,最下级的史官,专掌礼法之小事,如胎教之制、用鸡牲之义等⑤。因为有了这样的基因,模仿史传就成了历代小说创作的灵感资源;也因为有了这样的先例,以后凡是体式不经、琐碎荒唐的史传、杂记,学者们就统统贬为稗官野史、小说家言。

西汉末年以后,文士开始在正史之外撰作形形色色的杂传,载记未能跻身正史的众生百态。《隋志》杂传类序说:"汉时,阮仓作《列仙图》,刘向典校经籍,始作《列仙》《列士》《列女》之传,皆因其志尚,率尔而作,不在正史。"⑥ 踵武刘向的作者辈出,很快衍生出乡贤、耆旧、家

---

① 《少室山房笔丛》,页 374。
② 说见石昌渝《中国小说源流论》,三联书店 1994 年版,页 5。
③ 浦江清:《浦江清文录》,人民文学出版社 1958 年版,页 186。
④ 以上《汉志》引文见《汉书》,页 1744 – 1745。
⑤ 余嘉锡:《小说出于稗官说》,载《余嘉锡论学杂著》,中华书局 1963 年版,页 273。
⑥ 《隋书》,页 982。

族、高士、仙鬼等各种门类。这些著作的写作态度未必严肃，记事状物未必准确，眼光各异，良莠不齐，所以极少用"史""书""志"之类的名称，绝大部分叫作"传"或"记"。在经学里，传以释经，记以补经之不足，都是翼经的著作①。且均以"以事传经"或曰"以史传经"见长，善于叙事②。用"传"或"记"来命名史书，始于司马迁，《史通·列传》篇云："夫纪传之兴，肇于《史》《汉》。盖纪者，编年也；传者，列事也。编年者，历帝王之岁月，犹《春秋》之经；列事者，录人臣之行状，犹《春秋》之传。《春秋》则传以解经，《史》《汉》则传以释纪。"③ 列传之于本纪，犹传记之于五经，在史学体式之中，功用、价值和地位皆稍逊一筹。至于唐代的传奇小说，也多名以"传""记"，则是攀附史籍，欲以史家的苗胤自居了。《隋志》认为杂传"推其本源，盖亦史官之末事也"，"末事"即是小事，与《汉志》小说家的《青史子》那种作品正是旗鼓相当。职是之故，《新唐书·艺文志》之后的书目把一部分杂传降入了小说家，而今人则把杂传认作古小说的一支。

梁天监十三、十四年（514、515 年），殷芸奉梁武帝之命编了一部书，书名叫《小说》，使用的却是写作正史的剩余材料。姚振宗《隋书经籍志考证》卷三二说此书："殆是梁武作《通史》时事，凡此不经之说为《通史》所不取者，皆令殷芸别集为《小说》。是此《小说》因《通史》而作，犹《通史》之外乘也。"④ 《通史》六百卷，是梁武帝命吴均等人

---

① 参《吕思勉读史札记》，页 684–691。

② 徐师曾《文体明辨序说》论传、记二体，引《金石例》曰："记者，纪事之文也。"又引字书云："传者，传（原注：平声）也，纪载事迹以传于后世也。"从文体方向强调两者的叙事特点，而溯源于《礼记·学记》诸篇，可知认为是自经学的影响而来。人民文学出版社 1962 年版，页 145、153。

③ 《史通通释》，页 46。

④ 姚振宗：《隋书经籍志考证》，《二十五史补编》本，页 5537。武丽霞、罗宁《〈殷芸小说〉考论》（载《华中科技大学学报》2004 年第 1 期）认为此书当撰于梁武帝天监十三年至十五年（514—516 年）间，而《通史》编纂稍晚，判断"殷芸收集编撰《小说》，与《通史》不在同时"，进而否定姚振宗的意见。然据《隋书·经籍志二》及《史通·古今正史》记载，吴均修《通史》时为奉朝请，《梁书》卷四九本传记载，其随建安王萧伟"迁江州，补国侍郎，兼府城局。还除奉朝请。……寻有敕召见，使撰《通史》"。考《梁书》卷二二《太祖五王·南平元襄王伟传》，萧伟于天监七年（508 年）出任江州刺史，吴均修撰《通史》应始于此年或其后不久，直至普通元年（520 年）去世前仍在编写这部篇幅浩繁的著作。那么其写作年限当与殷芸创作《小说》的时间重叠，而非"不在同时"。姚振宗的推测虽无直接证据，但也不能因此被证伪。

编撰的一部巨型纪传体史书，起上古，迄梁。按常例，取其余材拼合的作品自应归在史部，可是居然取名"小说"，说明其内容实在荒诞。我们来看一段例子：

> 孔子尝游于山，使子路取水。逢虎于水所，与共战，揽尾得之，内怀中。取水还，问孔子曰："上士杀虎如之何？"子曰："上士杀虎持虎头。"又问曰："中士杀虎如之何？"子曰："中士杀虎持虎耳。"又问："下士杀虎如之何？"子曰："下士杀虎捉虎尾。"子路出尾弃之。因恚孔子曰："夫子知水所有虎，使我取水，是欲死我。"乃怀石盘欲中孔子。又问："上士杀人如之何？"子曰："上士杀人使笔端。"又问曰："中士杀人如之何？"子曰："中士杀人用舌端。"又问："下士杀人如之何？"子曰："下士杀人怀石盘。"子路出而弃之，于是心服。（原注：出《冲波传》）①

故事显然是编造的。子路出名勇猛而鲁莽，可总不至于非圣无法，胆敢像孙悟空一样袭击师尊吧？《冲波传》，《隋志》不载，余嘉锡谓"略如应劭《风俗通》、张华《博物志》之体"，近似《四库全书总目》的杂家或者小说家一类，可能就是《隋志》序所谓"文义浅俗，无益教理者，并删去之"的作品之一②。如此悖谬的故事居然挤到了正史跟前，当时小说往史传渗透的情况可想而知了。

一些同样出于《小说》的故事，则被别的史家采入了正史。《史通·杂说中》云："刘敬升（引按，当作叔）《异苑》称晋武库失火，汉高祖斩蛇剑穿屋而飞。其言不经，故梁武帝令殷芸编诸《小说》。及萧方等撰《三十国史》，乃刊为正言。既而……唐征晋语，近凭方等之录。（原注：谓皇家撰《晋书》）"③丢失斩蛇剑的异事，始著于小说家笔下，最终载

---

① 殷芸编纂、周楞迦辑注：《殷芸小说》，上海古籍出版社1984年版，页47。
② 余嘉锡：《读已见书斋随笔》之"《冲波传》"条，载《余嘉锡论学杂著》，页656。
③ 《史通通释》，页480。

在《晋书·五行志》，成为正史明文①。对此类行为，《史通·采撰》篇列举众多的事例大加批驳，正史中的《后汉书》《晋书》《魏书》《宋书》等尚且不免此弊，其风气之盛可见一斑②。客观而言，这反映了六朝以至初唐的史家对小说材料一直怀有浓厚的兴趣，史传和小说仿佛结成了特殊而紧密的同盟，连最讲求实录的正史也未能免俗。这是受到弥漫一时的猎奇风尚的熏染，也跟文学叙事和史学叙事未曾分判有关。

《隋志》的小序，很多地方延续了《汉志》的思路。《汉志》"诸子略"每云某家出于某官，《隋志》也往《周官》追根溯源，但与《汉志》约略指陈职官不同，更加明确地认定各家在周代王官体系的具体归属。比如《汉志》说："墨家者流，盖出于清庙之守。"③清庙之守泛指掌管宗庙事宜的官员。《隋志》则确指为《周官》的"宗伯"和"肆师"④。小说家也一样，《汉志》谓："盖出于稗官。"⑤稗官仅指小官，不是官名，也不知道它的确切职能。《隋志》仍认为小说是"街谈巷语之说"，却指实属于《周官》"诵训"和"训方氏"的职能范围⑥。《周官》对这两种职官的解释不大好懂，根据郑玄的注解，地官中的"诵训"负责向王介绍四方的陈年往事、言语忌讳以及风俗民情⑦；夏官中的"训方氏"负责报告四方诸侯的情况、讲述传说故事、探访近来的新鲜物事，以便了解民

---

① 《异苑》卷二记此事曰："晋惠帝元康五年，武库火，烧汉高祖斩白蛇剑、孔子履、王莽头等三物，中书监张茂先惧难作，列兵陈卫。咸见此剑穿屋飞去，莫知所向。"（中华书局1996年版，页8）刘知几所谓"其言不经"，当指斩蛇剑"穿屋而飞"一事，而非置疑此剑之真伪，否则应将《异苑》提到的孔子履、王莽头一并非难。查《晋书》卷二七《五行上》，记曰："惠帝元康五年闰月庚寅，武库火。张华疑有乱，先命固守，然后救火。是以累代异宝，王莽头、孔子履、汉高祖断白蛇剑及二百万人器械，一时荡尽。"（中华书局1974年版，页805）并无"穿屋而飞"的情节。窃以为，烧毁"三宝"是事实，《晋书》去除了"其言不雅驯"的部分，可算谨守史官本位。刘氏之说恐因误读史文而致，但这并不妨碍他对中古史学取材特点的整体判断。
② 如谓："范晔增损东汉一代，自谓无愧良直，而王乔凫履，出于《风俗通》，左慈羊鸣，传于《抱朴子》。朱紫不别，秽莫大焉。"又曰："晋世杂书，谅非一族，若《语林》《世说》《幽明录》《搜神记》之徒，其所载或诙谐小辩，或神鬼怪物。其事非圣，扬雄所不观；其言乱神，宣尼所不语。皇朝新撰《晋史》，多采以为书。"《史通通释》，页116-117。
③ 《汉书》，页1738。
④ 《隋书》，页1005。
⑤ 《汉书》，页1745。
⑥ 《隋书》，页1012。
⑦ 《周礼注疏》卷十六，《十三经注疏》本，页747。

心动向，还要传达王命，教化庶民①。研究者或以为《隋志》太过落实，并不符合各家的实际起源。我认为，假使把《隋志》的解释视作诸子的起源的话，确实有许多地方经不起推敲，但是如果看成唐初一部分学者对各家各派的理解，《隋志》就是研究当时学术观念的上好样本。这两个官职，是《隋志》的撰者根据自己对小说的见解，从《周官》林林总总的官名中甄选出来的，它们的工作内容最贴合《隋志》撰者心目中小说的内容。地官约当唐代的户部，主管民政；夏官约当兵部，主管军事②。那么《隋志》理解的小说，就承载了历史民俗和舆论情报两重属性，前者指向历史叙事，后者指向新闻叙事。从郑注来看，这些内容的地方性、民间性、记事性十分突出，和史部的杂传类、旧事类、地理类的部分作品相当接近。这说明经过六朝的发展演化，人们对小说的看法比起《汉志》有了明显的改变，议论不再是小说受人关注的因素，故事特征则日益突显。到了开元年间毋煚编修《古今书录》时，干脆将讲艺术、器物的几部书通通划出小说家③。小说和史传的区别已经越来越细微，来自小说的记载堂而皇之地晋身正史，就不会让人感到惊奇了。

第三节　偏记小说的叙事特性

既然有长期积累的创作基础，又有官方学术作理论先导，刘知几用小说统称正史以外的所有史传，自然是顺理成章的事了。

周勋初师认为："从唐人的实际情况来看，应该说凡是正史之外的文字都属于小说。"④ 这是最为扩大的小说概念。而从偏记小说的情况看，严守史家立场的刘知几只关心叙事性强的那部分。子部的小说之所以被纳入史之杂流，是因为它们可以看作记言之史。刘知几把它们叫作琐言，可见一斑。《杂述》篇的末段说："子之将史，本为二说，然如《吕氏》《淮南》《玄晏》《抱朴》，凡此诸子，多以叙事为宗，举而论之，抑亦史

---

① 《周礼注疏》卷三三，《十三经注疏》本，页864。
② 《唐六典》卷三《户部尚书》自注："周之地官卿也。"卷五《兵部尚书》自注："《周官》夏官卿也。"分见页63、页150。
③ 《古今书录》已亡佚，但据之删节而成的《旧唐书·经籍志》中保存了它的大体。
④ 《唐人笔记小说考索》，页17。

之杂也，但以名目有异，不复编于此科。"① 照此推论，"以叙事为宗"应当是刘知几归纳偏记小说的基本前提。《玄晏》即皇甫谧的《玄晏春秋》，《隋志》入史部"杂传类"，两《唐志》亦同，刘知几恐怕弄错了。《抱朴子》分内、外篇，内篇二十一卷，讲神仙、符箓、丹药、养生等事，《隋志》入"道家类"；外篇三十卷，论时政得失、人物臧否，入"杂家类"。刘知几把它与同属"杂家类"的《吕氏春秋》《淮南子》相提并论，看中的显然是外篇。这不是偶然的。南宋郑樵在《通志》卷七一《校雠略》的"编次之讹论"条说："古今编书，所不能分者五：一曰传记，二曰杂家，三曰小说，四曰杂史，五曰故事。凡此五类之书足相紊乱。"② 这五类书的品格极为相似，大多内容驳杂、体制精短、故事性强，在郑樵的目录学标准看来，很容易造成混乱，而以刘知几的史料学标准，则都多少沾染了史事的信息，有助考史，不妨兼收并蓄，扩充资源。不过刘知几点到即止，拘于名目，没有进一步逾越既有的史学藩篱。客观上说，是受到了当时学术水平的制约；主观上说，他的终极目的在于清理历史编纂的迷乱状况，重新规划史学并非其本愿。真正迈完这一大步，要到声称"盈天地间，凡涉著作之林，皆是史学"③ 的章学诚才算大功告成。

通过和《隋志》正史、古史以外的类目比较，我们更能加深偏记小说专注叙事作品的印象。在《隋志》设立的"职官类""仪注类""刑法类""簿录类"中，偏记小说全无反映，相关内容只在《史通》探讨正史的《书志》篇部分涉及。而这几类史书恰恰是要么记载制度，要么缕陈条文，要么排比名目的，叙事的成分都很稀薄。十类偏记小说之中，九类主叙事，唯独"家史"看起来叙事性稍差，可仔细分辨，却也不必尽然。依据体例，其中往往连带家族名人的传记。《隋志》立"谱系类"，专门收录"氏姓之书"；而在"杂传类"，又掺杂著录了若干家传。前者重在"定系世，辨昭穆"，以考定世系为主；后者重在记录家族成员的生平言行，包含许多的叙事成分。《旧志》把两种合并，成立"杂谱牒类"，《新志》则恢复了《隋志》的做法。后代的家谱便是糅合谱系和家传而为标准体例的。朱熹撰仙游《王氏谱序》说："谱牒之系大矣哉！自公卿大夫

---

① 《史通通释》，页 276–277。
② 《通志》，页 834。
③ 《文史通义新编新注》外篇三《报孙渊如书》，页 721。

以及庶人，必有谱牒。夫谱牒有二：一曰文献，则详其本传、诰表、铭状、祭祀之类；一曰世系，则别其亲疏、尊卑、嫡庶、继统之分。非世系无以承其源流，非文献无以考其出处。述祖宗之既往，启后人之将来，岂不本于是欤？"①刘知几极重谱学，《书志》篇曾建议日后的正史应该设立《氏族志》，称它"用之于官，可以品藻士庶；施之于国，可以甄别华夷"②。他自己更亲自编撰过《刘氏家史》十五卷和《刘氏谱考》三卷，可见他对家史之类的著作情有独钟。他在这里举的四个例子，有的书目未著录，有的异名不好判断，但从他总称之"史"而非"谱"来看，仍是多留心于传记方面。

　　文学研究者对于刘知几用小说统称史之杂流的做法，或认为是小说地位上升的结果。我们试从史学的角度观察，毋宁说是正史地位的确立和提升，使得一部分原本难以和小说划清界限的史传，其史料的可信程度受到了严厉质疑。正史跟其他史传的差别被定性为：前者权威而可信，后者粗率而失真。这样的定位令后者的特征更接近小说。刘知几首次全面考察、评估了这些著作的史料价值，并进行了史料学的分类尝试。"小说"一词与生俱来的贬抑意味，恰如其分地表现了他对此类史料的怀疑和成见。《史通》一提到"小说"，总是带着轻视甚至厌恶的语气。为《世说新语》作注的刘孝标，刘知几认为他的史学才识"足堪远大"，却"留情于委巷小说，锐思于流俗短书"③，深感惋惜。对于前人将小说任意阑入正史，刘知几更是极表反对。《史通·采撰》篇就把唐修《晋书》举作恶例，严加批判："晋世杂书，谅非一族，若《语林》《世说》《幽明录》《搜神记》之徒，其所载或诙谐小辩，或神鬼怪物。其事非圣，扬雄所不观；其言乱神，宣尼所不语。皇朝新撰《晋史》，多采以为书。夫以干、邓之所粪除，王、虞之所糠秕，持为逸史，用补前传，此何异魏朝之撰《皇览》，梁世之修《遍略》，务多为美，聚博为功，虽取说于小人，终见嗤于君子矣。"④可见刘知几对小说实在没什么好感。他把正史以外的史传通称为小说，不仅不打算抬举小说，反而大大降低了许多史部著作的地

---

① 《(乾隆)仙游县志》卷四八《艺文》，清同治十二年（1873年）重刊本。
② 《史通通释》，页73。
③ 《史通通释·补注》，页133。
④ 《史通通释》，页116-117。

位。这跟他的前辈史家大肆参用小说的做法恰恰相反。《新唐书·艺文志》之后越来越多史传被划入小说家，刘知几此举或许具有重要的先导意义。

综上所述，偏记小说的概念是鉴于汉魏六朝以来史传发展的态势而提出的。小说向史传无节制、无原则的渗透，令刘知几深感不满。他以正史为本体，突破目录学的框架，新构了自己独特的史料学模型。秉持史家实录求真的精神，刘知几对此类史料的价值评价不高。他用"小说"之名涵盖正史以外的史传作品，证明传记文体已经逐步脱离史著，朝着更能自由书写的方向演化。史传的叙事本性借小说之名获得了更广阔的发挥空间，并孳乳出唐传奇这样纯粹的叙事性文学品种。在刘知几身后，唐人自撰的偏记小说层出不穷，以"小说"指称史部杂著更成为一种普遍的观念①。"小说"蜕化为史学的一个部类概念，刘知几应记开辟之功。

第四节　偏记小说与传统目录学体系

偏记小说作为史学的名目和分类方法，在刘知几以后就没什么人使用了。中唐的李肇编有《经史释题》二卷，序云："经以学令为定，以《艺文志》为编。史以《史通》为准。各列其题，从而释之。"②所谓"以《史通》为准"，似乎不是分类的标准，而是评价的标准。究其后继乏人的原因，可以罗列很多：比如《史通》只是总结了初唐以前的史学成果，而在刘知几身后诞生了许多新的重要史著类型，无法对应衔接；又比如《史通》是一部史学理论著作，不是目录学专书，而在目录学领域通行的是《隋志》的四部体系，一般的聚书编目之士，不会想到利用《史通》。这些外因确实造成了一定程度的影响，更重要的则是内因。这里只说两点：第一，刘知几的设计本身欠成熟，体例不够严密，举证时见歧互。刘知几按史料价值将史书两分之后，对偏记小说进行了分类，正史则进行了分家、分体，两边的标准并不统一，以至于偏记类著作夹在正史和小说之

---

① 参《唐人笔记小说考索》，页 11–13。
② 王应麟《玉海》卷四二引，《玉海》（合璧本），页 846。书名及卷数《中兴馆阁书目》《宋史·艺文志》俱作"《经史释文题》三卷"，王重民疑是宋人增订本。今据《新志》。王说见所著《中国目录学史论丛》，页 126。

间进退维谷，已如前述。又如常璩的《华阳国志》，"地理书"类举为代表作，才隔数行，却在"郡书"类下说："其有如常璩之详审……而能传诸不朽，见美来裔者，盖无几焉。"①"地理书"和"郡书"，按刘知几的解释，一记州郡风土，一记乡贤邦族，界义分明，但具体论述之时模棱两可，就很难叫人遵从效法②。第二，刘知几是站在史学的立场，针对以史部为主体的史学著作进行史料分类。在他的类目体系里，正史和偏记小说是第一级，偏记、小录等十类是第二级。要是把它们放回传统目录体系，就会变成史部底下的三级体系，而第二级只有正史和偏记小说，显然过分粗糙；若直接把偏记、小录等移植为二级类目，又伤于琐碎。相形之下，《隋志》的体例无疑完善得多，更具有操作性。因此，在长期采用二级类目体系编排的目录学传统中，偏记小说的分类自然遭到冷落了。郑樵首次采用三级类目体系，《通志·艺文略》史类的"传记"底下，分有"冥异""祥冥"两种，前者记鬼神，后者记祥瑞，和偏记小说中的"杂记"相当。《四库全书总目》第三级类目的设置也参考了刘知几的做法，如史部地理类的"宫殿疏""都会郡县"两个小类，借鉴了"都邑簿"类整合城市地理著作的思路③；子部小说家类的"杂事"相当于"逸事"，"异闻"相当于"杂记"，"琐语"相当于"琐言"。具体的作品归属有些差别，名目和区划则不能不说远绍刘知几的谊例。由此可见，偏记小说的分类方式，必须置于更加细致的目录体系，方能充分体现出它的有效性和合理性。不能便当地与传统目录体系对接，制约了偏记小说作为目录类例的流传和行用。

明代嘉靖之后，《史通》重新受到读书界的重视，不断锓版梓行，此时明人刻印小说之风正方兴未艾，于是偏记小说的概念重又被人提出，但

---

① 《史通通释》，页275。
② 这种混淆，或与地理类图书的著作体例有关，余嘉锡《四库提要辨证》卷七《太平寰宇记》论之甚悉，页392-398。
③ "宫殿疏"之小序云："《太平御览》所引有《汉宫殿疏》，刘知几《史通》所引有《晋宫阙名》，皆自为纪载，不与地志相杂。今别立子目，冠于地理类之首。"（《四库全书总目》卷六八，页595）此类共书两种，其中之一的《三辅黄图》，刘知几归入"都邑簿"。他对这一类目的解释是："帝王桑梓，列圣遗尘，经始之制，不恒厥所。苟能书其轨则，可以龟镜将来。"（《史通通释》，页275）所举四例，潘岳《关中》、陆机《洛阳》、《三辅黄图》、《建康宫殿》，皆有关帝都与宫殿建筑，接近今日所谓"城市地理"著作，故事性较少，与文化地理特征显著的"地理书"以及实为杂传的"郡书"类不同。

是却完全被置换成了一组小说的部类名词。嘉靖中陆楫所编小说集《古今说海》分"小录""偏记""别传""杂记""逸事""散录""杂纂"七家，前五种全是出于《史通》的类名；佚名所编《五朝小说》则划出"传奇""志怪""偏录""杂传""外乘""杂志""训诫""品藻""艺术""纪载""琐记"十一家类目，其中唐人小说归为"偏录""琐记""传奇"三类，显然也掺杂利用了刘知几的分类方法。这些说部丛书的类目区分草率而混乱，在目录分类方面不足为训，可是它们袭用了偏记小说的名词外壳，而又贯注以小说家的眼光和立场，再一次证明了史传向小说下移的趋势。

所谓"近古"，在刘知几的时代，惯常是指魏晋六朝，因此他的分类是针对唐以前的文献作出的，例举的偏记小说著作没有一部属于唐人。假如我们要"以唐例唐"，借用其名目来研究唐代的著作，是否可行呢？我们不妨先梳理一下它的部类与正统书目之间的分合出入，考察这个概念对于唐人著作的有效性。

同样对唐前文献进行整理的，在刘知几之前有《隋志》，在他同时，有元行冲等《群书四部录》二百卷，稍后毋煚改编为《古今书录》四十卷，五代史臣又加以精简，移植为《旧唐书·经籍志》，比《隋志》添加了一些初唐的作品；《新唐书·艺文志》又在《古今书录》的基础上增添了许多新的内容①。为了方便对比，今特制表格，以昭示偏记小说在著述之林的升降变化。

表3以《史通·杂述》篇十类偏记小说中所举篇名列目，诸书所记作者、书名或有异同，小异者随目补正，出入较大者加注说明。

---

① 张固也及武秀成师推测《新志》增补的开元以前著作来自韦述《集贤书目》。张说见《唐代目录考》，载《古籍整理研究学刊》2001年第4期；武说见《〈新唐书·艺文志〉"著录"探源》，载《周勋初先生八十寿辰纪念文集》，页259-276。

表3 《史通·杂述》偏记小说篇目与唐宋三志对照

篇目	《史通》	《隋书·经籍志》	《旧唐书·经籍志》	《新唐书·经籍志》
陆贾《楚汉春秋》	偏记	史部·杂史	史部·杂史	史部·杂史
乐资《山阳公载记》	偏记	史部·杂史	史部·编年	史部·编年
王韶（之）《晋隆安纪》	偏记	史部·古史	史部·编年	史部·杂史
姚最《梁后略》	偏记	史部·古史	史部·编年	史部·编年
戴逵《竹林名士》①	小录	史部·杂传	史部·杂传	史部·杂传记
王粲《汉末英雄（记）》	小录	史部·杂史	史部·杂史	史部·杂史
萧世诚《怀〈旧志〉》	小录	史部·杂传	不著录	史部·杂传记
卢子行《知己传》	小录	史部·杂传	史部·杂传	史部·杂传记
和峤《汲冢纪年》	逸事	史部·古史	史部·编年	史部·编年
葛洪《西京杂记》	逸事	史部·旧事	史部·故事；地理重出	史部·故事；地理重出
顾协《琐语》	逸事	子部·小说	不著录	不著录
谢绰《（宋）拾遗》	逸事	史部·杂史	史部·杂史	史部·杂史
郭子横《洞冥（记）》	逸事	史部·杂传	史部·杂传	子部·道家
王子年《拾遗（录）》	逸事	史部·杂史	史部·杂史	史部·杂史
刘义庆《世说（新语）》	琐言	子部·小说	子部·小说	子部·小说
裴荣期《语林》	琐言	子部·小说（亡）	不著录	不著录
孔思尚《（宋齐）语录》	琐言	不著录	史部·杂史	史部·杂史
阳玠松《谈薮》②	琐言	子部·小说	不著录	不著录
圈称《陈留耆旧》③	郡书	史部·地理	史部·地理	史部·杂传记；地理重出

① 即《竹林七贤论》。参程千帆先生《史通笺记》，页171。
② 即《解颐》。参姚振宗《隋书经籍志考证》卷三二。
③ 章宗源《隋书经籍志考证》卷十三认为当作《陈留风俗传》。今书名仍旧，各书目著录则以《陈留风俗传》为准。

续上表

篇目	《史通》	《隋书·经籍志》	《旧唐书·经籍志》	《新唐书·经籍志》
周斐《汝南先贤（传）》	郡书	史部·杂传	史部·杂传	史部·杂传记
陈寿《益部耆旧（传）》	郡书	史部·杂传	史部·杂传	史部·杂传记
虞预《会稽典录》	郡书	史部·杂传	史部·杂传	史部·杂传记
扬雄《家谍》	家史	不著录	不著录	不著录
殷敬《世传》①	家史	不著录	史部·杂谱牒	史部·杂传记
《孙氏谱记》	家史	不著录	史部·杂谱牒	史部·谱记
《陆宗系历》②	家史	史部·杂传	史部·杂谱牒	史部·杂传记
刘向《列女（传）》	别传	史部·杂传	史部·杂传	史部·杂传记
梁鸿《逸民（传）》	别传	不著录	不著录	不著录
赵采《忠臣（传）》	别传	不著录	不著录	不著录
徐广《孝子（传）》	别传	不著录	史部·杂传	史部·杂传记
祖台（之）《志怪》	杂记	史部·杂传	史部·杂传	子部·小说
干宝《搜神（记）》	杂记	史部·杂传	史部·杂传	子部·小说
刘义庆《幽明（录）》	杂记	史部·杂传	史部·杂传	子部·小说
刘敬叔《异苑》	杂记	史部·杂传	不著录	不著录
盛宏之《荆州记》	地理书	史部·地理	不著录	不著录
常璩《华阳国志》	地理书	史部·霸史	史部·伪史	史部·伪史
辛氏《三秦（记）》	地理书	不著录	不著录	不著录
罗含《湘中（记）》	地理书	不著录	不著录	不著录
潘岳《关中（记）》	都邑簿	不著录	史部·地理	史部·地理
陆机《洛阳（记）》	都邑簿	史部·地理	史部·地理	史部·地理
《三辅黄图》	都邑簿	不著录	史部·地理	史部·地理
《建康宫殿》	都邑簿	不著录	不著录	不著录

---

① 即《殷氏家传》。
② 疑即《陆史》。

从表3中可以看出，偏记小说对应的目录门类，基本上是史部的编年、杂史、伪史（霸史）、杂传、故事（旧事）、地理、谱牒，以及子部的小说，大体没有变化，细部略见调整。就是说，尽管不少偏记小说形态近似，让目录学家大伤脑筋，但规格还算稳定，终归不出这几类，是"虽不中，亦不远矣"。那么，唐代新产生的偏记小说，自然应当从中搜索。两《唐志》这几类收入的唐人著述，伪史没有记述唐代史事的作品，可以忽略不计，其余绝大部分都属于唐人偏记小说的基本文献。此外，像崔令钦的《教坊记》、段安节的《乐府杂录》，《新志》归在经部"乐类"，孟棨的《本事诗》，归在集部"总集类"，其实以刘知几"叙事为宗"的标准衡量，似亦不妨算作偏记小说。至于唐传奇，《新志》著录于"小说类"，然而作意好奇，以虚构为宗，和偏记小说性质差别较远，不便杂厕。即使有近乎史传的篇章，例如牛肃的《吴保安》，《新唐书》采入《忠义传》，李公佐的《谢小娥传》，采入《列女传》，为了避免混乱，还是不宜称为偏记小说。程毅中先生认为："史学家把小说看作史书的一支，文人则把史部的杂传称作小说，实际上和史学家是殊途而同归。"① 需要补充的是：在两种文体的互通上，史学家的门槛偏高，而文人的胃口偏大；史学家把小说视为"杂质"，意在维护史书"文直事核"的实录精神，文人则是要为小说寻找一个"高贵血统"，提升文体的品位②。我们既然使用的是史家发明的概念，就不得不迎合史家的尺度了。

---

① 程毅中：《唐代小说史话》，文化艺术出版社1990年版，页5。
② 关于文体品位的问题，治古代文体学者研究已多，可参吴承学《文体品位与破体为文之通例》，载氏撰《中国古典文学风格学》，花城出版社1993年版；王长华、郗文倩《中国古代文体的价值序列》，载《文学遗产》2007年第2期；吴承学、何诗海《浅谈中国古代文体价值谱系》，载《古典文学知识》2013年第6期。

第六章　国史熔裁偏记小说的途径和方法

刘知几从史料学的角度，将正史以外那些通常称为杂史、杂传、杂记、郡书、地志等的作品归为十类，分别部居，统称为"偏记小说"，认为这些作品"自成一家，而能与正史参行"①。揆诸唐代史学史，品类繁多的偏记小说不仅独张一军，而且本朝国史的修撰，也时常取资于这些文献。它们不仅是正史的旁参，也是正史的骨肉。如果说唐国史是构造唐代记忆之宫的"蛋白质"，那么形形色色的偏记小说就是合成这份物质的重要"氨基酸"之一。本章将通过分析典型个案的方式，考察行状、私传这类偏记小说在唐国史的应用及改编，借以透视史官和文士处理相同内容时采取的不同叙述方法，探讨介于历史和文学之间的这些偏记小说的一些特点。

第一节　唐国史的史料来源

唐代史馆的史料征集制度

随着国史修撰工作的展开，一系列制度逐步建立。制度化的史馆限制了史家思想的自由发挥，使修史在很大程度上变成了一种技术性的工作。然而作为一个国家职能部门，高度的制度化却是开展工作的有利保障。这当中最为后人称道的史料征集工作，正是依照一套严密周详的程序进行的，它为官修史书提供了稳定而丰富的史源。《唐会要》卷六三《诸司应送史馆事例》详尽地记录了中央及地方各部门应向史馆交送的材料：

祥瑞：礼部每季具录送。
天文祥异：太史每季并所占候祥验同报。

---

① 《史通·杂述》，《史通通释》，页273。

蕃国朝贡：每使至，鸿胪勘问土地风俗、衣服贡献、道里远近，并其主名字报。

蕃夷入寇及来降：表状，中书录状（引按，"状"字疑衍）报；露布，兵部录报；军还日，军将具录陷破城堡、伤杀吏人、掠掳畜产，并报。

变改音律及新造曲调：太常寺具所由及乐词报。

州县废置及孝义旌表：户部有即报。

法令变改、断狱新议：刑部有即报。

有年及饥并水旱虫霜风雹及地震、流水泛溢：户部及州县，每有即勘其年月日，及赈贷存恤同报。

诸色封建：司府（引按，当作"司封"）勘报，袭封者不在报限。

京诸司长官及刺史、都督（都）护、行军大总管、副总管除授：并录制词，文官吏部送，武官兵部送。

刺史、县令善政异迹：有灼然者，本州录附考使送。

硕学异能、高人逸士、义夫节妇：州县有此色，不限官品，勘知的实，每年录附考使送。

京诸司长官薨卒：本司责由历状迹送。

刺史、都督、都护及行军副大总管已下薨：本州、本军责由历状（引按，疑夺"迹"字），附便使送。

公主、百官定谥：考绩录行状、谥议同送。

诸王来朝：宗正寺勘报。

以上事，并依本条所由，有即勘报史馆，修入国史。如史官访知事由，堪入史者，虽不与前件色同，亦任直牒索；承牒之处即依状勘，并限一月内报。①

《五代会要》卷十八也有一篇唐代的《诸司送史馆事例》，来自后唐同光二年（924年）四月史官的奏章，它追溯了唐代材料汇送史馆的旧例，比《唐会要》所载多出以下六种：

---

① 《唐会要》，页1285–1286。

第六章　国史熔裁偏记小说的途径和方法　171

时政记：中书、门下录送；
起居注：左右起居郎录送；
两省转对入阁待制刑曹法官文武两班上封章者：各录一本送馆；
详断刑狱、昭雪冤滥：大理寺逐季牒报；
诸色宣敕：门下、中书两省逐月录报；
宗室任官课绩并公主出降仪制：宗正寺录报。

部分事项的具体报送规定、部门的录报内容亦小有出入，可能是两书所据条例的时代不同。张荣芳据《唐六典》及两《唐书·官志》续有补充：

东宫一切事宜：太子司议郎每岁录送。①

这两份"事例"所开列的事目将近三十种，涉及范围极广，几乎所有国家机关，上至三省六部，下至州县，都有责任向史馆交纳有关材料。其内容更是包罗万象，以皇家和中央政府为中心，包括了政治和社会生活的诸多方面。史馆在这方面的性质堪比国家档案馆。由此可见，唐代的史料征集制度相当完善而具体，唐人的史料意识已经接近于近代史家提倡的整体历史观。

各种史料之中，起居注占有最重要的地位。《唐会要》的"事例"不提此项，似乎有些奇怪，也许"事例"的规约主要是针对那些原无明确送纳要求的材料和机关，而起居注记录皇帝的一举一动，性质与常人事迹大不相同，历来必须按时移交，所以不令而行吧。据《唐六典》和两《唐书·官志》的记载，起居郎、舍人必须在每季终了之时，将起居注具录成卷，送付史馆；史馆则依据起居注撰写国史。《唐六典》卷九《中书省》"史馆"条说："史官掌修国史，不虚美，不隐恶，直书其事。凡天地日月之祥，山川封域之分，昭穆继代之序，礼乐师旅之事，诛赏废兴之

---

① 《唐代的史馆与史官》第三章"史馆组织"第三节"史馆的史料征集工作"之注80。张氏还补列"侍中录报官爵废置刑政损益"及"中书令录报制诰宣传文章献纳"二事，按当即《五代会要》所载"诸色宣敕"色目，不须另立。

政，皆本于起居注以为实录，然后立编年之体，为褒贬焉。既终藏之于府。"①《史通·史官建置》篇亦云："夫起居注者，编次甲子之书，至于策命、章奏、封拜、薨免，莫不随事记录，言惟详审。凡欲撰帝纪者，皆称之以成功。"② 起居注是以帝王的言动为记述中心的，提供了中央政治活动的核心材料，而体例又是编年体，与实录和纪传体中的帝纪一致，所以自然是编写国史的最佳蓝本。

如同很多的政府条令一样，"事例"尽管设计得十分周全，执行起来却大打折扣，形同具文。德宗建中元年（780 年）十一月，史馆奏云："前件事条，虽标格式，因循不举，日月已深。伏请申明旧制，各下本司。"③ 唐朝才过一半，这件例行公事就被认为久已停顿了。即使有专官负责，属于国史的基础素材的起居注，也时常是虚应故事而已。有关的记载甚多，这里仅拈两例以见一斑。唐兰辑本《刘宾客嘉话录》载："刘禹锡曰：史氏所贵，著作、起居注，橐笔于螭首之下，人君言动皆书之，君臣启沃皆记之，后付史氏记之，故事也。今起居惟写除目，著作局可张罗，不亦倒置乎？"④《李文饶文集》卷十一载李德裕会昌三年（843 年）十月的《论时政记等状》云："起居注，比者不逐季撰录，至有去官三五年后犹未送纳者。"⑤ 可见到了唐代后期，起居注无论从内容质量还是时效性上看，都相当潦草敷衍了。

次于起居注的史料是宰相记录的时政记。高宗永徽以前，起居官可以参加退朝后进行的御前会议，以便记录会谈的内容；永徽以后，起居官不再有资格与闻机密。于是武则天长寿二年（693 年），宰相姚璹建议由一位宰相撰写会谈纪要，号为"时政记"⑥。应该说，它记载的内容要比起居注重要得多，也敏感得多。因此，中唐之后皇纲不振，宰相们就常常在这件事情上明争暗斗，记录也时辍时行，直到宣宗大中六年（852 年），宰相裴休才想出一个分权的办法，让宰相们各自记录，同付史馆，总算平

---

① 《唐六典》，页 281。
② 《史通通释》，页 321。浦起龙以为"称之"是"藉之"或"因之"之讹。
③ 《唐会要》卷六三《诸司应送史馆事例》，页 1286。
④ 唐兰：《〈刘宾客嘉话录〉的校辑与辨伪》，载《文史》第 4 辑，中华书局 1965 年 6 月，页 90。"起居注"之"注"字疑衍，盖此段论史官，而非论史书也。"起居"谓起居郎及舍人。
⑤ 《四部丛刊初编》本，页 3a。
⑥ 《唐会要》卷六三《史馆杂录上》，页 1302。

息了多年的扰攘①。不过这时的唐帝国已经日薄西山，国史、实录的修撰也接近尾声了。

"事例"提及的其他事项，大致都属于辅助性质的史料，限于篇幅，兹不一一论列。此外，有两种史料比较特别，向来论者注意不多，在此稍作陈述。

唐玄宗时有"内起居注"。晚唐李濬所撰《松窗杂录》的首条载其始末云：

> 帝既勤书，海内之风翕然率化，尤注意于起居注。……自先天元年至天宝十一载冬季，起居注撰成七百卷，内起居注撰成三百卷。内起居注自开元二年春，因上幸宁王宅，叙家人礼，至于乐奏前后，酒食沽费，上无自专，皆令禀于宁王教。上曰："大哥好作主人，阿瞒但谨为上客。"（原注：上在禁中尝自称阿瞒。）以是极欢而罢。明日宁王率岐、薛巳下同奏曰："臣闻起居注必记天子言动，臣恐左右史不得②天子闺行，极庶人之礼，无以光示万代。臣请自今后，臣与兄弟各轮日载笔于乘舆③前，得以行在纪叙其事。四季则用朱印联名牒送史馆。然皆依外史例，悉上闻，庶明臣等守职如螭头官。"上以八分书日本国纸为答，辞甚谨，慨④然悉允所奏。自是天宝十载冬季⑤，以成三百卷。率以五十幅黄麻为一编，用雕檀轴紫龙凤绫褾。书成，宁王上请自部纳于史阁。上命赐以酒乐，共宴侍臣于史馆。上宝惜是史尤甚，因命别起大阁以贮之。及禄山陷长安，用严、高计，未至⑥升殿宫，先以火千炬猛焚是阁，不移时灰灭。故《玄宗实录》百不叙及三四，以是人间传记者尤鲜。⑦

---

① 本末可参张荣芳《唐代的史馆与史官》第三章第三节，页 83–87。
② "不得"，陈鸿墀《全唐文纪事》卷七引作"不得记"，恐为臆补，然于义为长。
③ "舆"字原缺，据《古今图书集成》卷三八九引《摭异记》补。《摭异记》为《松窗杂录》之异名，参周勋初师《唐代笔记小说叙录》，载《周勋初文集》第 5 卷，江苏古籍出版社 2000 年版，页 432。
④ "慨"字原缺，据《古今图书集成》卷三八九引《摭异记》补。
⑤ 依前文，"自是"下当有"至"字；截止之年，"十载"与前文之"十一载"孰是，则无考。
⑥ "至"字原缺，据《古今图书集成》卷三八九引《摭异记》补。
⑦ 李濬：《松窗杂录》，中华书局上海编辑所 1958 年版，页 3–4。

此事宋初钱易的《南部新书》卷甲、王谠的《唐语林》卷二亦载，应当都是从《松窗杂录》转抄的。有人怀疑，岐王范、薛王业、宁王宪先后卒于开元十四年（726 年）、二十二年（734 年）和二十九年（741 年），不当有内起居注记至天宝中的道理，并进而怀疑此事的真实性①。但是《旧唐书·让皇帝宪传》记载："每年至宪生日，必幸其宅，移时宴乐。居常无日不赐酒酩及异馔等，尚食总监及四方有所进献，食之稍甘，即皆分以赐之。宪尝奏请年终录付史馆，每年至数百纸。"②两相对比，不难看出，李宪请"录付史馆"的材料，就是所谓"内起居注"。惩于先祖兄弟相残的故事，唐玄宗很乐意树立兄弟怡怡的形象，李宪的做法正好投其所好，是绝佳的宣传记录。李濬是李德裕党的干将李绅的儿子，内起居注的事大概是从知晓内情的父辈那里听来的，不然不会记叙得如此绘声绘色。至于诸王卒后，天宝年间的内容由何人记录，就不得而知了。

内起居注所记皆是日常琐事，无关军国大体，可算是起居注的别体。而作为起居注起源的内宫注记，在唐代仍有施行。《唐六典》卷十二《宫官》有"尚仪局"，属下有"司籍二人，正六品……掌四部经籍教授、笔札、几案之事"；又有"彤史二人，正六品"，注引《毛传》谓之"事无大小，记以成法"③，说明内宫记注还有固定的义例可依循。据《旧唐书·后妃下·女学士尚宫宋氏传》，德宗贞元七年（791 年）以后，"宫中记注簿籍，（宋）若莘掌其事"④。元和末年若莘卒后，穆宗令其妹若昭代司其职。敬宗宝历初，若昭亦卒，其妹若宪复"代司宫籍"，直至文宗大和九年（835 年）八月被赐死⑤。三姐妹递掌内宫记注，更六帝，历四十年，也称得上一段史坛佳话了⑥。

内起居注据《旧唐书·让皇帝宪传》所述，曾经汇送到史馆，睿宗、玄宗诸王传记或有所取资。内宫记注则未见呈交的记载，依情理推测，

---

① 见谢保成为崔瑞德（即杜希德）的著作《唐代官修史籍考》（*The Writing of Official History Under the T'ang*）所作书评之注解 3，载《唐研究》第 2 卷，北京大学出版社 1996 年版，页 548。
② 《旧唐书》卷九五，页 3012。
③ 《唐六典》，页 348–350。
④ 《旧唐书》卷五二，页 2199。
⑤ 据《资治通鉴》卷二四五。
⑥ 杜希德最早注意到宋氏姐妹主掌宫中注记的事迹，见《唐代官修史籍考》，页 43–44。

《旧唐书·后妃传》的部分内容当取材于此。

应征史料报送的几个案例

为了弥补送纳材料的不足或失当，《诸司应送史馆事例》特地赋予史官采访的自主权，那就是条文中特别以附言的方式说明的："如史官访知事由，堪入史者，虽不与前件色同，亦任直牒索。"所谓"牒索"，是指史官向有关部门发文，要求提供可载入史册的某些人物或事件的资料。从现有的这类例子来看，史官主动去采访获得的并不多，主要的倒是个人通过关系向史馆提交材料。这从一个侧面反映了唐人对名垂史册的热切心态。提交人的身份不同，立传对象的地位不同，材料上达的途径和效率就有差异。这里可以举元和八、九年（813、814年）间，韩愈担任史馆修撰时发生的两件事情为例。

柳宗元跟韩愈私交甚笃，元和九年他撰成《段太尉逸事状》后，便写信给韩愈，请史馆录存此文①。段秀实事迹原本已载在国史，柳宗元补充了一些被遗漏的嘉言懿行，该状随即被接受。可见若提交人与史官关系较深，传主又是达官名士，材料就容易传达。

如果与史官没有直接关系，传主又寂寂无名，手续就要复杂得多。一位前襄州文学掾甄逢，因为其父甄济在安史之乱中有义烈之举却未能载入国史，将要赴史馆申冤。元稹《与史馆韩侍郎书》具载此事，说："（甄）逢……将欲抱所冤诣京师，告诉于司史氏，盖行有日矣。以愚料之，甄子仆短马瘦，言简行孤，得不为骄阉之所排诃，则权力者疑诞以临之，固无自而入矣。"②可见一般人的呈送，史馆通常不予受理。于是元稹致信韩愈，备陈甄氏父子节行，请将甄济事迹列于史册。接到元稹的来信后，过了一年左右韩愈才姗姗回复，信中说："（元和九年）九月五日，愈顿首，微之足下：前岁辱书，论甄逢父济识安禄山必反……今逢又能行身，幸于方州大臣以标白其先人事，载之天下耳目，彻之天子……逢与其父俱当得书矣。"③除了表示收悉前函，还特别指出由于"方州大臣"即地方首脑

---

① 《柳宗元集》卷三一《与史官韩愈致段秀实太尉逸事书》，中华书局1979年版，页811－812。
② 《元稹集》卷二九，中华书局1982年版，页349－350。
③ 《答元侍御书》，载《韩昌黎文集校注》，页219－220。

的表彰,甄济事迹有望入史了。今《旧唐书·忠义传下》有《甄济传》,说"元和中,襄州节度使袁滋奏其节行"①,即韩愈信中所说"方州大臣"标白其事,而丝毫没有提及元稹或甄逢的奔走疏通。这是为什么呢?我们要结合"事例"来解读这三条资料,才能探知其中的复杂运作。首先,甄逢双管齐下——亲赴史馆送状、请名流向史官陈情;史馆收到元稹或甄逢提交的材料,只是表示史官如韩愈者已"访知事由",初步了解了情况,但不会马上接纳入史;在审查认定"堪入史",即具有载入国史的价值以后,再发文向地方"直牒索",索取该人的传状材料;地方接到公文之后,"承牒之处即依状勘",按照史馆的要求调查其人其事的真伪虚实,撰写材料,由节度使袁滋送交史馆——这就是《旧传》和韩愈信中把他作为材料提供者的原因;史馆审核无误之后,报请皇帝下敕完成收纳。整个过程至少经历了"事例"中的"史官访知事由"和"义夫节妇,州县报送"两道程序,这也是当时一般人的传记进入史馆的途径。按《册府元龟》记载,下诏褒赠甄济及事迹宣付史馆,发生在元和九年闰八月②,即韩愈复信前的那个月。可见韩愈是等到尘埃落定,确定甄济事迹进入史馆之后才答复元稹的。"事例"虽然规定地方接到公文后"限一月内报",但整个流程却要长得多。这跟柳宗元上《段太尉逸事状》的简洁程序真不可同日而语。

有时皇帝会直接插手史料的报送。可以太宗第十子纪王李慎的女儿东光县主为例。中宗神龙元年(705年)二月,东光县主去世,三月诏令编其事迹入国史③。李华所撰《唐故东光县主神道碑铭并序》备载其入史本末,略云:"太后复辟,中宗出震,升日旸谷,天下文明,雷破群阴,品物咸遂。以王(引按,指李慎)懿亲盛德,诏有司备礼物,陪葬昭陵。闻喜公(引按,指县主之夫裴仲将)时为孝义令,诏书至河,县主闻之,呕血而绝。绝而复苏,告诸子曰:'家国再造,冤酷获申,为我谢中外亲亲。下见先王,瞑目无恨。'言未毕而薨,春秋五十有四,时神龙元年二月二十二日。有司以闻,中宗震悼,召闻喜公问,公悉以对。上歔欷久

---

① 《旧唐书》卷一八七下《忠义传下》,页4910。
② 《册府元龟校订本》卷一四〇《帝王部·旌表四》,页1560。原文作"元年",考其事载在元和八年及十年(815年)之间,可知必为"九年"之误。
③ 《唐大诏令集》卷四三《东光县主事迹编入国史诏》,页212。

之,殿省垂泣,六宫凄怆。乃下诏褒美,史官撰德,吊祭赗赠,礼遇其备矣。"① 由此可知,是中宗在听闻东光县主去世的消息之后,主动向她的家人了解经过,再下令史官收集其史料编入国史的,并不符合"事例"中的任何条款。这在皇权至上的时代当然不存在"程序正当"的问题。值得追问的是,为什么中宗对待她的去世如此隆重其事?县主去世之时,适值中宗复辟未久,正在积极平反武周时期的冤案。东光县主的父亲李慎和她的五位兄弟,在武周革命之初被诬告参与越王贞的谋反案,全部遇害②,此时也在昭雪之列。县主意外地一恸而亡,以一种悲剧的方式昭示了日月重光的人心所向,具有强烈的象征意义。诏书给出的立传理由是"忠孝之情,深可嘉尚",而李华的碑文,也围绕"忠孝"二字作文章,曰:"纪王之陷非罪也,泣血以终哀;中宗之抚兴运也,则感深而殒绝。忠孝两极,首其人伦,使百代之下,闻其风者,有以劝焉。"单凭泣哀其父的孝行,或许可以入史,但尚不足以震动人主;不忘复国,感激于唐室中兴的拳拳之忠,才是她身后不到一个月便诏入国史的原因。县主《旧唐书》无传,《新唐书》则附见其父《纪王慎传》;县主之名,今存唐代传世文献均不载,县主夫妻的碑志中亦付阙如,但《资治通鉴》记录了她的名字为楚媛③,很可能就来自这次诏编于国史、最终载在《中宗实录》的传记。

应征史料中的偏记小说

应征史料中关于个人生平事迹者,以行状和传记为主要。值得注意的是,这些文档不仅限于官方记载,对私家记录同样重视。唐玄宗便曾下诏令"开元以来勋庸德业者,咸宜备叙。其身已没者,宜令子孙具录事迹,送史馆"④。这说明唐代史料征集制度对私人史料秉持着开放的态度,此举为偏记小说渗入国史留下了制度化的通道。

名义上由史官自己采集的资料,其中有大量的人物传记,即"事例"中规定的"公主、百官定谥:考绩录行状、谥议同送"的那类材料。行

---

① 《全唐文》卷三一九,页3232。
② 据《旧唐书》卷六《则天皇后纪》、卷七六《太宗诸子·纪王慎传》。
③ 《资治通鉴》卷二〇四,页6458。
④ 《唐大诏令集》卷八一《录开元以来名臣事迹付史馆敕》,页468。

状作者多为传主的故吏、亲交，这是唐代向来的一项制度，《唐六典》卷二《尚书吏部》"考功郎中"条云："诸职事官三品以上、散官二品以上身亡者，其佐史录行状申考功，考功责历任勘校，下太常寺拟谥讫，覆申考功。于都堂集省内官议定，然后奏闻。"① 其中关键文本的经办者佐史就是亡故官员的部属②。李翱在元和十四年（819 年）关于行状的奏议也说："凡人之事迹，非大善大恶，则众人无由知之。旧例皆访于人，又取行状、谥议以为依据。今之作行状者，非门生即其故吏。"③ 可见行状虽然需要经过官方的层层审核，其性质则完全等同于私撰的传记。例如前面举的《段太尉逸事状》，柳宗元自称是"窃自冠好游边上，问故老卒吏，得段太尉事最详。今所趋走，州刺史崔公时赐言事，又具得太尉实迹，参案备具"④。它的记录方式和内容特征跟偏记小说中的"小录""逸事""别传"别无二致。刘知几给"小录"的定义是："普天率土，人物弘多，求其行事，罕能周悉。则有独举所知，编为短部。""逸事"是："国史之任，记事记言，视听不该，必有遗逸。于是好奇之士，补其所亡。""别传"则是："贤士贞女，类聚区分，虽百行殊途，而同归于善。则有取其所好，各为之录。"⑤ 二者微有不同的话，大概只是唐人行状都为单传而没有类传吧。我们另从目录学角度来看，汉魏六朝行状，《旧唐书·经籍志上》杂史类著录有胡冲撰《吴朝人士品秩状》八卷、虞尚撰《吴士人行状名品》二卷，杂传类有李氏《海内先贤行状》三卷；唐人的行状，《新唐书·艺文志二》史部杂传记类著录有殷仲容（即殷亮）的《颜氏（颜真卿）行状》一卷、王起《李赵公（李吉甫）行状》一卷。这说明

---

① 《唐六典》，页 44。《唐会要》卷七九《谥法上》引之，称为"旧制"，可见沿袭久远，页 1720。

② 由于各家的部属未必具有文才，所以往往会请逝者故旧中文华富赡者撰写，而后由佐史提交。如杨炯所撰《中书令汾阴公薛振（元超）行状》，文末曰"垂拱元年四月四日，故中书令汾阴公府功曹姓名，谨状文昌台考功。……今谨按故府主中书令汾阴公赠秦州都督薛元超"云云，是以薛元超僚属的口吻书写的，但他没有服事过薛氏，此时正任职太子詹事司直。盖杨炯曾被薛元超举荐为崇文馆学士（参《唐会要》卷六四《崇文馆》），心怀感戴，故乐于为之撰写。状文中"姓名"是留空的一种格式，提交时添上经手人。

③ 《唐会要》卷六四《史馆杂录下》，页 1311。又见《册府元龟》卷五五九《国史部·论议二》及《旧唐书》本传。

④ 《柳宗元集》卷三一《与史官韩愈致段秀实太尉逸事书》，页 811–812。

⑤ 俱见《史通通释·杂述》，页 274。

人们早已将那些单行的行状与杂史、杂传视为同类了。因此，假如我们把行状称为唐人偏记小说，并且是其中进入国史的最名正言顺的部类，应该没有什么不妥当。由此可见，在唐代的史料征集制度里，原本就为偏记小说预备了一席之地。我们要探究国史与偏记小说互涉的文献渊源，必须认真考虑行状的作用。

此外还有大臣自行献纳的杂传，跟行状名异实同。最有名的是肃宗时李翰所上的《张巡姚訚传》了。《旧唐书·文苑下·萧颖士传》附《李翰传》叙其始末云："当时薄（张）巡者言其降贼，翰乃序巡守城事迹，撰张巡、姚訚等传两卷，上之，肃宗方明巡之忠义，士友称之。"① 李翰则在《进张巡中丞传表》中剀切自陈："臣少与巡游，巡之生平，臣所悉知。今巡死大难，不睹休明，惟期令名，是其荣禄。若不时纪录，日月寝悠，或掩而不传，或传而不实，而巡生死不遇，诚可悲焉。臣敢采所闻，得其亲睹，撰《传》一卷，昧死献上……倘以臣所撰编列史官，虽退死丘壑，骨而不朽。"② 可知李翰作传的目的不仅是要宣扬忠烈，更希望借助国史的官方地位使其事迹垂诸永远。今《张巡姚訚传》已佚，不能知其详，而欧阳修《集古录跋尾》有跋《唐张中丞传》一条，云："翰之所书，诚为太繁，然广记备言，所以备史官之采也。"③ 看来张巡等传的写法已经很刻意地朝史料汇编的方向发展，而不只是勾画传主的生平风貌而已了。史馆向偏记小说打开了大门，偏记小说的作者也照史馆的需要制作着。在唐国史与偏记小说的互动关系中，人们总习惯于查究前者对后者的沾溉，却不自觉地忽视了后者向前者的推进和渗透。而"事例"和唐代的史实则告诉我们，大量从史馆前门进入的偏记小说事实上构成了国史叙事的骨干。

第二节　行状与国史

行状其实是一种特殊的人物传记。它兴起于汉魏，与同时繁荣的杂史、杂传一样，都是中古时代士族制度以及月旦人物风气的伴生产物，但

---

① 《旧唐书》卷一四〇，页5049。
② 《全唐文》卷四三〇，页4378。
③ 《欧阳修全集》卷八，中华书局2001年版，页2262。

是虽然同为传记体的门类，行状却具有更强的实用功能，带有一些公文的性质。《文心雕龙·书记》篇说："状者，貌也。体貌本原，取其事实，先贤表谥，并有行状，状之大者也。"① 行状的用途，初时似以请谥为主，这是它跟一般传记最大的区别，后来渐渐扩大。明人吴讷《文章辨体序说》云："按行状者，门生故旧状死者行业上于史官，或求铭志于作者之辞也。"② 徐师曾《文体明辨序说》亦云："汉丞相仓曹傅胡幹始作《杨元伯行状》，后世因之。盖具死者世系、名字、爵里、行治、寿年之详，或牒考功、太常使议谥，或牒史馆请编录，或上作者乞墓志碑表之类，皆用之。"③ 由此可知，行状逐渐演变成了传记文体的一种，但凡记叙一人之行迹，无论史传还是碑志，都以此为最基本的素材。《新唐书·百官志一》"考功郎中、员外郎"条解释他们的职掌是："掌文武百官功过、善恶之考法及其行状。若死而传于史官、谥于太常，则以其行状质其当不；其欲铭于碑者，则会百官议其宜述者以闻，报其家。"④ 前引《唐会要》的《诸司应送史馆事例》，也规定公主、百官定谥之后，行状由考绩（即考功）录送⑤，可见其在唐代的基本功能也无非议谥和修史素材两端。行状的作者亦每申明此种功能，成为一种形式化的套语，如韩愈《赠太傅董公（晋）行状》末云："谨具历官行事状，伏请牒考功，并牒太常议所谥，牒史馆请垂编录。"⑥

　　谥号对于古代的帝王将相来讲等于一生的定评，所谓"一字之褒，赏逾绂冕；一言之贬，辱过朝市"⑦。行状作为臣僚议谥的依据，当然就不免甘言奖劝，有褒无贬；作为提供状主生平事迹的原始资料，行状又必然叙事详尽，铺陈周到，篇幅曼长。殷亮作的《颜鲁公行状》将近七千字，允称唐代个人传记中的鸿篇巨制。因为行状能较为全面地反映人物的全貌，"而其文多出于门生、故吏、亲旧之手，以谓非此辈不能知也"⑧，

---

① 范文澜：《文心雕龙注》，人民文学出版社1958年版，页459。
② 吴讷、徐师曾：《文章辨体序说　文体明辨序说》，人民文学出版社1962年版，页50。
③ 《文章辨体序说　文体明辨序说》，页147—148。首句本自梁代任昉《文章缘起》。
④ 《新唐书》卷四六，页1190。
⑤ 《五代会要》所引《诸司送史馆事例》即作"考功"，页294。
⑥ 《韩昌黎文集校注》，页584。
⑦ 《旧唐书》卷一五六《于頔传》载王彦威疏，页4132。语本范宁《春秋谷梁传集解序》"一字之褒，宠逾华衮之赠；片言之贬，辱过市朝之挞"。
⑧ 《文章辨体序说　文体明辨序说》，页148。

多有独到的第一手资料，所以史官编纂国史列传之时，便每每借为主要参考。

唐人流传下来的行状极多，著名的如韩愈所撰《赠太傅董公（晋）行状》、柳宗元的《段太尉（秀实）逸事状》、李翱的《韩文公（愈）行状》，久已被认为文学史上的名篇。在史学方面，行状更被视作珍贵的文献，与史传比勘互补，用以考辨史实。通过比读文本，我们发现有的唐国史的传文基本上源自行状，甚至可以说就是行状的改写本，特别是那些出自名家之手的行状，更受修史者青睐。张说被时辈推为"大手笔"，他撰有《兵部尚书代国公赠少保郭公（元振）行状》。郭元振，《旧唐书》有传，赵翼的《陔余丛考》卷十"《旧唐书》多国史原文"条据传中称开元为"今"[1]，黄永年、贾宪保《唐史史料学》"《旧唐书》"条据传末"史臣曰"称元振为"郭代公"[2]，断定此传出于唐国史旧文。另外，查《旧传》所叙元振为凉州都督筑城屯田一事，亦载刘肃《大唐新语》卷四《政能》，文字相近，也证明了《旧传》必定录自唐国史。我们拿行状跟《旧传》两相比照，一眼就可以看出唐国史的史料源头来自张说撰写的行状。兹先抄列二文，各分段标序如下：

《兵部尚书代国公赠少保郭公行状》[3]：

（1）公名震，字元振，本太原阳曲人也。大父任相州汤阴令，因居于魏。公少倜傥，廓落有大志，仪观雄杰，身长七尺，美须髯。十六入大学，与薛稷、赵彦昭同业。时有家仆至，寄钱四百千，以为学粮。忽有一人，缞服叩门，云："五世未葬，棺柩各在一方，今欲齐举大事，苦乏资用。闻君家信至，颇能相济否？"不问姓名，以车载去，一无所留。深为赵、薛所诮。公怡然曰："济彼大事，亦何诮焉？"

（2）十八擢进士第。其年，判入高等。时辈皆以校书、正字为荣，公独请外官。授梓州通泉尉。至县，落拓不拘小节。尝铸钱，掠

---

[1] 《陔余丛考》，页155。
[2] 黄永年、贾宪保编：《唐史史料学·纪传类》，陕西师范大学出版社1989年版，页11。
[3] 文载《文苑英华》卷九七二，页5111—5114；《全唐文》卷二三三，页2353—2356。兹据《文苑英华》录入，原标题夺"代"字。

良人财以济四方,海内同声合气,有至千万者。则天闻其名,驿征引见。语至夜,甚奇之。问蜀川之迹,对而不隐。令录旧文,乃上《古剑歌》。其词曰:"君不见,昆吾铁冶(引按,当作"铁冶")飞炎烟,红光紫气俱赫然。良工煅炼凡几日,铸得宝剑名龙泉。龙泉颜色如霜雪,良工咨嗟叹奇绝。琉璃玉匣吐莲花,错镂金环生明月。正逢天下无风尘,幸且用防君子身。精光黯黯青蛇色,文章片片绿龟鳞。非直结交游侠子,亦曾亲近英雄人。那知中路遭弃捐,零落漂沦古狱边。虽则沉埋无所用,犹能夜夜气冲天。"则天览而佳之,令写数十本,遍赐学士李峤、阎朝隐等。遂授右武卫冑曹、右控鹤内供奉,寻迁奉宸监丞。

(3)属吐蕃请和亲,令报命至境上,与赞普相见。宣国威命,责其翻覆,长揖不拜,瞋目视之。赞普曰:"汉使多矣,无如公之诚信。"远近疆界,立谈悉定,因遗金数十斤而还,公悉以进上。奏言:"揣彼上下之情,人倦其隶役久矣,咸愿早和。大将论钦陵不争四镇,独不欲耳。但国家每岁不绝其使,而钦陵常不禀命,自然彼落之人怨钦陵日深,望国恩日甚。设欲广举兵徒,难矣。斯乃反间之微旨也,必可使其上下俱怀猜阻矣。"则天甚然之。无何,吐蕃君臣果相疑贰,遂诛钦陵。弟赞婆及其兄子莽布支并来降。公声名籍甚,授御史,加朝散大夫,迁主客郎中。

(4)吐蕃与突厥连和,大入西河,破数十城,围逼凉州。节度出城战没。蹂禾稼,米斗万钱。则天方御洛城门酺宴,凉州使至。因辍乐,拜公为凉州都督,兼陇右诸军大使。调秦中五万人,号二十万,以赴河西。公至凉州,吐蕃素闻威名,相谓曰:"我赞普犹惧,吾辈何可敌乎?"相率而去。公收合余众,缮修城壁,施法令,屯田一年而复,公之功也。公以凉州西拒吐蕃,北有突厥,久示其弱,未扬天威,因征陇右兵马一百二十万,号二百万,集于湟州,营幕千里,举锋(引按,当作"烽")号令。时宗楚客为相,素与公不协,令人告变。则天惶惧,计无所出。狄仁杰、魏元忠、韦安石、李峤、宋璟、姚崇、赵彦昭、韦嗣立、张说……二十五人抗表请保,如公有异图,并请身死籍没。则天由是稍安。兵既大集,人又知教,分兵十道齐进,过青海,几至赞普牙帐。赞普屈膝请和,献马三千匹,金三万斤,牛羊不可胜数。公大张军威,受其蕃礼而还。既伏西戎,威震北狄，突厥献马二千匹，所获凉州人士皆放归。塞上从此方镇肃清，蕃落畏慕，令行禁止，道不拾遗。凡所规模制作，率为后法。河西、陇右十余处置生祠堂，立碑颂德，阎立均（引按，疑当作"间丘均"）等为其文。

（5）寻有诏许入朝。公素无第宅，寄居友人之舍。候鼓入朝，忽有人马前送状。开缄，前人已去。状中惟有物数而无姓名，便于树下获骡马二十余匹，帛三千匹。公曰："岂非大学请葬之士乎？"因以买宅居止。薛稷、赵彦昭闻之，皆嗟叹良久。

（6）景龙年中，宗楚客、韦处讷等潜结朋党，憎功害能，授公骁骑大将军兼安西大都护、四镇经略使、金山道大总管。时乌质勒久恃众倨傲，不屈朝廷，纵兵远略，道路不通。公以众寡不敌，难以力制，因率麾下数十骑，径入部落。乌质勒大出兵卫出迎，望见公威容端毅，风飙若神，不觉屈膝，因而下拜。公宣国威命，抗声于语，自朝至暮，雪深尺余，竟不移足。质勒频拜伏，语毕归帐，相去二十余里。质勒久立雪中，仓促疾发，是夜暴卒。其嗣子娑葛集诸将曰："汉使杀我君父，今须复仇。"大举兵众，将追杀。公闻质勒死，迟明素服来吊。道路相逢，兵围数匝。娑葛见公忽来，未之敢逼，但言卫护汉使。公至其帐下，大哭流涕，因抚定其嗣。蕃人大喜。留数十日，助其葬事。娑葛献马三千匹，牛羊十余万，移居千里。西域无事，道路肃清。诸蕃闻之，遣使归降者十余国。时人语之曰："郭元振诡杀乌质勒。"

（7）知娑葛与阙啜有衅，奏请移于瓜州。制从之。会中书令宗楚客受金，遂寝其事。公具以状闻。楚客恃势，嘱请召公，将陷之。公不从，又奏请斩楚客，清蕃落。时韦庶人窃弄国权，中宗竟不之省也。

（8）初，安西南有毒河源，远在葱岭西北。河岸百步人畜踏之者辄死。公威震西域，所向无不从者。因验图经，知其源，率兵三万人，历于阗、康居、大食等十余国，令供资粮，仍署其国王为左右总管，率兵前进，北至葱岭牙帐前，十二国王兵百余万。其河源上有大树高千余尺，垂阴数顷。大军至日，有黄龙绕树，以口吐毒气而拒官军,三军悉睹焉。公手书操檄文,令左拾遗张宣①抗声读之毕,黄龙解树而下。公率诸军诛之,数日方倒,聚而焚焉。河源且绝,数十里内悉为良田。在安西十余年,四镇宁静。

(9)韦庶人知政,屡征不至,因下伪诏,令侍御史吕守素、中丞冯家宾(引按,《旧唐书》本传作"嘉宾")相继巡边,欲将害之。未及,皆为娑葛等诸蕃劫杀之。

(10)睿宗即位,征拜太仆卿。敕至之日,举家进发。安西士庶、诸蕃酋长号哭数百里,或劓面截耳,抗表请留。因绐之而后即路。其至玉门关也,去凉州八百里,河西诸州百姓、蕃部落闻公之至,贫者携壶浆,富者设供帐,联绵七百里不绝。公旌节下玉门关,百姓望之,宛转叫呼,声动岩谷,自朝至暮,传呼至凉州。凉州城中男女在衢路,并歌舞出城,咸言我父至矣。通夜城门不受禁制。都督司马逸客闻之,谓公近矣,陈兵出迎,会候骑至,云始入玉门关。都督嗟叹良久,具状闻。

(11)至京,同中书门下三品,加银青光禄大夫,迁兵部尚书,封馆陶县男,依旧知政事。寻转吏部尚书,知选举。嘱请不行,大收草泽。睿宗屡下诏褒美。后默啜大寇边,拜刑部尚书,充朔方道行军大总管,筑丰安、定远等城以拒贼路。寻加金紫光禄大夫,再迁兵部尚书,知政事,仍旧元帅。会太平公主、窦怀贞潜结凶党,谋废皇帝。睿宗犹豫不决,诸相皆阿谀顺旨。惟公廷争,不受诏。及举兵诛窦怀贞等,宫城大乱,睿宗步出肃章门观变。诸相皆窜外省,公独登奉(引按,当作"承")天门楼躬侍。睿宗闻东宫兵至,将欲投于楼下。公亲扶圣躬,敦劝乃止。及上即位,宿中书十四日,独知政事,因下诏曰:"大臣立事,夷险不易,良相升朝,安危所系。兵部尚书、同中书门下三品、上柱国、馆陶县开国伯元振,伟材生代,宏量匡时……可进封代国公,赐实封四百户,物一千段,子五品官。"寻兼御史大夫、天下行军大元帅。

(12)是岁,大征兵众,阅武骊山。兵一百万,号三百万,并奉公节度。是日三令之后,上将亲鼓。公虑有大变,因略行礼。上大

---

① 张宣,据《大唐新语》卷八《文章》"张宣明有胆气"条及劳格、赵钺《御史台精舍题名考》卷二,当作"张宣明"。

怒，引坐纛下。紫微令张说犯鳞而谏，上乃曰："元振有保大功，宜舍军法。"流新州。未至，属开元元年册尊号，赦曰："元振往立大功，保护于朕。顷因阅武，颇失军容。责情放逐，将收后效。可饶州司马。"未至，卒于道，时年五十八。有集二十二卷。文章有逸气，为世所重。

（13）公少负气纵横，遣意磊落，作尉巴蜀，不修名检。及登朝，受任屡使遐方，霜明烈心，玉立贞节，言行忠正，居取俭约。理体杂于皇王，致君期于尧舜。公务之暇，手不释卷，虽子弟家人，未尝见其喜怒。前后上事，切谏得失十数道，俱焚其稿草，不以语人，故朝廷莫知也。睿宗尝曰："元振正直齐于宋璟，政理逾于姚崇。其英谋宏亮过之矣。"旧于宣阳里居二十余年，不至诸院马厩，每朝回，对二亲言笑；归室，俨如也，不问家事。与狄仁杰、朱敬则、魏元忠、李峤、韦安石、赵彦昭、韦嗣立、薛稷、张说等为忘言之友。事父母［以］孝闻。父受①，授济州刺史，后以为相，奏请解职，授银青光禄大夫、济州刺史致仕。公殁后，二亲犹在。自我唐授命，宰臣有二亲者，惟公而已。

《旧唐书·郭元振传》：

（1）郭元振，魏州贵乡人。举进士，授通泉尉。任侠使气，不以细务介意，前后掠卖所部千余人，以遗宾客，百姓苦之。则天闻其名，召见与语，甚奇之。

（2）时吐蕃请和，乃授元振右武卫铠曹，充使聘于吐蕃。吐蕃大将论钦陵请去四镇兵，分十姓之地，朝廷使元振因察其事宜。元振还，上疏曰：……又上言曰："臣揣吐蕃百姓倦徭戍久矣，咸愿早和。其大将论钦陵欲分四镇境，统兵专制，故不欲归款。若国家每岁发和亲使，而钦陵常不从命，则彼蕃之人怨钦陵日深，望国恩日甚，设欲广举丑徒，固亦难矣。斯亦离间之渐，必可使其上下俱怀猜阻。"则天甚然之。自是数年间，吐蕃君臣果相猜贰，因诛大将论钦

---

① 《全唐文》"受"作"爱"。考其所从出之文渊阁《四库全书》本《张燕公集》卷二五，亦作"受"。《全唐文》盖误抄。今人述元振家世，多沿其误。

陵。其弟赞婆及兄子莽布支并来降，则天仍令元振与河源军大使夫蒙令卿率骑以接之。后吐蕃将曲莽布支率兵入寇，凉州都督唐休璟勒兵破之。元振参预其谋，以功拜主客郎中。

（3）大足元年，迁凉州都督、陇右诸军州大使。先是，凉州封界南北不过四百余里，既逼突厥、吐蕃，二寇频岁奄至城下，百姓苦之。元振始于南境硖口置和戎城，北界碛中置白亭军，控其要路，乃拓州境一千五百里，自是寇虏不复更至城下。元振又令甘州刺史李汉通开置屯田，尽其水陆之利。旧凉州粟麦斛至数千，及汉通收率之后，数年丰稔，乃至一匹绢籴数十斛，积军粮支数十年。元振风神伟壮，而善于抚御，在凉州五年，夷夏畏慕，令行禁止，牛羊被野，路不拾遗。

（4）神龙中，迁左骁卫将军，兼检校安西大都护。时西突厥首领乌质勒部落强盛，款塞通和，元振就其牙帐计会军事。时天大雪，元振立于帐前，与乌质勒言议，须臾，雪深风冻，元振未尝移足，乌质勒年老，不胜寒苦，会罢而死。其子娑葛以元振故杀其父，谋勒兵攻之。副使御史中丞解琬知其谋，劝元振夜遁，元振曰："吾以诚信待人，何所疑惧，且深在寇庭，遁将安适？"乃安卧帐中。明日，亲入虏帐，哭之甚哀，行吊赠之礼。娑葛乃感其义，复与元振通好，因遣使进马五千匹及方物。制以元振为金山道行军大总管。

（5）先是，娑葛与阿史那阙啜忠节不和，屡相侵掠，阙啜兵众寡弱，渐不能支。元振奏请追阙啜入朝宿卫，移其部落入于瓜、沙等州安置，制从之。阙啜行至播仙城，与经略使、右威卫将军周以悌相遇，以悌谓之曰："国家以高班厚秩待君者，以君统摄部落，下有兵众故也。今轻身入朝，是一老胡耳，在朝之人，谁复喜见？非唯官资难得，亦恐性命在人。今宰相有宗楚客、纪处讷，并专权用事，何不厚贶二公，请留不行。仍发安西兵并引吐蕃以击娑葛，求阿史那献为可汗以招十姓，使郭虔瓘往拔汗那征甲马以助军用。既得报仇，又得存其部落。如此，与入朝受制于人，岂复同也！"阙啜然其言，便勒兵攻陷于阗、坎城，获金宝及生口，遣人间道纳赂于宗、纪。元振闻其谋，遽上疏曰：……疏奏不省。

（6）楚客等既受阙啜之赂，乃建议遣摄御史中丞冯嘉宾持节安抚阙啜，御史吕守素处置四镇，持玺书便报元振。除牛师奖为安西副都护,便领甘、凉已西兵募,兼征吐蕃,以讨娑葛。娑葛进马使娑腊知楚客计,驰还报娑葛。娑葛是日发兵五千骑出安西,五千骑出拨换,五千骑出焉耆,五千骑出疏勒。时元振在疏勒,于河口栅不敢动。阙啜在计舒河口候见嘉宾,娑葛兵掩至,生擒阙啜,杀嘉宾等。吕守素至僻城,亦见害。又杀牛师奖于火烧城,乃陷安西,四镇路绝。

(7)楚客又奏请周以悌代元振统众,征元振,将陷之。使阿史那献为十姓可汗,置军焉耆以取娑葛。娑葛遗元振书曰:"与汉本来无恶,只仇于阙啜。而宗尚书取阙啜金,枉拟破奴部落,冯中丞、牛都护相次而来,奴等岂坐受死!又闻史献欲来,徒扰乱军州,恐未有宁日,乞大使商量处置。"元振奏娑葛状。楚客怒,奏言元振有异图。元振使其子鸿间道奏其状,以悌竟得罪,流于白州。复以元振代以悌,赦娑葛罪,册为十四姓可汗。元振奏称西土未宁,事资安抚,逗遛不敢归京师。

(8)会楚客等被诛,睿宗即位,征拜太仆卿,加银青光禄大夫。景云二年,同中书门下三品,代宋璟为吏部尚书。无几,转兵部尚书,封馆陶县男。时元振父爱年老在乡,就拜济州刺史,仍听致仕。其冬,与韦安石、张说等俱罢知政事。先天元年,为朔方军大总管,始筑定远城,以为行军计集之所,至今赖之。明年,复同中书门下三品。

(9)及萧至忠、窦怀贞等附太平公主潜谋不顺,玄宗发羽林兵诛之,睿宗登承天门,元振躬率兵侍卫之。事定论功,进封代国公,食实封四百户,赐物一千段。又令兼御史大夫,持节为朔方道大总管,以备突厥,未行。

(10)玄宗于骊山讲武,坐军容不整,坐于纛下,将斩以徇。刘幽求、张说于马前谏曰:"元振有翊赞大功,虽有罪,当从原宥。"乃赦之,流于新州。寻又思其旧功,起为饶州司马。元振自恃功勋,怏怏不得志,道病卒。开元十年,追赠太子少保。有文集二十卷。

郭元振一代名将,生平大略具于此二文。由张说来作行状,不仅因为他是当代文宗、朝廷元老,可以给逝者增添哀荣,更因为他与郭元振是旧雨挚交。《张燕公集》卷六有《新都南亭送郭大元振、卢崇道》《送郭大夫元振再使吐蕃》诗；睿宗景云二年（711年），两人又并为同中书门下平章事；开元四年（716年），张说贬谪岳州，缅怀故人，拟颜延之诗作《五君咏》，其四即为咏元振，可见二人交情之深切。

行状称郭元振为"少保"，可知作于开元十年（722年）追赠之后。张说从开元七年（719年）直至十八年（730年）去世，一直兼领史职，因此该状进入史馆、修入国史很可能都是张说一手操办的。而由于体例和功能的不同，行状与国史相比显示出迥异的风貌。

第一，记事的原则和侧重点不同。《旧传》中提及的事迹，《郭元振行状》全部包括在内，而行状记录的一些奇闻逸事，如第（8）段过毒河源及第（10）段郭元振入京二事，史传则摒弃不录。相反，《旧传》载录了元振的两篇疏文，又详述阙啜与娑葛相仇怨、娑葛袭杀朝官等一系列事件，树立起元振一代安西名将的形象。显然，作为正史的名臣传记，负有惩恶劝善、垂诫千秋的责任，所以更关注传主的政绩，重视人物在政治事件中的立场和处境，《史通·书事》篇引干宝解释荀悦"立典五志"的说法可以用来说明《旧传》对史料的取舍："体国经野之言则书之，用兵征伐之权则书之，忠臣烈士、孝子贞妇之节则书之，文诰专对之辞则书之。"[①] 这些都是所谓行谊出处之大节，必须浓墨重彩，而对于人物本身性格面貌的刻画却不妨轻描淡写。行状的政治诉求较少，可以淋漓尽致地铺陈生平的方方面面，某些政事纠葛也可以退居次席，点到为止。如阙啜与娑葛之事，《旧传》的叙述重心其实已经偏离了元振，而转向西突厥首领间的矛盾和冲突，稍嫌枝蔓；行状则于第（7）、第（9）段一笔带过，而将笔墨集中在能表现郭元振豪迈个性和忠勤品德的事件上。

第二，行状更注重描写细节和编排情节。郭元振出身河北，此地民风劲直，他因而素染豪强气概。《旧传》对此仅用"任侠使气，不以细务介意，前后掠卖所部千余人，以遗宾客，百姓苦之"一语概括，给人的印象更像强梁而不是豪杰。行状则从元振的堂堂仪表落笔，接着记叙在太学时散财助葬的义举，至第（5）段复以马、帛酬恩的奇事呼应结束，笔势起伏；又全录所作《古剑歌》，以见其胸襟怀抱。这样，状主落拓侠义的人格形象便得以丰满。元振戍卫西陲十余年，安边恤民，深受百姓爱戴。行状的第（10）段描写郭元振奉诏入京，西域人民夹道哭送，沿途传呼

---

① 《史通通释》，页229。

雀跃,以至于人尚在八百里外的玉门关,凉州城里迎接的人潮已经鼓舞沸腾。此用烘云托月之法,不费一词一句细数功劳,而郭元振之深得民心就跃然纸上。《旧传》第(3)、第(4)段选择凉州屯田兴利和义感乌质勒、娑葛两件事例来表现其德政,对史传的体例而言还算简当得体,但和行状一对读,就不得不遗憾于列传行文的拘谨了。那些经过渲染的片段,以正统的史传标准衡量,也许文学色彩太浓,华而不实,二十四史里头只有《史记》敢于如此弄笔,所以把它割弃不用当是史家义例严谨的表态,未可厚非,可是历史人物的风神却因之减色不少。作为史源的行状,走笔之际不需要瞻前顾后、小心翼翼,恰恰给作者保留了想象、夸饰的空间和自由,给读者营造了更多回味的余地,郭元振的形象才塑造得更加生动具体,而不仅仅是皇帝家谱的符号和注脚了。

第三,对待神怪书写的态度不同。中古史家有搜奇志怪的风气,而志怪之书在唐代目录如《隋志》和《古今书录》里仍归在史部"杂传类",因此官私史著之中夹杂怪力乱神的传闻不足为奇。但严肃的史家如刘知几则极力反对不加甄别地使用这类材料,认为"旌怪异……幽明感应,祸福萌兆则书之"①,建议只采纳能够解释人事因果的内容,比如简狄吞燕卵而生商、圯上老人授兵书于张良之类,"事关军国,理涉兴亡。有而书之,以彰灵验",就值得记录。行状第(8)段毒河源斩黄龙一事,类似志怪小说的情节,《旧传》或因其荒诞不经,未予记载。行状由于束缚较少,正好驰骋小说笔法,绘声绘色。这并非张说兴致所至,信笔为之,他为李琼写的《赠陈州刺史义阳王神道碑》,在记述琼子行休前往桂林寻找其父的遗骸时,也编了几段"梦鲁王乘舟,舟分为两""灵堂锁茎,一夕自屈"的梦卜故事,以彰显"至孝潜通,精魂昭应"②。志怪与碑传两种文体,在他的观念里是相通的,与魏徵、毋煚的分类标准若合符节,反映了初盛唐人的普遍认识。史书多称张说好作小说,中唐顾况的《戴氏〈广异记〉序》历数前代志怪,提到"国朝燕公《梁四公传》"③,燕公即张说;五代王仁裕的《开元天宝遗事》卷上"鹦鹉告事"条说他撰有

---

① 《史通·书事》,《史通通释》,页229。
② 《全唐文》卷二三〇,页2334。《新唐书》卷八十《纪王慎传》却把这段情节完整收入,无怪乎吴缜《新唐书纠谬》批评它"多采小说而不精择"。
③ 《全唐文》卷五二八,页5368。

《绿衣使者传》，卷下"传书燕"条末又说他"传其事，而好事者写之"①；著名传奇《虬髯客传》作者亦旧题其名②。这些署名和传闻固然夹杂有伪托、附会的成分，可是由这两个例子看来，却并非空穴来风，张说的确对怪异之谈饶有兴致。行状这段情节发生的时间不明确，插在宗楚客、韦庶人两度陷害元振的中间，从史法说，是因时系事；以文则论，则可以调整文气，避免叙述平板。而这小小的"因文生事"，正是小说和正史之间的一道鸿沟。

第四，人物的评价和立场不同。行状是私家著述，而且作者往往与状主关系密切，难免附着个人的感情色彩。《唐会要》卷六四《史馆杂录》下载李翱元和十四年（819 年）四月的奏章说："凡人之事迹，非大善大恶，则众人无由知之。旧例皆访问于人，又取行状、谥议以为依据。今之作行状者，非门生即其故吏，莫不虚加仁义礼智，妄言忠肃惠和，如此不唯处心不实，苟欲虚美于所受恩而已也。盖亦为文者既非游夏迁雄之列，务于华而忘其实，溺于词而弃其理，故为文则失六经之古风，纪事则非史迁之实录，不然则词句鄙陋，不能自成其文矣。由是事失其本，文害于理，而行状不足以取信。若使指事书实，不饰虚言，则必有人知其真伪；不然者，纵使门生故吏为之，亦不可谬作德善之事而加之矣。臣今请作行状者，但指事说实，直载其词，善恶功迹皆据事足以自见矣。"③ 李翱谈论的行状失实的问题，从作者说，出于私家亲旧；从文本说，起于行状赋有申请谥号的功能，因此，措辞之际难免文过饰非，为君子讳。《郭元振行状》第（4）段载"河西、陇右十余处置生祠堂，立碑颂德"，第（10）段载"安西士庶、诸蕃酋长号哭数百里，或劓面截耳，抗表请留"，都有虚美过誉的嫌疑，是以《旧传》一概不取。而骊山整武阅兵之时，玄宗诛杀唐绍，贬谪元振，史家普遍认为是他对元振在剿灭太平公主党羽一役中护卫睿宗之举作出的蓄意报复，并借机向睿宗的亲信旧臣示威。元振非罪获谴，《旧传》说他"自恃功勋，怏怏不得志"，这本是人之常情，怨而不怒，也合乎为臣之节；行状为了塑造忠荩之臣的完美形象，则连这

---

① 分见王仁裕《开元天宝遗事》，中华书局 2006 年版，页 18、48。
② 关于世传张说所撰小说的考证，可参李剑国《张说的传奇考论》，载《辽宁教育学院学报》1985 年第 4 期。
③ 《唐会要》，页 1311。

点怨望心理也回避不书，反不如史传显得真实。

文直事核的实录精神一直是史家述作的原则，但是格于尊尊、亲亲、贤贤的儒家伦理，人情意味浓郁的行状必然无法恪守公正记录的使命。当时甚至有的行状因为褒誉失当，引起舆论大哗。如李肇《国史补》卷中《行状比桓文》条载：

> 刘太真为陈少游行状，比之齐桓、晋文，物议嚣腾。①

陈少游，新旧《唐书》有传，其人善于钻营，又惯能见风使舵。先是走权臣元载的门路，得以在当时最富庶的江淮一带地区"三总大藩"；后来唐代宗疑忌元载，他就向代宗密奏元载之子伯和在扬州的过失。李希烈谋反，扬言要攻取他管辖的江淮地区时，他迅速修表致意，表示愿意纳款输诚，并派人送去军费。德宗勘乱之后，于李希烈起居注中检得其上表归顺的文字。陈少游羞悸交加，不日而卒。《旧唐书》对他的评价是"逐势利随时""言行非真"，这应该反映了中唐士人的公论②。而在更加强调《春秋》大义的《新唐书》里，则干脆将他归入了《叛臣传》。刘太真之所以出此惊人之语，大抵是由于他跟陈的深切关系。刘太真的父亲曾受到陈少游的礼遇③，他自己则随陈幕辗转浙东、扬州多年。既感激于先人之恩，又顾念宾主之谊，行状中难免有回护过誉之笔。但是，把一个反复无常、暗通叛贼的封疆大吏比作尊王攘夷的齐桓公、晋文公，就不是拟喻不伦，而是指鹿为马、"是非谬于圣人"的大是大非问题了。

傅斯年曾总结官私史籍的差别，认为"官家的记载时而失之讳"，"私家的记载时而失之诬"④。从郭元振的两篇传记和刘太真惹出的风波来看，有所"讳"的反而是出自私人的行状。也许我们将傅氏的意见理解

---

① 《唐国史补　因话录》，页33。

② 《旧唐书·陈少游传》的文字与《太平广记》卷二三九引胡璩《谭宾录》多有相似，应该都是从唐国史转写而来，故其中意见反映的当是唐人看法。关于《谭宾录》与唐国史的关系，可参《从〈旧唐书〉〈谭宾录〉中考索唐国史》，载《古代文献研究集林》第一集，页141－165。

③ 此事见裴度《刘府君神道碑铭并序》："陈之镇宣城也，厚礼于谏议府君。岁时礼遗，不绝于道。"刘太真之父若筠卒赠谏议大夫，故称"谏议府君"。裴文载《全唐文》卷五三八。

④ 傅斯年：《史料论略》第二节"官家的记载对民间的记载"，见氏撰《史料论略及其他》，辽宁教育出版社1997年版，页26。

为互文见义会符合实际一些。

行状博采传闻、行文生动的作风，更多地发扬了《史记》开创的传记文学的传统，然而，虚构和文学化倾向似乎在其中扮演了一个尴尬的角色。在严格的史家眼中，它损害了记录的可信度，因此行状只配作为辅助性资料，刘知几诟病武后时期的史官牛凤及史才低劣，其中一点就是"凡所撰录，素责私家行状"①，不知甄别；而在文学家眼里，行状则大多不过是开列生平仕履的一纸报告，平铺直叙，文学意味寡薄，几乎没有可观的作品。事实上，受到自身史料功能的限制，类似《郭元振行状》这样较有文学意味的作品的确少见，大部分行状还是保守着纪实的规范谨慎写作，它们能给史实提供互证互补的机会，却未必有多少可读性。

第三节 传记与国史

自从《史记》开始设立列传，传记就成为史学体裁的一个重要类别，嗣后它得到长足的发展，在正史之外衍生出名目繁多的品类。马端临《文献通考》卷一九五《经籍考》二十二引《宋三朝志》说：

> 传记之作，盖史笔之所不及者，方闻之士得以纪述而为劝戒。《隋志》曰杂传，《唐志》曰杂传类，有先贤、耆旧、孝友、忠节、列藩、良吏、高逸、科录、家传、文士、仙灵、高僧、鬼神、列女之别。②

这些传记多数也标榜实录的原则，要为被正史忽略的人物和事件补遗续阙。唐人创作传记的风气不减前代，唐末高彦休《阙史序》云："自武德、贞观而后，呓笔为小说、小录、稗史、野史、杂录、杂纪者，多矣。"③ 这些部类繁多的作品，除了单独流传于世，不少还由作者主动提交史馆，备作修撰国史的材料。名位显要的大臣，史馆自行采集的资料比较多，修国史时较少利用私家传记，即使采用，也是作为辅助参考，而不

---

① 《史通·古今正史》，《史通通释》，页373。
② 《文献通考》，页5649。
③ 《阙史》，《丛书集成初编》本，页1。

大用来充当记叙的主干;类传像《忠义传》《文苑传》《方伎传》《隐逸传》《列女传》等,采录的人物来自社会各阶层,生平事迹官方殊难知晓,有时候就得借助私传来弥补了。

私人传记的创作在整个唐代一直长盛不衰。《新唐书·艺文志》杂传记类著录的就有数十种。细类有家传,如令狐德棻《令狐家传》、张大素《敦煌张氏家传》、陈翃《郭公家传》、殷亮《颜氏家传》、李繁《邺侯家传》;有类传,如许敬宗《文馆词林文人传》、黄璞《闽川名士传》;有单传,如贾闰甫《李密传》、李邕《狄仁杰传》、郭湜《高力士外传》、马宇《段公别传》;有合传,如李翰《张巡姚訚传》。此外,在史部故事类和唐人的别集里,还有大量同类型的传记作品,数量相当可观。这些作品中流传下来的一部分,《四库全书》列为子部小说家,实际上它们初无幻设的动机,仍然遵循史家的实录原则,跟也以"传"命名的志怪、传奇性质全然不同。

唐人的私传中,常见以传记致送史官之语,如李华《李夫人传》末云"哀书大略,敢告史官"①,于邵《田司马传》末云"邵忝《春秋》之徒,实采舆人之诵,执简以往,为之传云"②。李翱撰《杨烈妇传》,文末特别署明"予惧其行事湮灭而不传,故皆叙之,将告于史官"③。诸如此类,都不像墓志中"国史有传"那种美化传主的套话。可见以个人身份向史馆提交私传,是史馆扩充史源的必要补充。不过,这几位传主并未在今本《旧唐书》留名,是否曾经进入唐国史,颇可存疑。

私修传记中,身居要职的亲历者的记述,往往以其可信度和珍秘性受到史官的青睐。李渊太原起兵之后担任"大将军府记室参军,专掌文翰"的温大雅,所撰《大唐创业起居注》备载李渊自起义至称帝共三百五十七天之史事,贞观中修《高祖实录》时,颇有取资④。开元中曾任殿中侍御史的韩琬撰有《御史台记》十二卷,记载台中官员事迹,其中颇著武后朝酷吏的行迹。日本学者池田温据以对比《旧唐书·酷吏传》以及《大唐新语》的记载,发现侯思止、来俊臣、来子珣、王弘义等人的传记

---

① 《全唐文》卷三二一,页3255。
② 《全唐文》卷四二九,页4374。
③ 《全唐文》卷六四〇,页6466。
④ 参仇鹿鸣《隐没与改篡:〈旧唐书〉唐开国纪事表微》,载《唐研究》第25卷,北京大学出版社2020年版。

与《御史台记》高度相似，由此得出结论，说："中唐的史官在整理武后时代热衷于残暴行为的来俊臣及其同伙的资料、以编写酷吏传时，其立传的主要依据就是《御史台记》。"① 也就是说，一度被韦述删掉的《酷吏传》，是在中唐以后借助《御史台记》补写进国史的。

有的史官一边修撰国史，一边也涉笔私记别传，其进入国史，更有近水楼台的便利。除了上述令狐德棻、许敬宗等所撰之单行传记，余如吴兢《贞观政要》、刘悚《隋唐嘉话》、柳芳《问高力士》等，实为合众多传记片段为一体之杂史。中唐史官蒋乂，《旧唐书》本传说他著有"《大唐宰辅录》七十卷，凌烟阁功臣、秦府十八学士、史臣等传四十卷"②；同代人李肇所撰《国史补》卷中则说蒋乂"撰《宰臣录》，每拜一相，旬月必献一卷，故得物议所嗤"③。他的投献行为虽然可议，但以其身份，却不妨认为这些私传是他为国史本传起拟的草稿。

蒋乂所撰的别传今已无考，难以探测这些传记跟国史的出入，但另一位著名史官韦述，则给我们提供了考察线索。他撰写的《集贤注记》记载了一段开元名相张说与徐坚深情回忆集贤院亡友的往事：

> 十六年，张燕公拜右丞相，依旧学士、知院事。燕公与徐常侍圣历年同为珠英学士，每相推重。至是，旧学士死亡并尽，唯二人在。燕公尝手写同时诸人名，与观之，悲欢良久。徐曰："诸公昔年皆擅一时文词之美，敢问孰为先后？"燕公曰："李峤、崔融、薛稷、宋之问之文，皆如良金美玉，无施不可。富嘉谟之文，如孤峰绝岸，壁立万仞，丛云郁兴，震雷俱发，诚可畏也！若施于廊庙，则为骇矣。阎朝隐之文，如丽服靓妆，衣之绮绣，燕歌赵舞，观者忘忧，然类之《雅》《颂》，则为罪（引按，陶敏改'俳'）矣。"徐又曰："今之后进，文词孰贤？"公曰："韩休之文，如太羹玄酒，虽雅有典则，而薄于滋味。许景先之文，如丰肌腻体，虽浓华可爱，而乏于风骨。张九龄之文，如轻缣素练，虽济时适用，而窘于边幅。王翰之文，如琼杯玉斝，虽炫然可观，而多有玷阙。若数子者，各能箴其所阙，济其

---

① ［日］池田温：《论韩琬〈御史台记〉》，见氏撰《唐研究论文选集》，页349。
② 《旧唐书》卷一四九《蒋乂传》，页4028。
③ 《唐国史补 因话录》，页42。

所长，亦一时之秀，可继于前贤尔。"①

韦述是张说、徐坚的晚辈兼下属，一起共事多年，此事当来自亲见亲闻。而在《旧唐书·文苑上·杨炯传》中也有一段几乎相同的记载：

> 开元中，说为集贤大学士十余年。常与学士徐坚论近代文士，悲其凋丧。坚曰："李赵公、崔文公之笔术，擅价一时，其间孰优？"说曰："李峤、崔融、薛稷、宋之问之文，如良金美玉，无施不可。富嘉谟之文，如孤峰绝岸，壁立万仞，浓云郁兴，震雷俱发，诚可畏也！若施于廊庙，则骇矣。阎朝隐之文，如丽服靓妆，燕歌赵舞，观者忘疲，若类之《风》《雅》，则罪人矣！"问后进词人之优劣，说曰："韩休之文，如大羹旨酒，雅有典则，而薄于滋味。许景先之文，如丰肌腻理，虽秾华可爱，而微少风骨。张九龄之文，如轻缣素练，实济时用，而微窘边幅。王翰之文，如琼怀玉斝，虽烂然可珍，而多有玷缺。"坚以为然。②

两相比较，除却首尾有裁剪之异，主体部分几无二致，两者先后文本的关系一目了然。根据韦述的自序，《集贤注记》完成于天宝十五载（756年）二月之前③，与此同时，他仍在持续撰写国史。我们前面考察过，《旧唐书·文苑传》的主体成于中晚唐史官之手④，那么推溯史源，韦述本人，或者柳芳、令狐峘乃至裴垍，都有可能是这则史料进入国史的"搬运工"。韦述一面是野史逸闻的记录者，一面是修撰国史的史官，后一重身份为前一重记录提供了跻身国史的便利。

尽管主要文字保持一致，但是基于不同著作体制作出的改动，却造成了迥异的叙述效果。《集贤注记》记述的初衷是追思武后圣历时期的"珠英学士"，这些张、徐二人参编《三教珠英》时的僚友，尽皆物故，两人

---

① 陶敏辑校：《集贤注记》卷中《院中故事》，页247。原出《职官分纪》卷十五"擅一时文词之美"条。
② 《旧唐书》卷一九〇上，页5004。
③ 《玉海》卷四八《艺文》"唐集贤注记"条引《中兴书目》，《玉海》（合璧本），页965。
④ 详本书第三章第三节"纪传体国史的类传"。

抚今追昔，一起缅怀故人的文华风采。"燕公尝手写同时诸人名，与观之，悲欢良久"①，此情此景，与曹丕《与吴质书》中怀念徐干、陈琳等人时的锥心哀痛如出一辙："观其姓名，已为鬼录。追思昔游，犹在心目。"②《旧传》将对话改为"论近代文士"，似在月旦于已无关的前人；一段相对神伤的画面压缩为形同套语的"悲其凋丧"四个字，精采顿失。说者与被说者的关系被模糊，谈话的背景被取消，温情的记念被旁观式的批评取代，国史保持了中立的叙述姿态，故事的情感浓度却大为稀释了。

比裴垍监修国史稍早的元和二年（807年），江州浔阳县主簿刘肃撰成《大唐新语》一书，也记载了这则故事：

> 张说、徐坚同为集贤学士十余年，好尚颇同，情契相得。时诸学士凋落者众，唯说、坚二人存焉。说手疏诸人名，与坚同观之。坚谓说曰："诸公昔年皆擅一时之美，敢问孰为先后？"说曰："李峤、崔融、薛稷、宋之问，皆如良金美玉，无施不可。富嘉谟之文，如孤峰绝岸，壁立万仞，丛云郁兴，震雷俱发，诚可畏乎！若施于廊庙，则为骇矣。阎朝隐之文，则如丽色靓妆，衣之绮绣，燕歌赵舞，观者忘忧。然类之《风》《雅》，则为俳矣。"坚又曰："今之后进，文词孰贤？"说曰："韩休之文，有如太羹玄酒，虽雅有典则，而薄于滋味。许景先之文，有如丰肌腻体，虽秾华可爱，而乏风骨。张九龄之文，有如轻缣素练，虽济时适用，而窘于边幅。王翰之文，有如琼林玉斝，虽烂然可珍，而多有玷缺。若能箴其所阙，济其所长，亦一时之秀也。"③

文中"说手疏诸人名，与坚同观之""若能箴其所阙，济其所长，亦一时之秀也"这些细节和原话同于《集贤注记》，而在《旧唐书》却没有对应文字，可知刘肃系抄录自前者，且比《旧传》更加忠实④。

---

① 陶敏疑"悲欢"当作"悲叹"，见氏辑校《集贤注记》，页247。
② 《文选》卷四二，页591。
③ 《大唐新语》卷八《文章》，页130。
④ 《大唐新语》记张、徐"同为集贤学士"，显然有误，盖下文谈及的李峤、崔融、薛稷、宋之问、富嘉谟、阎朝隐诸人均与修《三教珠英》，又都不是集贤学士。不知是刘肃抄撮有误，还是后人据《旧传》改写致误。

这条"一气化三清"的史料所托身的作品,从文献层级讲,《集贤注记》为一次文献,国史与《大唐新语》为二次文献,在传统目录学体系中,三者分属不同类别。唐国史入史部正史类,《集贤注记》入史部职官类,《大唐新语》最先入史部杂史类,后归子部小说类①,三者的定性和定位悬殊。而目录体系隐含的学术权衡,使得学者对它们轩轾迥别。国史"名亡而实不亡"②,变身为《旧唐书》等研治唐史的根底之书;《集贤注记》贵为第一手资料,学者不辞辛劳一再辑佚③;《大唐新语》则因为"其中《谐谑》一门,繁芜猥琐,未免自秽其书,有乖史家之体例",被"退置小说家类"④,受到轻视。由这个案例可以看出,作者的身份和图书的性质左右了学者对史料价值的评判,一旦史官将私人传记的材料采入国史,它便仿佛获得了"质量认证书",可信度大幅提升;倘若反过来,将同样的材料搬到另一部杂史、传记,它的评级则面临降格,即便它比正史更加忠实于一次文献。

比起行状,私家传记的规范更加宽松,因此大部分在创作上更灵活多变,文笔更接近于小说。中唐以后传奇发达,士子举进士时又流行行卷的风气,宋人赵彦卫《云麓漫钞》卷八谓献纳的传奇小说"文备众体,可以见史才、诗笔、议论"⑤,为了表现史才,举子们常常采时事作传记。文之将史,于是又在这里交汇合流,使得史传与小说益发难以区分。《国史补》卷中记载,元和十年(815年)震惊朝野的盗杀宰相武元衡事件中,"裴晋公为盗所伤刺,隶人王义扞刃死之。公乃自为文以祭,厚给其妻子。是岁进士撰《王义传》者,十有二三"⑥。这样创作的作品植根史事,似乎可以算作史记;但是事非目睹,得自传闻,少不了渲染虚构,则又全然是小说道听途说的作风。为了记载的完备,国史不能不吸收私传材料;但同时为了维护正史的严肃性,遵循严正的史传义例,又得尽量割弃

---

① 《大唐新语》首见《新唐书·艺文志》,归入杂史类,《四库全书总目》则降入小说类。
② 郑樵:《通志》卷七一《校雠略》有"书有名亡实不亡论"条,页832。
③ 20世纪以来有朱俅《集贤注记辑校》(载《国立中山大学文史学研究所月刊》1934年3月第三卷第一期)、陶敏辑校《集贤注记》两种辑本,日本学者池田温《盛唐之集贤院》虽非辑本,但也分类搜罗了大量《集贤注记》文字(见氏撰《唐研究论文选集》)。
④ 《四库全书总目》卷一四〇,页1183。
⑤ 赵彦卫:《云麓漫钞》,中华书局1996年版,页135。
⑥ 《唐国史补 因话录》,页44。

那些难于征信的内容，过滤掉个人情感过浓的成分。这的确是一件伤脑筋的工作，史家们也一直没能达成一致的取舍标准。《吴保安传》《谢小娥传》今人目为传奇的代表，唐国史未曾收载，宋祁却将它们采入了《新唐书》。可见怎样选择入史的私传，真是考验史家态度和眼光的一道难题。宋代以后，小说文体逐渐独立，文、史叙事志人风格的分野日益明显，人们对两者的异质性也有了更明确的认识。传记的中间状态的时代成为过去，曾经困扰史家的问题轮到目录家来伤神费心了。

余　　论

在一般观念中，官方修撰的正史和私人写作的野史之间，前者具有更高的权威性和可信度，而对于后者给予前者的支持，认识尚显不足，从而造成对二者的史料价值轩轾迥别。文史研究者或囿于各自学科之畛域，对于二者的互相渗透以及因文体差异带来的叙事变化了解不够。本章的考察则说明，由最早建立的国家修史机构唐史馆所制定的史料征集制度，就已经为偏记小说进入官方史书颁布了"许可证"。征诸唐代的修史事实并通过对有代表性的行状、传记与残存的唐国史遗文相比照，我们可以清晰地看到这种渗透、改造的痕迹。

何以官方的修史机构会给私人材料开放一扇"后门"呢？崔瑞德（即杜希德）对此从意识形态的角度作出解释，他说："官方历史学家与碑铭作者实际上是二而一者的人物。他们都把个人看作是他在儒家意义上的多种关系的总和。……这二者的写作都意在为后世士大夫树立楷模。因此，碑铭和行状的作者事实上都完成了历史学家将要在理论上所做的一切，因此没有重大的理由来反对历史学家接收这些已经完成的文件，除了他们缺乏年代学和一般的官方性质以外。传统的《春秋》之义管住了第一个目的（引按，指树立楷模），考功司的监督作用只在核实其内容而已。"① 也就是说，虽然两种传记及其作者存在属性和身份的区别，但都忠实贯彻了儒家思想，符合主流价值观的叙事规范，通常只需作出技术调

---

①　［英］崔瑞德（Denis C. Twitchett）撰、张书生译：《中国的传记写作》，载《史学史研究》1985年第3期。这个观点后来被吸纳进他的《唐代官修史籍考》第二部分《历史记录的纂修》之八"列传"。

整即可完成转型。观念的一致性、稳定性造成了不同文类和文本间的可通约性,最终得以通过制度化的形式固定下来。

正史中的传主是作为伦理社会下"臣民"的典范而被载入的,因此他们那些不具有示范意义的人生细节大可略而不书①。在采入正史的过程中,偏记小说中容易招致"虚诞"批评的内容被删削,本来就克制的文华意气受到进一步挤压,人物形象的政治特征被突出强化,人物自身的丰富性被类型化、模式化的叙事需要所裁剪。个性向共性折中,艺术向政治归化,这是史传文体自身的规范,也是史家述作的意识形态的自律。章实斋比较文笔与史笔之别,有两段著名的论断,很好地诠释了史传"制式写作"风格的主体成因。其一曰:

> 史笔与文士异趋,文士务去陈言,而史笔点窜涂改,全贵陶铸群言,不可私矜一家机巧也。②

其二曰:

> 文士撰文,惟恐不自己出。史家之文,惟恐出之于己。其大本先不同矣。史体述而不造。史文而出于己,是为言之无征;无征,且不信于后也。③

作为公共写作的史传,尤其是正史的写作,更要求"秉笔欲直,持论欲平"④,作者不得不敛才就范,把才情和意志裹藏在丰厚的史料背后。后世由史传衍生出的各式叙事文学作品,它们在艺术上拥有自由发挥的空间,但是在人物塑造上通常不能摆脱扁平化、脸谱化的模式,这或许是史传给予后代叙事文学的一道最深的符咒吧。

---

① 说参上引崔瑞德文。
② 《文史通义新编新注》外篇六《跋〈湖北通志〉检存稿》,页1034。
③ 《文史通义新编新注》外篇一《与陈观民工部论史学》,页405。
④ 潘耒:《遂初堂文集》卷五《修明史议》,《续修四库全书》第1417册,页441。

附录一
《史通·古今正史》唐史笺证

《古今正史》，为《史通》讨论历代官修史之专章。

刘知几将史著类型分为两大类：一曰正史，一曰偏记小说。《史通》之《杂述》篇云："是知偏记小说，自成一家，而能与正史参行……"本篇通说历代正史，篇末则称："大抵自古史臣撰录，其梗概如此……自余偏记小说，则不暇具而论之。"通观全书，《史通》开宗明义所云"自古帝王编述文籍"，即是正史；"其余外传"，则名之曰"偏记小说"。二者之区别，大略以记王言帝迹者为正史，其余则统称偏记小说。恒言所谓"正史"，为一目录学概念，取义多同《唐六典·秘书省》，谓"以纪纪传表志"之史书，体裁限于纪传体。刘知几意在扬榷史著之义例，别裁史料之高下，其所谓"正史"，于四部载籍不限于乙部之书，故而《尚书》《春秋》《左传》之属，皆在论列；于史书体例不限于纪传一体，故而本文将笺证之唐史部分，乃述及编年体之起居注及实录。

《史通》一书，前修臻思精研者，代不乏人。而昔贤措意，多在先秦至唐初所修五代史，唐修本朝史部分，则仍有待发之覆。刘知几自述平生"三为史臣，再入东观"，故自唐高祖至睿宗所有官修史皆能耳目相接，甚至躬与修撰，其记述之可信度及重要性不言而喻。近来笔者涉猎唐代史籍，留心国史、实录之修撰，深感此篇之唐史部分，实为研究初唐国史修撰之首要材料。乃参取他书记载，递相发明，作为笺证。小学戋戋，狃于闻见；大雅君子，幸有以教之。

惟大唐之受命也，义宁、武德间，工部尚书温大雅首撰《创业起居注》三篇。自是，司空房玄龄、给事中许敬宗、著作佐郎敬播，相次自立编年体，号为"实录"。迄乎三帝，世有其书。

按：唐代起居注，要以温大雅《创业起居注》为嚆矢，后代累有修撰。然《旧唐书·经籍志》备录开元内府藏书，起居注类唐代部分仅记温书三卷，其后武德迄开天一百余年，计四百余卷起居注，竟全无著录。究其缘由，断非文献失坠，当以起居注乃皇家档案，未是成书，唯具史料之用，只如《史通·史官建置》篇所谓"当时之简"而已。唐制，起居郎、起居舍人掌修起居注，每季为卷，季终则送之史馆；史官据此并参以他种史料，撰为实录，此即"后来之笔"，归于著作之林。故《旧志》以唐实录入起居注类，系次《创业起居注》。《新唐书·艺文志》务存一代著述，起居注类另载《开元起居注》三千六百八十二卷。且勿论其卷数有误，只武德以下起居注，唐人是否视为著作，亦未深考。或谓欧公师心别裁，自立尺度，则何不尽列李唐二十帝之起居注耶？

"三帝"，谓高祖、太宗、高宗。《旧志》著录：《高祖实录》二十卷，房玄龄撰；《太宗实录》二十卷，房玄龄撰；《太宗实录》四十卷，长孙无忌撰；《高宗实录》三十卷，许敬宗撰；《高宗实录》一百卷，大圣天后撰。此皆开元时实存，而能为知几所亲见者。

贞观初，姚思廉始撰纪、传，粗成三十卷。

按：此唐纪传体国史之椎轮，而治史学史者或失诸眉睫。浦起龙《史通通释》云："唐二《书》凡书国史，或统言，或专以纪传言，或竟阙书。《史通》此等处，可当史补，亦可当史注。"所言甚是。思廉撰纪传事，诸史失载。考《旧唐书》本传，思廉贞观初迁著作郎，三年以后，以本官受诏与魏徵编撰梁、陈史。复据《旧唐书·职官志二》，唐初沿旧制，仍以著作郎掌修国史，贞观三年闰十二月（已入630年），移史馆于门下省北，著作郎始罢史职。然则姚思廉之撰国史，当在著作郎未罢史职，即贞观三年以前，纪事下限或止于武德。《贞观政要》卷七《文史》载："贞观十四年（《唐会要》卷六三《史馆杂录》上作十六年）……玄龄等遂删略国史为编年体，撰高祖、太宗实录各二十卷。"此所谓国史，应包括思廉所撰三十卷；且贞观前期之纪传体国史，似仍继续修撰。然而史文阙如，详情不得而知。

《史通·自叙》篇云："皇家受命，多历年所，史官所编，粗惟纪录。至于纪传及志，则皆未有其书。"一似本篇所述诸本国史，竟成乌有。详知几之意，盖如《旧唐书·韦述传》所云："国史自令狐德棻至于吴兢，虽累有修撰，竟未成一家之言。""未有其书"即"未成一家之言"也，盖不满旧史违失，欲行夫子笔削之事，故作此语，并非初唐国史胥无成书。

至显庆元年，太尉长孙无忌与于志宁、令狐德棻、著作郎刘胤之、杨仁卿、起居郎顾胤等，因其旧作，缀以后世，复为五十卷。虽云繁杂，时有可观。

按：《新志》著录《武德贞观两朝史》八十卷，长孙无忌、令狐德棻、顾胤等撰。《旧志》无。疑开元时中秘已无其本，盖如本文所言，武后长寿中为牛凤及缴毁。欧公三百年后是否因缘际会，重见此书，殊为可疑。《新志》所录唐人著述，王重民《中国目录学史》云："《新唐书·艺文志》所补充的《古今书录》未著录的两万多卷是根据宋代的藏书，而不是唐代藏书，就有纪唐代著述的意义了……凡'未著录'内依据宋代藏书或宋代藏书目录所著录的，其书在唐代未必流传，其书本与宋代所流传的相符合，而未必符合于唐代原始情况。"其说谓《新志》"有纪唐代著述的意义"，甚确。唯似默认《新志》补录者，北宋俱存其书，私心以为未必然。《武德贞观两朝史》属《新志》所谓《旧志》"不著录"之类，其记录时限，正当唐朝开基立国，又值贞观之治，伟业鸿勋，素为唐人景仰。然开元廿余学士历时四年整比两都皮藏，毋煚又穷二十年之力，编为《旧志》蓝本之《古今书录》，犹不能亲见其书而登录之，岂有别本流传民间，重现于宋仁宗之时？今《崇文总目》辑本虽仍有漏佚，而大体完全，本书并无著录。岂《崇文总目》撰成之后（1041年），《新唐书》修撰之际（1044—1060年），遗书秘籍，重现人间？然于史无征，于理难信。试核以他书：诸史明言，《国史》一百六卷、《开元实录》四十七卷、起居注并余书三千余卷，安史乱中尽化劫灰。《新志》全数照录，又错认三千余卷皆为《开元起居注》。如此之类，殆难毛举。故王氏之说，当补曰："一部分'未著录'图书，是根据唐代史书的记载著录的，北宋时未必存世。"至于各书存佚详情，及欧公参据史料，固有待于考核也。

修此书史官名单及职衔，《册府元龟》五五六《国史部·采撰二》开列最详。其卷数或称八十一卷，或称八十卷。据知几所记姚思廉初为三十卷，令狐等复续五十卷推之，当是八十卷。

龙朔中，敬宗又以太子少师总统史任，更增前作，混成百卷。

按：《唐会要》卷六三《修国史》云："至（显庆）四年二月五日，中书令许敬宗、中书侍郎许圉师、太史令李淳风、著作郎杨仁卿、著作郎顾允［胤］，受诏撰贞观二十三年已后至显庆三年实录，成二十卷，添成一百卷。"《册府元龟》略同。此"一百卷"与本篇之"百卷"当指同一书，而记作年不同。《唐会要》之文，易使人以为史官径将新成二十卷实录添入原有八十卷中，贾宪保《从〈旧唐书〉〈谭宾录〉中考索唐国史》，遂因此怀疑八十卷本国史乃编年体，而非纪传体。衡以本篇，有所不合。窃疑撰成二十卷实录与添成一百卷国史，事非同时，《唐会要》恐有夺文，使人误以两次修撰为同时并举。知几所记，无乃得其实耶？据旧《高宗纪》、《资治通鉴》，敬宗迁太子少师在龙朔二年（662 年）八月壬寅，旧本传谓在三年者，误。

如《高宗本纪》及永徽名臣、四夷等传，多是其所造。
按：敬宗监修国史时，高宗仍在世，不应称庙号，疑许书原作《今上本纪》。

又起草十志，未半而终。
按：纪传之体，表志最难。《书志》篇"语其通博，信作者之渊海也"，程千帆先生《史通笺记》引郑樵及顾炎武之说，言之甚悉。知几深憎敬宗修史"矫妄"，于此乃特表其草创十志之功，可谓不掩其善矣。十志之修撰，敬宗终身未竟，可知其不在百卷国史之内。《旧唐书·韦述传》云："国史……至述始定类例，补遗续阙，勒成国史一百一十三卷，并《史例》一卷。"钱东垣辑本《崇文总目》卷二曰："述因兢旧本，更加笔削，刊去《酷吏传》，为纪、志、列传一百一十二卷。"则是唐国史书志，至韦述方初告完竣。

敬宗草创"十志"，其详难知矣，然其类目不妨循迹推测。唐初所修史志有二：附入《隋书》之《五代史志》及《晋书》诸志。此二书敬宗皆曾与修，书志均为十种。学者公认《旧唐书》大量沿袭唐国史旧文，今考《旧唐书》有十一志，次第为：《礼仪志》《音乐志》《历志》《天文志》《五行志》《地理志》《职官志》《舆服志》《经籍志》《食货志》《刑法志》。较《隋书》多《舆服志》，较《晋书》多《经籍志》。臆敬宗未草者，盖《经籍志》也。贞观中，令狐德棻、魏徵相次为秘书监，大校群籍，遂据以撰成今之《隋书·经籍志》，以其注称"今有"者观之，可谓贞观中秘书目录。许敬宗监修国史在龙朔中，去《隋志》成书仅十余年，其间不闻广搜博采之举；纵有添置，必也弘益无多。纪一代藏书之经籍志，恐未便重撰。直至开元初，褚无量、马怀素、元行冲等始奉诏率学士再次整比图书，九年（721年。《玉海》卷五二《群书四录》条注引韦述《集贤注记》作八年），撰成《群书四部录》二百卷奏上。其后毋煚裁为《古今书录》四十卷，《旧唐书》又裁略成《经籍志》。志序云："今录开元盛时四部诸书，以表艺文之盛。"则后晋史官所修，开元中秘书目录也。

敬宗所作纪、传，或曲希时旨，或猥饰私憾，凡有毁誉，多非实录。必方诸魏伯起，亦犹张衡之蔡邕焉。

按：敬宗劣迹，《唐会要》卷六三、《册府元龟》卷五五六等载唐高宗怨憎之事甚悉，不具引。王元军《许敬宗篡改唐太宗实录及国史问题探疑》（载《中国史研究》1996年第一期），对敬宗罪状有所辩解，可参看。

其后左史李仁实续撰于志宁、许敬宗、李义府等传，载言记事，见推直笔。惜其短岁，功业未终。

按：《册府元龟》卷五五四《国史部·选任》记此事云："刘仁轨为左庶子同中书门下三品。咸亨四年三月，诏仁轨与吏部侍郎同中书门下三品李敬玄、中书侍郎郝处俊、黄门侍郎高如周（当作智周）等，并修国史。仁轨等于是引左史李仁实专掌其事。"《唐会要》卷六三《修国史》亦载此事，文字极近似，疑俱从唐国史或实录采入；唯缺年份，而文末更云："将加刊改。会仁实卒官，又止。"旧《李敬玄传》《郝处俊传》俱云："（咸亨）四年，监修国史。"可知仁实续修之举，始于咸亨四年（673年）；其卒官当在此后不久。

至长寿中，春官侍郎牛凤及又断自武德，终于弘道，撰为《唐书》百有十卷。

按：牛凤及，事迹详《元和姓纂》卷五及《新唐书·宰相世系表》五上。存诗《奉和受图温洛》一首，最早见于《初学记·地部六·洛水》。考诗本事，当为垂拱四年十二月己酉（689年），武后亲临洛水，拜受唐同泰伪造之瑞石"宝图"。《资治通鉴》谓此番仪式，"文物卤簿之盛，唐兴以来未之有也"，可见其盛况空前。讴颂此事之应制诗，今存仍有苏味道、李峤两首，亦载《初学记》。以是观之，牛氏盖以文学侍臣晋身者。

藤原佐世《日本国见在书目录》撰成于 9 世纪末，当唐昭宗时。其"刑法家"著录牛凤反撰《中台判集》五卷，"牛凤反"显为"牛凤及"之误。据《唐六典》卷一《尚书都省》及《唐会要》卷五七《尚书省》，高宗龙朔二年（662 年）至咸亨元年（670 年）、武周长安三年（703 年）至中宗神龙元年（705 年），尚书省改称"中台"。"判"为唐代官吏铨选考核内容之一。《唐六典》卷二《吏部尚书》云："凡选授之制……以四事择其良：一曰身，二曰言，三曰书，四曰判。"原注："每试判之日，皆平明集于试场，试官亲送，侍郎出问目。试判两道，或有名学士考为等第，或有试杂文，以收其俊乂。""名"，近卫家熙以为当作"召"，广池千九郎据宋本作"糊名"（日本广池本《大唐六典》，三秦出版社 1991 年影印）。按唐代铨考制度，当从宋本。牛氏之书，盖试判文之结集，张文成《龙筋凤髓判》之伦类，所谓"取备程序"者乎？陈振孙《直斋书录解题》谓《龙筋凤髓判》"自省台寺监百司，下及州县，类事属词，盖待选预备之具也。"牛氏之集，可能只选尚书六部判文，故标名"中台"。

《新唐书·艺文志》著录唐修纪传体国史凡五家：①《武德贞观两朝史》八十卷，长孙无忌、令狐德棻、顾胤等撰；②《唐书》一百卷，吴兢撰；③《唐书》一百三十卷，吴兢、韦述、柳芳、令狐峘、于休烈等撰；④《国史》一百六卷，不著撰人；⑤《国史》一百十三卷，不著撰人，无凤及所编一百一十卷者。《玉海》卷四六"唐武德以来国史"条引韦述《集贤注记》云："史馆旧有令狐德棻所撰国史及《唐书》，皆为纪传之体。令狐断至贞观，牛凤及迄于永淳。"次句以"令狐"与"牛凤及"对举，则首句"《唐书》"前当蒙下省其名。其书纪事下限，知几谓"弘道"，韦述曰"永淳"，其实一也。《旧唐书·高宗纪下》载："十二月（疑为十一月之讹）己酉，诏改永淳二年为弘道元年。"时当公元 683 年。是月丁巳高宗薨，次年即改元嗣圣。

凤及以喑聋不才，而辄议一代大典，凡所纂录，皆素责私家行状，而世人叙事，罕能自远。或言皆比兴，全类咏歌；或语多鄙朴，实同文案。而总入编次，了无厘革。其有出自胸臆，申其机杼，发言则嗤鄙怪诞，叙

事则参差倒错。故阅其篇第，岂谓可观；披其章句，不识所以。

按：知几于《核才》篇倡言："文之与史，较然异辙"，揶揄"齿迹文章而兼修史传"之文士，"亦犹灞上儿戏，异乎真将军"。牛氏则不特无史才，文学亦自郐无讥，《史官建置》篇斥为"狂惑"，宜哉。

既而悉收姚、许诸本，欲使其书独行。由是皇家旧事，残缺殆尽。

按：此句前修均轻轻放过，实极耐人寻味。窃谓牛氏修史，乃周革唐命之后一重大文化举措，牛氏所修《唐书》，实即武周所修"前代史"也。尝试论之：①史书之缴毁，率因记事违碍当朝。以唐国史为例，《顺宗实录》之三修，《宪宗实录》之再改，皆因权臣不满。敬宗虽记事阿曲，有乖实录，然其人附庸武后。今观诸史所载敬宗"秽史"劣迹，每多取媚武后一方，而不利于贞观旧臣，如将太宗赐长孙无忌之《威凤赋》移向尉迟敬德传内，以刘洎之死归咎褚遂良。永徽六年（655年），无忌、遂良谏止高宗立则天为后，则天因此衔恨；而《旧唐书·李义府传》略载：如意元年（692年），则天以敬宗等六人"在永徽中有翊赞之功"，多有褒赠。"翊赞之功"者，即劝请立则天为后也。如意元年即长寿元年，去永徽已四十年，尚且感念推戴之功。牛氏修史，当在褒赠后一二年，纵知敬宗记事失实，亦断不敢为武后之死敌平反。故收缴许本，必另有缘故。②观知几议论，许本虽多诬枉，犹胜牛氏之本。牛氏此举，岂欲扬才露己，攘夺他人之美乎？然国史所记，天子之事也，非寻常文章案牍之比。《欧阳文忠全集》卷一〇七《论史馆日历状》云："史者，国家之典法也。"许敬宗官至中书令，亦只能偷梁换柱，夹带私货；牛凤及区区四品春官（礼部）侍郎，焉能为所欲为，全盘推翻旧有国史？程《笺》曰："君权，史权所本。史权，君权所分。"（页4）唐家旧史，舍则天而外，谁能使之一举"残缺殆尽"？新朝纂修前代史，自唐代起成为定制。武周继唐而兴，史臣重修前史，自是应有之事。姚、许所撰，虽为前朝宝典，此时亦只充作史料。新史修成，旧史自成弃余。"独行""残缺"云云，正如贞观末年，新《晋书》出而十八家晋史废亡耳。③牛书记事下限止于高宗崩，去武周正式建国，仍有六年，似未尽前代之年。其实，高宗崩之日，武后即临朝称制，中宗、睿宗不过傀儡。知几预修之《则天实录》，晁公武《郡斋读书志》谓之"起嗣圣改元甲申临朝，止长安四年甲辰传位"；《旧唐书·则天皇后纪》据唐国史旧文撰成，记事亦始于嗣圣元年（684年），不别为中宗、睿宗纪，是唐人已承认自此年以下，国祚潜移，政归武氏矣。牛书断限，可谓得其实也。④长寿年（692—694年）前后，则天之政策有所调整。前期专任酷吏，以告密罗织为手段，推行血腥恐怖专政。至此稍见收敛，而有致力文治之举措焉。《资治通鉴》叙述此番变化甚为简要，卷二〇五长寿元年略载："太后自垂拱以来，任用酷吏，先诛唐宗室贵戚数百人，次及大臣数百家，其刺史、郎将以下，不可胜数……时告密者不可胜数，太后亦厌其烦……制狱稍衰。"谏官朱敬则乃上疏建议减轻刑罚，崇尚礼乐之教，扫除罗织之党。则天欣然接纳。二年正月（693年。此时用周正，以夏历十一月为正月，十二月为腊月，原正月为一月），纳姚璹奏，令宰相撰时政记，月送史馆；同年一月，令举人罢习《老子》，改习则天自撰《臣轨》。牛氏之书，亦云撰于长寿中，当即相关措施之一。然而武后好大喜功，虽云修文崇礼，徒好其仪文美盛而已。故此后二年间，造天枢，登封嵩岳，重筑明堂，劳民伤财，乐此不疲；而一代正史，竟委于史学懵昧之礼官。其草率灭裂，可兴叹也。

长安中，余与正谏大夫朱敬则、司封郎中徐坚、左拾遗吴兢，奉诏更撰《唐书》，勒成八十卷。

按：《唐会要》卷六三《修国史》记此书长安三年（703年）正月一日敕修。傅振伦《刘知几年谱》长安三年以为："《唐史》之成，即在此年。"然《旧唐书·徐坚传》云："则天又令坚删改《唐史》，会则天逊位而止。"是书似半途而废。考知几上萧至忠书，自谓："三为史臣，再入东观，竟不能勒成国典，贻彼后来者。"所谓"国典"，自非下文所言之《则天实录》，应即此《唐书》是也。再以通则观之，《唐会要》《册府元龟》及诸史臣传，凡国史、实录撰成进上，每有记载褒锡赏赉之事；然遍稽群籍，未见褒赏与修该书史官事。则是书实未完稿，"勒成八十卷"者，盖指已成卷数，非谓全帙也。

据两《唐书》本传，吴兢初以外任直史馆，与修史，俄转右拾遗内供奉，与本篇官名小异。《唐会要》卷六三《在外修史》载开元十四年（726年）吴兢上奏曰："臣往者长安、景龙（当作神龙）之岁，以左拾遗、起居郎兼修国史。"则同本篇。旧籍"左""右"常互讹，此亦未详孰是。

神龙元年，又与坚、兢等重修《则天实录》，编为三十卷。

按：浦起龙《史通通释》云："三"一作"二"。张鼎思本、郭延年本、黄叔琳本作"二"，卢文弨《群书拾补》云："宋（本作）三。"《唐会要》卷六三《修国史》略载："神龙二年五月九日，武三思等修《则天实录》二十卷进上……开元四年十一月十四日，修史官刘子玄、吴兢撰《则天实录》三十卷成。"是则知几尝两度预修《则天实录》，本文所述，乃第一次者，卷数似有差异。然《唐会要》记后一本修成后，姚崇上表，称："神龙二年五月……修《则天实录》三十卷成。"又与本篇合。傅振伦《刘知几年谱》开元四年（716年）以为："盖初录三十卷，刘等删为二十卷也。"可备一解。《唐会要》所记，前二卷数误倒；诸本作"二"者，疑误从《新志》。

夫旧史之坏，其乱如绳。错综艰难，期月方毕。虽言无可择，事多遗恨，庶将来削稿，犹有凭焉。

按：本段议论，可参《自叙》篇"而当时同作诸士及监修贵臣，每与其凿枘相违，龃龉难入"云云。

"期月"，语出《论语·子路》："苟有用我者，期月而已可也。"邢昺疏曰："期月，周月也，谓周一年之十二月也。"傅振伦《刘知几年谱》神龙元年（705年）以为"期年"之误，非是。

附录二
《大唐新语》校札

《大唐新语》是唐人笔记中史料价值较高的一种,目前通行的是中华书局1984年初版,许德楠、李鼎霞点校的版本。至1997年12月,已累计印行二万六千册,可见其受重视程度。然而事属草创,各种材料的搜检也不像今天方便,因此难免存在不尽人意的地方。

中华本印行之后,方积六、吴冬秀编撰的《唐五代五十二种笔记小说人名索引》和周勋初师主编的《唐人轶事汇编》对本书部分人名讹误作了更订,周勋初师《唐语林校证》对王谠引及的《大唐新语》文字偶有乙正,武秀成师《大唐新语佚文考》及《古籍校点中他校法的运用及其意义》对中华本所收佚文和卷六的部分条目均曾悉心考订。这些拾遗补缺的工作,进一步提升了《大唐新语》的文本可信度。但是以上成果只涉及全书的一小部分,对于全面评估和使用《大唐新语》尚嫌不足。为此,我不揣剪陋,重新校理了全书。

众所周知,校勘方法和版本选择直接决定着校勘质量。笔记小说所用材料常互见于其他著作,他校法是校勘的有效手段。前述诸家的订正,无不凭借这种方法奏效。中华本校者也知道本书"多取材于唐代国史旧文"(《点校说明》),可是具体操作时却说:"《大唐新语》所述故事与其他史料间有差异之处……限于篇幅,类似变异之处下文不再出校。"[①] 非常遗憾地放过了许多完善今本的机会。正是通过与两《唐书》、《资治通鉴》以及相关载籍的比勘,我们可以认定,陈寅恪先生对本书史料的判断"大都出自国史"[②],是正确的。这个"国史",包括唐人撰写的纪传体国史和列朝实录;此外,流传至今的吴兢《贞观政要》、张鷟《朝野佥载》、刘𬀩《隋唐嘉话》,以及现已散佚的柳芳《唐历》、韩琬《御史台记》等

---

① 《大唐新语》,页16。
② 《元白诗笺证稿》,页140。

著作，或多或少都为刘肃采用。也就是说，《大唐新语》的史源与备受重视的两《唐书》、《资治通鉴》相当接近，其史料价值不容低估。

中华本提到的参校本有文津阁《四库全书》本。学术界一般认为，四库馆臣擅改原著，《四库全书》的版本价值不大。诚然，《四库全书》开馆，有钳制思想的意图，不能逃脱灭裂文献的谴责。就字面的改窜而言，陈垣先生《旧五代史辑本发覆》归纳的十类忌改例，《四库全书》本《大唐新语》也不能幸免。然而四库馆臣都是一时专家硕学，抄手也是国子监学生，因此《四库全书》本的名物典故之类文字往往犯错较少，恰好可以补救坊本寡识粗率的缺陷；坊本则可以检查《四库全书》本窜改文字的地方。

关于《四库全书》的版本，中华本《大唐新语》整理之时，文渊阁本还远在台湾，无从利用，只得就近参考迁藏北京图书馆的文津阁本。该本在七阁《四库全书》中写定最晚，直至嘉庆初年才告完成。工程拖延太久，各方面工作都不如初期严格认真，总体抄校质量比不上最先竣工的文渊阁本。这次我用台湾商务印书馆影印的文渊阁本《大唐新语》通校一过，就核出胜于中华本的异文数十条。可见七阁《四库全书》文字歧互，应当作为不同的版本对待，而文渊阁本比较可信。

《大唐新语》所用底本，《四库总目提要》只说是"内府藏本"。查记载乾隆朝宫廷善本藏书的《钦定天禄琳琅书目》，本书没有著录，看来"内府藏本"只是普通本。经与南京图书馆所藏明万历癸卯潘玄度刻本（简称"潘本"）及万历己酉冯梦祯、俞安期刻本（胶片，简称"俞本"）对校，可知文渊阁本不出于这两种版本，文字要优胜得多。傅增湘《藏园订补郘亭知见传本书目》曾提到一种残存前六卷的明写本，说："余尝取校《稗海》本，六卷中改正四百十二字，信为现存最善之本矣。"该本现归北京图书馆，应该就是中华本参校过的明人抄本残卷。文渊阁本所据底本，大概是类似的明本吧。

此番校理，共得疑误近二百条，其中考史者最关心的名物典制舛夺最多。致误之由，主要是历代写刻者的以讹传讹，以及作者刘肃抄撮众著时的误读原文。下面择要举例，分别部居，以见今本失误之概况。匡予不逮，俟诸君子。

壹　名物之误

一、版本鉴定之误

《点校说明》："此次校点整理……以明嘉靖潘玄度刻本（简称潘本）……为主要对校本。"

按：查《中国古籍善本书目·子部·杂家类》，录有两种潘玄度刻本，俱云"明万历三十一年潘玄度刻本"，其中一种有叶德辉题跋，今藏北京图书馆。中华本《附录》收载叶跋，而称其本为"万历癸卯潘氏印本"，癸卯即万历三十一年，可知"印本"与"刻本"实为一物，则《点校说明》所谓"嘉靖刻本"必是"万历刻本"之误。

二、年代之误

（1）卷二《极谏》"安禄山"条："至十月九日，反于范阳。"①

按：安禄山起兵日期，两《唐书》、《资治通鉴》及各种史料皆作"十一月九日"，本条误夺"一"字。各本并失校。

（2）卷四《政能》"开元九年"条："开元九年，左拾遗刘彤（当作肜）上表论盐铁。"②

按：此事《旧唐书·食货上》云在开元元年（713年）十一月五日，《唐会要》卷八十八《盐铁》同之。本书盖形近而误，当据正。

三、庙号之误

（1）卷四《持法》"唐临为大理卿"条："会太宗幸寺，亲录囚徒。"③

按：此事两《唐书·唐临传》及《资治通鉴》卷一九九皆载，俱云为高宗事。《资治通鉴》系于贞观二十三年（649年）十月乙亥。是年五月太宗薨，未改元。疑司马光据《太宗实录》书之，故记日月详明；刘

---

① 《大唐新语》，页28。
② 《大唐新语》，页67。
③ 《大唐新语》，页54。

肃所据或亦编年之书，然惑于年号，疏于考核，遂误为太宗事。

（2）卷十二《劝励》"于彦昭"条："睿宗朝，左授岳州司马而终。"①

按："于"，文渊阁本作"子"，并与上条连写，是。前条记赵武盖事，彦昭即其子。"岳州"当作"江州"，见下"地名之误"第（3）条。此事亦见《旧唐书·赵彦昭传》。考《旧唐书·睿宗纪》及本传，赵彦昭景龙四年六月（710年）曾贬绛州刺史，不日停；七月，又贬宋州刺史，寻起复刑部尚书等。左迁江州事，《旧唐书》不系年月，《唐会要》卷六三《弹劾》、《资治通鉴》卷二一一系于开元二年（714年）三月。可知彦昭遭贬而卒当在玄宗朝。又，本条记张说贬岳州刺史时曾作诗吊之。据郁贤皓《唐刺史考》页二一一三及页二三四三，说开元五年（717年）二月已自岳州刺史除为荆州长史，则彦昭当卒于是年之前。

《旧唐书·赵彦昭传》自"睿宗朝"以下更无年号、帝号，唯据"萧至忠等伏诛"之记载可推知后叙者为玄宗朝事。刘肃不察，掐头接尾，是以致误。斯亦《大唐新语》为国史类抄，与《旧唐书》史源多近之一证欤？

（3）卷十三《郊禅》"宝应初"条："博士独孤及议，亦以为若配天之位既易，则天祖之号宜废。"②

按：古不闻以"天祖"为号者。考《旧唐书·礼仪一》，载独孤及之议云："夫追尊景皇，庙号太祖，高祖、太宗所以崇尊之礼也。若配天之位既异，则太祖之号宜废。"可知"天祖"盖"太祖"之讹。太祖景皇帝，即唐高祖之祖父李虎。

四、谥号、封号之误

（1）卷五《孝行》"刘审礼"条："赠审礼工部尚书，谥曰悼。"③

按：《太平御览》卷四一四引本条，"悼"作"僖"。考两《唐书》本传，俱云谥曰"僖"，《唐会要》卷八〇《谥法下》同之。《资治通鉴》卷二〇二高宗仪凤三年（678年）九月，亦称之"彭城僖公刘审礼"。可

---

① 《大唐新语》，页177。
② 《大唐新语》，页199。
③ 《大唐新语》，页80。

知本书误,当据诸书改。又据《职官分纪》卷四九谓"诸王谥悼",刘审礼非王爵,于谥法亦不得称"悼"。(此承武秀成师揭告。)

(2) 卷十一《褒锡》"自汉魏以来"条:"历代皆封孔子后,或为褒城侯,或号褒圣侯。至开元二十七年,诏册孔子为文宣王,其嗣褒城侯,改封文宣王。"①

按:两"褒城侯",纪昀等编《历代职官表》卷六六俱引作"褒成侯",是也。孔子后裔封褒成侯,自西汉孔均始。《汉书·平帝纪》:"元始元年,封孔子后孔均为褒成侯。"又据《旧唐书·玄宗下》,后一"褒城侯"应作"褒圣侯"。

后一"文宣王",《历代职官表》作"文宣公",是也。《旧唐书·玄宗下》开元二十七年(739年)八月:"甲申,制追赠孔宣父为文宣王……后嗣褒圣侯改封为文宣公。"制文见载同书《礼仪四》,云:"夫子既称先圣,可追谥为文宣王……其后嗣可封文宣公。"其世次见《新唐书·宰相世系表》五下。

五、人名之误

(1) 卷二《极谏》"总章中"条:"详刑大夫来公敏进曰……"②

按:此事《唐会要》卷二七《行幸》、《资治通鉴》卷二〇一"高宗总章二年"、《唐语林》卷一俱载,皆同本书。然此名不复见诸史。考《元和姓纂》卷六"采氏",云:"(采)公敏,黄门侍郎。"本条及上述诸史俱云来公敏"擢为黄门侍郎",与《元和姓纂》所书官职同。《元和姓纂》载采公敏父采强为隋渔阳郡主簿,总章二年(669年)去隋末五十余年,公敏宜仍在世。疑诸书"来"字并形讹。然则此误亦由来久矣。

采公敏子泰眘尝为相州刺史,郁贤皓《唐刺史考》页一二三三辗转求证,云:"疑泰眘刺相在中宗时。"然若公敏高宗中已仕至黄门侍郎,其子刺相未必不在武后时。

(2) 卷二《刚正》"李令质为万年令"条:"有富人同行盗,系而按之。驸马韦擢策马入县救盗者。"③

---

① 《大唐新语》,页 166。
② 《大唐新语》,页 22。
③ 《大唐新语》,页 36。

又，卷三《公直》"安定公主"条："安定公主初降王同皎，后降韦擢。"①

按：据两《唐书·韦温传》及《王同皎传》，"韦擢"当作"韦濯"，"安定公主"当作"定安公主"。韦濯乃韦温从祖弟（据《旧唐书·韦温传》，参《新唐书·宰相世系表四上》及《元和姓纂》卷二），定安公主为中宗女。安定公主则一为高祖女，《新唐书》有传，年辈悬殊；一为高宗女，麟德元年（664年）追封此号，时代不合。又，《资治通鉴》卷二〇九睿宗景云元年（710年）六月作"韦灌"，非是。灌为韦温兄。

（3）卷三《公直》"唐方庆"条："唐方庆，武德中为察非掾……孙袭秀，神龙初为监察御史。"②

按：唐方庆及其孙袭秀，不见诸史。查《唐御史台精舍题名考》"监察御史"有卢袭秀，劳格、赵钺引《新唐书·桓彦范传》所载袭秀事迹，正与本条同。复检《新传》，方庆事亦附其后。可知"唐"盖"卢"之形讹。

（4）卷七《知征》"房玄龄"条："（房）彦谦惊止之，因谓友人李少适曰……"③

按："少适"，文渊阁本作"少通"。考《隋书》及《北史》之《房彦谦传》亦载此事，俱作"少通"；《北史·李灵传》附《李公绪传》："（公绪）子少通，有学行。"《隋书·经籍志》录《杂字要》三卷，题"密州行参军李少通撰"，又《今字辨疑》三卷，题"李少通撰"，姚振宗谓为同一人，即彦谦友人也。"李少适"则无考，盖因形近而误。

（5）卷八《聪敏》"李嗣真"条："司文郎中富少颖沙直撰进，不称旨。"④

按："富少颖沙直"，文渊阁本作"雷少颖次直"。富少颖于史无考，而本书"沙直"与"富少颖"连标人名线，或以为其字也。然本书无名字连称之例，疑误。《五十二种人名索引》有"富少颖"目，又另立"沙直"目，盖以为二人名。《唐人轶事汇编》引此条标作"富少颖、沙直"，

---

① 《大唐新语》，页47。
② 《大唐新语》，页40。
③ 《大唐新语》，页110。
④ 《大唐新语》，页121。

与之同意。《新唐书·李嗣真传》载此事亦作"雷少颖",则当从文渊阁本改。"沙直"则他书未见。窃谓司文郎中员额虽二,文书诏告未闻同撰之例,疑当从文渊阁本作"次直",意谓轮值当班。其制参《唐会要》卷八二《当直》及《唐六典》卷一、《旧唐书·职官志二·尚书都省》。

(6) 卷八《文章》"魏求己"条:"郑繇少工五言。开元初,山范为岐州刺史,繇为长史,范失白鹰,深所爱惜,因为《失白鹰》诗以致意焉。"①

按:"山范",潘本及《永乐大典》卷八二三引本书作"岐山范"。校者据《永乐大典》出诗异文,此处未出,偶疏。二名俱为"岐王范"之误。潘本、《永乐大典》讹"王"作"山",本书又夺"岐"字。岐王范,玄宗异母弟,《旧唐书·惠文太子范传》附《郑繇传》亦载此事,文字几全同,唯不录诗文。

(7) 卷九《著述》"江淮间为《文选》学者"条:"开元中,中书令萧嵩以《文选》是先代旧业,欲注释之……先是,东宫卫佐冯光震入院校《文选》,兼复注释。解'蹲鸱'云:'今之芋子,即是著毛萝卜。'院中学士向挺之、萧嵩抚掌大笑。"②

按:"冯光震",《太平御览》卷九八六引作"冯光进";然《太平广记》卷二五九引《谭宾录》、《玉海》卷五十四"梁昭明太子文选"条引《集贤注记》同本书,疑《太平御览》误引。

"向挺之",《太平御览》引作"向外说之",非人名也。《太平广记》所引,亦仅云"萧令闻之,拊掌大笑"。向挺之,诸史未见;萧嵩以中书令加集贤殿学士、知院事,则明见两《唐书》本传。窃意学士为兼官,中书令是正职,前文既称以"中书令萧嵩",后文似不宜以"学士"冠名,更不应居无名之辈后。疑当从《太平御览》改。

(8) 卷十《隐逸》"元恺"条。③

按:本条事具载两《唐书·隐逸传》,乃李元恺事。"李"字传写脱去,当据补。下文称其名为"恺",若依唐人双名单称习惯,似可仍旧。

(9) 卷十一《褒锡》"高祖尝幸国学"条:"道士刘进嘉讲《老子》。

---

① 《大唐新语》,页129。
② 《大唐新语》,页134。
③ 《大唐新语》,页159。

诏刘德明与之辩论……窦抗为冀州，集诸儒士，令相论难，时刘焯、刘执思、孔颖达、刘彦衡等皆在坐。"①

按：前一事两《唐书·儒学·陆德明传》皆载，本条"刘德明"显系涉上下文而讹。"刘进嘉"，两唐传俱作"刘进喜"；《新唐书·艺文三》著录"道士刘进喜《老子通诸论》一卷，《显正录》一卷"。疑当据改。

后一事两《唐书·儒学·盖文达传》皆载，"刘执思"俱作"刘轨思"，是也。刘轨思为北齐入隋唐之名儒，刘焯曾向其学《诗》，《北史》及《北齐书》有传。

（10）卷十一《惩戒》"周矩为殿中侍御史"条："大夫苏味道待之甚薄……后味道下狱，敕矩推之……味道由是坐诛。"②

按：据《资治通鉴》卷二〇四垂拱四年（688年）十二月，此乃骞味道事。《旧唐书·则天皇后纪》《新唐书·宰相表》皆载骞味道被诛事，而俱不言及事由。苏味道名气较著，本条或传刻时妄改。据两《唐书·苏味道传》，苏氏神龙初贬益州长史而卒，非诛死。

六、地名之误

（1）卷二《刚正》"桓彦范"条："（李）祥（应作详）解褐监亭尉。"③

按："监亭"，文渊阁本作"蓝亭"；《太平广记》卷四九三引《御史台记》作"盐亭"；《朝野佥载》卷四作"监示"。赵守俨据《后村诗话续集》所引《朝野佥载》文，有"李详初为剑南一尉"，校云："梓州属县有盐亭，疑'监示'为'盐亭'之误。"其说可从。

（2）卷四《政能》"薛大鼎"条："薛大鼎为沧州刺史，界内先有棣河，隋末填塞，大鼎奏闻开之……又决长卢及漳、衡等三河……"④

按：本条事两《唐书·薛大鼎传》亦载，"棣河"俱作"无棣河"，"长卢"俱作"长芦"。《旧唐书·食货下》及《唐会要》卷八七《漕运》

---

① 《大唐新语》，页162。
② 《大唐新语》，页171。
③ 《大唐新语》，页35。
④ 《大唐新语》，页64。

载前一事,河名同两《唐传》,并当据正。

又,两唐传载大鼎与邻州二刺史皆有德政,并称"铛脚刺史"。《白氏长庆集》卷二〇《钱湖州以箬下酒……》诗、卷二四《自到郡斋仅经旬日……》诗两用此典,后一诗且自注云:"河北三郡相邻,皆有善政,时为'铛脚刺史'。见《唐书》。"乐天所谓"唐书",韦述、柳芳递修之国史也。据此,本条之源出唐国史,将无疑焉。

(3) 卷十二《劝励》"于彦昭"条:"(彦昭)左授嶽州司马而终。张说为嶽州,著《五君咏》,述彦昭曰……"①

按:此叙赵彦昭事,说见"庙号之误"第(2)条。

后一"嶽州"应作"岳州"。"嶽"乃山岳之"岳"的繁体,岳州之"岳"则向不作"嶽"。《旧唐书·张说传》曰:"俄又坐事左转岳州刺史。"即此事也。

前一"嶽州"恐涉下文误。据两《唐书·赵彦昭传》:"累贬江州别驾,卒。""嶽州"应作"江州"。本条所录张说《五君咏》,末云:"湘流下浔阳,洒泪一投吊。"浔阳为江州治所,即今九江;张说贬处之岳州,即今岳阳。湘水入洞庭湖过岳阳,顺长江可下九江,故张说诗云云。使彦昭卒于岳州,"浔阳"便无处着落矣。至于"司马"抑"别驾",或传闻异辞,阙疑俟考。

(4) 卷十三《记异》"沙门一行"条:"玄宗诏于光文殿改撰《历经》。"②

按:"光文殿",《太平广记》卷二一五引作"光大殿";《旧唐书·历志三》及《方伎·一行传》俱作"光太殿";《两京城坊考》卷一作"光天殿",徐松注:"《长安志》作'光大',今从《大典》图。"考《玉海》卷四八《记注》"唐集贤注记"条引韦述原注云:"丽正殿在东宫正殿崇政殿之北,光天殿之南。"则当作"光天殿"。

七、职官之误

(1) 卷二《刚正》"韦仁约"条:"韦仁约弹右仆射褚遂良……时武

---

① 《大唐新语》,页177。
② 《大唐新语》,页194。

侯将军田仁会与侍御史张仁祎不协而诬奏之。"①

按：据《旧唐书·韦思谦（仁约）传》及《褚遂良传》，遂良遭仁约弹劾时官中书令，永徽元年（650年）贬同州。官右仆射乃在永徽四年（653年）。此处盖刘肃误书。

"武侯将军"，文渊阁本作"武候将军"。旧《韦思谦传》载此事，亦作"武候"，当据正。左右武候卫为唐十二卫之一，龙朔二年（662年）更名"左右金吾卫"。

（2）卷三《公直》"玄宗将封禅泰山"条："张说自定升山之官，多引两省工录及己之亲戚。"②

按："工录"，文渊阁本作"主录"。《旧唐书·张九龄传》载此事，云："多引两省录事、主书及己之所亲摄官而上。"《唐会要》卷五五《中书舍人》同之。录事隶门下省，主书属中书省，二者合称"主录"，形讹为"工录"。

（3）卷四《持法》"唐临为大理卿"条："唐临为殿中侍御史，正班大夫韦挺责以朝列不肃。"③

按：唐无正班大夫。据《唐六典》及《旧唐书·职官志》《新唐书·百官志》，正班即纠察朝班秩序之意，乃殿中侍御史之职掌。本条应于"正班"下施逗，句意上属。韦挺其时为御史大夫，见两《唐书》本传。

（4）卷四《政能》"员半千"条："擢拜左卫渭上参军。"④

按："左卫渭上参军"无解。考《旧唐书·文苑中·员半千传》云："累补左卫胄曹。"据《唐六典》卷二十四，左右卫下属各有胄曹参军事一人。本书盖误"胄"为"渭"，"曹"字坏，误认作"上"。当据正作"左卫胄曹参军"。

（5）卷四《政能》"崔皎"条："崔皎为长安令，邠王守礼部曲数辈盗马，承前以上长令不敢按问。"⑤

按："承前以上长令"不知所云。文渊阁本"承前"作"丞尉"，盖谓长安丞及尉也。"长令"，俞本作"长吏"，是。潘本形讹作"长兄"，

---

① 《大唐新语》，页29。
② 《大唐新语》，页47。
③ 《大唐新语》，页54。
④ 《大唐新语》，页65。
⑤ 《大唐新语》，页69。

本书盖涉上误。并当据正。

（6）卷五《孝行》"裴敬彝"条："裴敬彝父知周，为陈国王典仪。"①

按："典仪"为门下省属官，王府属官有"典签"。考《旧唐书·孝友·裴敬彝传》云"补陈王府典签"，当据正。然此实敬官，非知周官，详下"阙文及错简"第（1）条。

又，唐代言王者，多作"某王"或"某王某"，罕称"某国王"。本条"陈国王"疑衍"国"字。

（7）卷六《举贤》"刘幽求"条："（崔）湜令南海都尉周利贞杀之（指幽求）。"②

按：据两《唐书》之《周利贞传》及《王晙传》、《资治通鉴》卷二一〇先天元年（712年）八月，此时周氏官广州都督。唐无"都尉"官职，当据诸书改。广州都督府改称南海郡在天宝元年（742年）至乾元元年（758年），与本条之事时代不合。然刘肃或以后来地名称谓之，名异而实同，是文例不严，非误书也。本书卷三《清廉》"卢怀慎"条亦称卢奂开元末及天宝初曾任"陕郡太守""岭南太守"，而两《唐书·卢怀慎传》附《卢奂传》，分别作"陕州刺史""南海太守"，异文之由与此条同。（此承武先生说。）

（8）卷六《举贤》"张嘉贞"条："迁并州长史，天平军节度使。"③

按："天平军"，《旧唐书·张嘉贞传》作"天兵军"，是也。据《旧唐书·职官志一》，天兵军军府在太原城内，张嘉贞既任并州长史，宜兼天兵军节度。又据《唐会要》卷七八《节度使》，该军且为张嘉贞于开元五年（717年）六月重置。天平军则元和十四年（819年）置，嘉贞不及见矣。

（9）卷八《聪敏》"李嗣真"条："高宗……命有司为祝文。司文郎中富少颖沙直撰进，不称旨，御笔潋破，付左寺丞。贺兰敏之已下战栗，遽召嗣真。"④

---

① 《大唐新语》，页79。
② 《大唐新语》，页95。
③ 《大唐新语》，页97。
④ 《大唐新语》，页121。

按："左寺丞"官职不见诸史，当为"左侍极"之讹，即左散骑常侍。《旧唐书·外戚·贺兰敏之传》云："（敏之）累拜左侍极、兰台太史……仍令鸠集学士李嗣真、吴兢之徒，于兰台刊正经史并著撰传记。"同书《方伎·李嗣真传》云："（嗣真）补许州司功。时左侍极贺兰敏之受诏于东台修撰，奏嗣真弘文馆参预其事。"可知本条"左侍极"谓贺兰敏之，依文例官名应与人名连属，则当于"敏之"下断句，"已"前另补"敏之"二字足成其句。

（10）卷十《隐逸》"王希夷"条："下诏曰：'……可中散大夫，守国子博士。"①

按："中散大夫"，《旧唐书·隐逸·王希夷传》作"朝散大夫"。唐例，散阶低而职事官高者曰"守某官"。今查中散大夫、国子博士俱为正五品上，不得谓"守"；朝散大夫为从五品下，宜称"守"也。此或刘肃误书。

八、文物之误

（1）卷四《政能》"郑惟忠"条："且《蜀都赋》云：'家有鹤膝，户有犀渠。'"②

按：本条所载又见《旧唐书·郑惟忠传》，"《蜀都赋》"作"《吴都赋》"，是。赋见《文选》卷五。

（2）卷八《聪敏》"魏奉古"条："持厩目令示奉古。"③

按："厩目令"，《太平御览》卷二六九引作"厩牧令"，是也。当据正，并加书名号。《厩牧令》为唐代法令之一，遗文散见《唐律疏议》及《唐六典》等。

（3）卷九《著述》"梁载言"条："陆德明亦云：案郑志及《晋中经簿》并无。"

按：《郑志》乃郑玄之语录，《后汉书·郑玄传》云："门人相与撰玄答诸弟子问五经，依《论语》作《郑志》八篇。"此处应加书名号。

---

① 《大唐新语》，页159。
② 《大唐新语》，页65。
③ 《大唐新语》，页120。

（4）卷十《厘革》"开元中"条："国初，始采斑宫之义，备九变之节。"①

按："斑宫"当为"旋宫"之误。旋宫者，《旧唐书·音乐一》云："以十二律各顺其月，旋相为宫。"贞观初年，祖孝孙修订其义，事详《音乐志》及孝孙本传。

（5）卷十三《郊禅》"高宗乾封初"条："天后率六宫升坛行礼，帷席皆以锦绣为之。"②

按：《旧唐书·礼仪三》亦载此事，"席"作"帟"，是也。"帟"乃平张人上用以承尘之小幕，详《周礼·天官·幕人》及《礼记·檀弓上》"君于士有赐帟"之注及疏。帟，古以缯为之，今则天易以锦绣，故惹非议。

贰　通用字词之误

一、成语之误

（1）卷一《匡赞》"张说"条："含春谷之声，和而必应。"③

按："春谷"，俞本、文渊阁本作"春容"，是也。春容，原指钟声回响，后引喻雍容畅达。参《礼记·学记》"待其从容，然后尽其声"之郑注及孔疏。

（2）卷三《公直》"玄宗令宋璟制诸王及公主邑号"条："璟奏曰：'七子均养，鸣鸠之德。'"④

按："鸣鸠"，文渊阁本作"鳲鸠"，是也。《鳲鸠》为《诗经·曹风》篇名，其辞曰："鳲鸠在桑，其子七兮。淑人君人，其仪一兮。"宋璟借以讽玄宗应对子女一视同仁。

（3）卷十一《褒锡》"魏徵有大志"条："及疾亟，（太宗）问其所欲，徵曰：'嫠不恤纬，而忧宗社之陨。'"⑤

---

① 《大唐新语》，页151。
② 《大唐新语》，页197。
③ 《大唐新语》，页11。
④ 《大唐新语》，页46。
⑤ 《大唐新语》，页163。

按:"嫠",文渊阁本作"嫠",当据正。魏徵之语出《左传·昭公二十四年》,原作"嫠不恤其纬,而忧宗周之陨。"杜注:"嫠,寡妇也。"原意谓惧社稷灾祸及于己身,魏徵借以明其忧国忘身之衷曲。

二、专门字词之误

(1) 卷一《匡赞》"张九龄"条:"故中书令张九龄……可赐司徒。"①

按:文渊阁本"赐"作"赠",《旧唐书·张九龄传》同之,是也。旧例授官,生曰封曰赐,死曰赠。宜据改。

(2) 卷九《谀佞》"高宗末年"条:"(秦)鸣鹤刺百会及胐户出血。"②

按:"胐户",文渊阁本作"脑户";《太平广记》卷二一八引《谭宾录》载此事,同之,是也。脑户,穴位名,在枕骨上。"胐"则臀也,"胐户"不词。盖形近而讹。

三、一般字词之误

(1) 卷四《持法》"权善才"条:"虽国之英秀,岂少(王)本立之类。"③

按:"之",文渊阁本作"乏",《旧唐书·狄仁杰传》同,当据正。作"之"则句意凿枘矣。

(2) 卷十二《劝励》"于彦昭"条:"(张说)著《五君咏》,述彦昭曰:'鸷鸟峻操立,哀玉振清调……何意瑶台云,风吹落红缴。'"④

按:《张燕公集》卷十收《五君咏》,其五即咏彦昭,"操立"作"标立","红缴"作"江徼"。"操立"不词;"标立"谓卓立也,形容彦昭之卓荦不群。"江徼",江边也,彦昭以宰相贬死江州,故谓瑶台之云,吹落江潭也;"红缴"则系矢弋鸟之红丝,平空飞来,与诗意不谐。二词并当据正。

---

① 《大唐新语》,页12。
② 《大唐新语》,页142。
③ 《大唐新语》,页57。
④ 《大唐新语》,页178。

叁　行款之误

一、条目分合之误

卷四《政能》注十三云："据（本书）《总目》应有'政能第八'，但各本正文中均无此目。今据文意，自此则（指'肃宗初克复'条）起属于政能之内容，此则内并有'时人推其强直政能'之语，故将'政能第八'补于此处。"①

按：此说有二误：第一，俞本及文渊阁本原有此目，不可谓"各本均无"；第二，依刘肃编纂例，各目下条文大体依时序编排，肃宗朝事应居各目之末。今次条"武德中"所记乃太宗事，不当倒错若此。俞本、文渊阁本题目于"武德中"条前，"肃宗初克复"条仍归前《持法》类，而无文末"政能"二字，是也。此盖误本夺"第八"二字，复误连"政能"二字于条末，乃成"时人推其强直政能"，文虽涩而勉强可通，其题遂没。

二、正文与注文字体大小互讹

卷十三《谐谑》"侯思止"条："（思止）言音不正……谓同列曰：'今断屠宰，鸡云圭猪云诛鱼云虞驴云平缕，俱云居不得吃云诘，空吃结米云弭面泥去，如云儒何得不饥！'"②

按：本条行款混乱，颇不便读。详思止之言，当云："今断屠宰，鸡猪鱼驴，俱不得吃，空吃米面，如何得不饥！""云某"者，注明思止之讹音也，按例应作小字，今皆作大字，被注者反作小字，殊乖常例。又，文渊阁本"平缕"作"缕平"，"结"作"诘"，"泥"前有"云"字，均应据正；后一"吃"字下据文例似亦应补"云"字。

---

① 《大唐新语》，页70。
② 《大唐新语》，页190。

肆　阙文及错简

（1）卷五《孝行》"裴敬彝"条："裴敬彝父知周，为陈国王典（仪）[签]，暴卒。敬彝时在长安，忽泣谓家人曰……遂急告归，父果已殁。"①

按：若裴知周为王府典签，当在长安履任。敬彝既在长安，预知父卒，泣于家人，明已返家，何以又须告归方见父殁？甚不可解。考《旧唐书·孝友·裴敬彝传》，云："智（知）周时为内黄令……（唐临）特表荐敬彝，补陈王府典签。智周在官暴卒，敬彝时在长安。"则为典签者敬彝也，其父外任卒官，故须"急告归"也。本条"为陈国王典签"应移置"敬彝"下，"知周"下应补"为内黄令"，方合乎史实。本条之误或因刘肃节抄不审而起。

（2）卷八《文章》"华阴杨炯"条："华阴杨炯与绛州王勃、范阳卢照邻、东阳骆宾王，皆以文词知名海内，称为'王杨卢骆'。炯与照邻则可全，而盈川之言为不信矣。张说谓人曰：'杨盈川之文，如悬河注水，酌之不竭，既优于卢，亦不减王。耻居王后则信然，愧在卢前则为误矣。'"②

按："炯与"至"不信矣"语意不明，显有舛误。俞本、潘本并误。文渊阁本此处作"他日，崔融与张说评论勃等，曰：'勃文章宏放，非常人所及。炯与照邻可以企之。'"。则本书脱去"他日"至"所及"凡二十二字，又讹"企"为"全"，复夺"之"字。俱当补改。然文渊阁本无"而盈川"句。考《旧唐书·文苑上·杨炯传》及《册府元龟》卷八四〇，当有此句。二书"王杨卢骆"下并有："炯闻之，谓人曰：'吾愧在卢前，耻居王后。'"凡十五字，即所谓"盈川之言"者，亦当补入。

然又有疑焉：本书及《册府元龟》俱云"盈川之言为不信矣"，《旧传》则云"盈川之言信矣"，意正相反。细味崔融之言，盖特就"耻居王后"而发，以为炯与照邻不逊于勃，故当云"信矣"。本书及《册府元龟》"为不"二字似衍。

---

① 《大唐新语》，页79。
② 《大唐新语》，页124。

（3）卷九《著述》"萧何"条："萧何封酇侯。先儒及颜师古以酇为南阳筑阳之城，筑阳今属襄州。窃以凡封功臣，多就本土，盖欲荣之也。张良封留侯，是为成例。案班固何须穿凿，更制别音乎？"①

按："先儒"句，校者云："'以'下原有空格，各本无空格，当无缺字。"然此句文理实欠通。文渊阁本句作"先儒颜师古以为酇及筑阳皆南阳县也"。考《汉书·高帝纪》十一年二月"相国酇侯下诸侯王"，臣瓒曰："《茂陵书》（萧）何封国在南阳。"师古曰："瓒说是也。而或云何封沛郡酇县，非也……南阳酇者……今为襄州阴城县……彼土又有筑水，筑水之阳古曰筑阳县，与酇侧近连接……是知何封酇国兼得筑阳。"据此可知本条前二句实隐括该注文而成，文渊阁本文字近真，本书当据乙补，原句复原应为"先儒及颜师古以为酇及筑阳为南阳之城"。

又，末句"班固穿凿"突兀难晓。文渊阁本"班固"下尚有"《泗州（引按，应作泗水）亭碑》云：'文昌四友，汉有萧何，序功第一，受封于酇音嵯。'《汉书》是班氏所修，泗州碑是孟坚所作"，凡三十八字。俞本、潘本几全同。考上引颜师古注，云："班固《泗水亭碑》以萧何相国所封（引按，指酇），与何同韵（引按，据上自注酇音嵯，《切韵》卷二《平声下》嵯、何同归'七歌'，故云）……然其封邑实在南阳，非沛县也。""泗水亭"即刘邦为亭长之地，汉属沛郡。可知班固以为萧何封地酇在沛郡，师古以为属南阳。"穿凿""别音"盖为师古而发。所脱三十八字当据文渊阁本补足。此条盖申班驳颜之作，观其言称"窃以"，又加之"案"，或为刘肃自撰。

（4）卷十三《谐谑》"玄宗初即位"条："（邵）景、（萧）嵩二人多须，对立于庭。（韦）铿嘲之曰：'一双胡子著绯袍，一个须多一鼻高。相对厅前搽早立，自言身品世间毛。'"②

按：诗云"一个须多一鼻高"，前文唯云"二人多须"，显有脱误。校者曾引《唐语林》卷五所载此事参校，而不审该书诗前云："炅鼻高，嵩须多，并类鲜卑。"遂使"鼻高"无处着落。考《太平广记》卷二五五引《御史台记》亦载此事，云"景、嵩状貌类胡，景鼻高而嵩须多"。本书条目多有出《御史台记》者，此条"二人"下当据补"状貌"至

---

① 《大唐新语》，页135–136。
② 《大唐新语》，页191。

"嵩"凡九字;"邵景"亦当从《唐语林》作"邵炅"。邵炅,见唐郎官石柱题名、御史台精舍题名、唐登科记及唐人墓志(徐松考引)。岑仲勉谓"邵景"乃宋人避太宗讳改(《唐语林》当为避讳未尽者),今应据以回改。(此据武先生意见补。)又"鼻高"与"须多"对言,"多须"似亦当据乙。

主要参考文献

一、古籍

[1] 班固. 汉书[M]. 北京：中华书局，1962.

[2] 岑建功. 旧唐书逸文[M]//续修四库全书. 影扬州岑氏惧盈斋刻本. 1848（清道光二十八年）. 上海：上海古籍出版社，2002.

[3] 岑仲勉. 郎官石柱题名新考订[M]. 北京：中华书局，2004.

[4] 曾枣庄，刘琳. 全宋文[M]. 上海：上海辞书出版社；合肥：安徽教育出版社，2006.

[5] 晁公武. 郡斋读书志校证[M]. 孙猛，校证. 上海：上海古籍出版社，1990.

[6] 陈国庆. 汉书艺文志注释汇编[M]. 北京：中华书局，1983.

[7] 陈汉章. 崇文总目辑释补正[M]//许逸民，常振国. 中国历代书目丛刊：第一辑. 影缀学堂丛稿初集本. 北京：现代出版社，1987.

[8] 陈鸿. 长恨歌传[M]//开元天宝遗事十种. 上海：上海古籍出版社，1985.

[9] 陈骙，等. 中兴馆阁书目辑考[M]. 赵士炜，辑考//许逸民，常振国. 中国历代书目丛刊：第一辑. 影古逸书录丛辑本. 北京：现代出版社，1987.

[10] 陈尚君. 全唐诗补编[M]. 北京：中华书局，1992.

[11] 陈尚君. 全唐文补编[M]. 北京：中华书局，2005.

[12] 陈振孙. 直斋书录解题[M]. 上海：上海古籍出版社，1987.

[13] 崔令钦，李德裕，郑綮，段安节. 教坊记：外三种[M]. 北京：中华书局，2012.

[14] 董诰，等. 全唐文[M]. 北京：中华书局，1983.

[15] 杜佑. 通典[M]. 北京：中华书局，1988.

[16] 段安节. 乐府杂录[M]. 上海：古典文学出版社，1957.

[17] 段成式. 酉阳杂俎[M]. 北京：中华书局，1981.

［18］范摅. 云溪友议［M］. 上海：古典文学出版社，1957.

［19］范晔. 后汉书［M］. 北京：中华书局，1965.

［20］封演. 封氏闻见记校注［M］. 赵贞信，校注. 北京：中华书局，2005.

［21］冯惠民，李万健，等. 明代书目题跋丛刊［M］. 北京：书目文献出版社，1994.

［22］傅璇琮. 唐才子传校笺［M］. 北京：中华书局，1987－1995.

［23］高似孙. 史略校笺［M］. 周天游，校笺. 北京：书目文献出版社，1987.

［24］高彦休. 阙史［M］//丛书集成初编. 上海：商务印书馆，1936.

［25］顾炎武. 日知录集释［M］. 黄汝成，集释. 栾保群，吕宗力，校点. 上海：上海古籍出版社，2006.

［26］郭湜. 高力士外传［M］//开元天宝遗事十种. 上海：上海古籍出版社，1985.

［27］韩愈. 顺宗实录［M］马其昶，校注//韩昌黎文集校注. 上海：上海古籍出版社，1986.

［28］计有功. 唐诗纪事校笺［M］. 王仲镛，校笺. 成都：巴蜀书社，1989.

［29］乐史. 杨太真外传［M］//开元天宝遗事十种. 上海：上海古籍出版社，1985.

［30］李绰. 尚书故实［M］//丛书集成初编. 上海：商务印书馆，1936.

［31］李德裕. 次柳氏旧闻［M］//开元天宝遗事十种. 上海：上海古籍出版社，1985.

［32］李昉，等. 太平广记［M］. 北京：中华书局，1961.

［33］李昉，等. 太平御览［M］. 北京：中华书局，1960.

［34］李昉，等. 文苑英华［M］. 北京：中华书局，1966.

［35］李复言. 续玄怪录［M］. 北京：中华书局，1982.

［36］李剑国. 唐前志怪小说辑释：修订本［M］. 上海：上海古籍出版社，2011.

［37］李剑国. 唐五代传奇集［M］. 北京：中华书局，2015.

［38］李林甫，等. 唐六典［M］. 陈仲夫，点校. 北京：中华书局，1992.

［39］李隆基. 大唐六典［M］. 李林甫，注. 广池千九郎刊本. 西安：三秦出版社，1991.

［40］李时人. 全唐五代小说［M］. 西安：陕西人民出版社，1998.

［41］李希泌. 唐大诏令集补编［M］. 上海：上海古籍出版社，2003.

［42］李濬. 松窗杂录［M］. 上海：中华书局上海编辑所，1958.

［43］李肇. 唐国史补［M］. 新1版. 上海：上海古籍出版社，1979.

［44］林宝. 元和姓纂：附四校记［M］. 岑仲勉，校记. 北京：中华书局，2008.

［45］刘崇远. 金华子杂编［M］周广业，校注//丛书集成初编. 上海：商务印书馆，1936.

［46］刘肃. 大唐新语［M］. 北京：中华书局，1984.

［47］刘餗. 隋唐嘉话［M］. 北京：中华书局，1979.

［48］刘昫，等. 旧唐书［M］. 北京：中华书局，1975.

［49］刘知几. 史通通释［M］. 浦起龙，通释. 上海：上海古籍出版社，1978.

［50］刘知几. 史通笺注［M］. 张振珮，笺注. 贵阳：贵州人民出版社，1985.

［51］刘知几. 史通新校注［M］. 赵吕甫，校注. 重庆：重庆出版社，1990.

［52］陆增祥. 八琼室金石补正［M］. 北京：文物出版社，1985.

［53］罗士琳，陈立，刘文淇，刘毓崧. 旧唐书校勘记［M］//续修四库全书. 影扬州岑氏惧盈斋刻本. 1846（清道光二十六年）. 上海：上海古籍出版社，2002.

［54］吕夏卿，吴缜. 唐书直笔校证；新唐书纠谬校证［M］. 王东，左宏阁，校证. 成都：四川大学出版社，2014.

［55］马端临. 文献通考［M］. 北京：中华书局，2011.

［56］孟棨. 本事诗［M］. 上海：上海古籍出版社，1991.

［57］南卓. 羯鼓录［M］. 上海：古典文学出版社，1957.

[58] 牛僧孺. 玄怪录 [M]. 北京：中华书局，1982.

[59] 欧阳修. 新五代史 [M]. 北京：中华书局，1974.

[60] 裴庭裕. 东观奏记 [M]. 北京：中华书局，1994.

[61] 裴铏. 裴铏传奇 [M]. 上海：上海古籍出版社，1980.

[62] 彭定求，等. 全唐诗 [M]. 上海：上海古籍出版社，1986.

[63] 钱大昕. 廿二史考异 [M]. 上海：上海古籍出版社，2004.

[64] 钱易. 南部新书 [M]. 北京：中华书局，2002.

[65] 阮元. 十三经注疏 [M]. 北京：中华书局，1980.

[66] 上海古籍出版社. 唐五代笔记小说大观 [M]. 上海：上海古籍出版社，2000.

[67] 司马光. 资治通鉴 [M]. 北京：中华书局，1997.

[68] 司马迁. 史记 [M]. 北京：中华书局，1959.

[69] 四库全书研究所. 钦定四库全书总目：整理本 [M]. 北京：中华书局，1997.

[70] 宋敏求. 唐大诏令集 [M]. 北京：中华书局，2008.

[71] 宋祁，欧阳修，等. 新唐书 [M]. 北京：中华书局，1975.

[72] 苏鹗. 杜阳杂编 [M]. 上海：中华书局上海编辑所，1958.

[73] 孙光宪. 北梦琐言 [M]. 北京：中华书局，2002.

[74] 孙猛. 日本国见在书目录详考 [M]. 上海：上海古籍出版社，2015.

[75] 孙棨. 北里志 [M]. 上海：古典文学出版社，1957.

[76] 陶宗仪，等. 说郛三种 [M]. 上海：上海古籍出版社，1988.

[77] 脱脱，等. 宋史 [M]. 北京：中华书局，1977.

[78] 王昶. 金石萃编 [M]. 北京：中国书店，1985.

[79] 王谠. 唐语林校证 [M]. 周勋初，校证. 北京：中华书局，1987.

[80] 王定保. 唐摭言 [M]//丛书集成初编. 上海：商务印书馆，1936.

[81] 王方庆. 魏郑公谏录 [M]//丛书集成初编. 上海：商务印书馆，1939.

[82] 王鸣盛. 十七史商榷 [M]. 上海：上海书店出版社，2005.

[83] 王溥. 唐会要 [M]. 上海：上海古籍出版社，2006.

[84] 王溥. 五代会要 [M]. 上海：上海古籍出版社, 1978.

[85] 王钦若, 等. 册府元龟校订本 [M]. 周勋初, 等, 校订. 南京：凤凰出版社, 2006.

[86] 王仁裕. 开元天宝遗事 [M]//开元天宝遗事十种. 上海：上海古籍出版社, 1985.

[87] 王尧臣, 等. 崇文总目辑释 [M] 钱东垣, 等, 辑释. //许逸民, 常振国. 中国历代书目丛刊：第一辑. 影粤雅堂丛书本. 北京：现代出版社, 1987.

[88] 王应麟. 玉海：合璧本 [M]. 京都：中文出版社, 1977.

[89] 王应麟. 《玉海·艺文》校证：修订本 [M]. 武秀成, 赵庶洋, 校证. 南京：凤凰出版社, 2017.

[90] 韦述, 杜宝. 两京新记辑校；大业杂记辑校 [M]. 辛德勇, 辑校. 西安：三秦出版社, 2006.

[91] 韦绚. 刘宾客嘉话录 [M]. 陶敏, 陶红雨, 校注. 北京：中华书局, 2019.

[92] 尉迟偓. 中朝故事 [M]. 上海：中华书局上海编辑所, 1958.

[93] 魏徵, 等. 隋书 [M]. 北京：中华书局, 1973.

[94] 温大雅. 大唐创业起居注 [M]. 上海：上海古籍出版社, 1983.

[95] 无名氏. 梅妃传 [M]//开元天宝遗事十种. 上海：上海古籍出版社, 1985.

[96] 无名氏. 李林甫外传 [M]//开元天宝遗事十种. 上海：上海古籍出版社, 1985.

[97] 吴钢. 全唐文补遗：一至九辑 [M]. 西安：三秦出版社, 1994－2007.

[98] 吴钢. 全唐文补遗：千唐志斋新藏专辑 [M]. 西安：三秦出版社, 2006.

[99] 吴兢. 开元升平源 [M]//开元天宝遗事十种. 上海：上海古籍出版社, 1985.

[100] 吴兢. 贞观政要集校 [M]. 谢保成, 集校. 北京：中华书局, 2003.

[101] 吴玉贵. 唐书辑校 [M]. 北京：中华书局, 2008.

［102］武平一，韦述. 景龙文馆记；集贤注记［M］. 陶敏辑校. 北京：中华书局，2015.

［103］薛居正，等. 旧五代史［M］. 北京：中华书局，1976.

［104］荀悦，袁宏. 两汉纪［M］. 北京：中华书局，2002.

［105］姚汝能. 安禄山事迹［M］. 北京：中华书局，2012.

［106］姚振宗. 隋书经籍志考证［M］//二十五史补编. 北京：中华书局，1955.

［107］叶德辉. 书林清话［M］. 北京：古籍出版社，1957.

［108］叶德辉考证. 秘书省续编到四库阙书目［M］//许逸民，常振国. 中国历代书目丛刊：第一辑. 影观古堂书目丛刊本. 北京：现代出版社，1987.

［109］佚名. 大唐传载［M］. 上海：中华书局上海编辑所，1958.

［110］殷芸. 殷芸小说［M］. 周楞伽，辑注. 上海：上海古籍出版社，1984.

［111］永瑢，等. 钦定四库全书总目［M］. 影武英殿本. 台北：台湾商务印书馆，1986.

［112］永瑢，等. 四库全书总目［M］. 影浙刻本. 北京：中华书局，1965.

［113］张固. 幽闲鼓吹［M］. 上海：中华书局上海编辑所，1958.

［114］张攀，等. 中兴馆阁书目续辑考［M］赵士炜，辑考. //许逸民，常振国. 中国历代书目丛刊：第一辑. 影古逸书录丛辑本. 北京：现代出版社，1987.

［115］张鷟. 朝野佥载［M］. 北京：中华书局，1979.

［116］章学诚. 文史通义新编新注［M］. 仓修良，编注. 杭州：浙江古籍出版社，2005.

［117］章宗源. 隋书经籍志考证［M］//二十五史补编. 北京：中华书局，1955.

［118］赵璘. 因话录［M］. 新1版. 上海：上海古籍出版社，1979.

［119］赵翼. 陔余丛考［M］. 石家庄：河北人民出版社，1990.

［120］赵翼. 廿二史札记校证［M］. 王树民，校证. 北京：中华书局，1984.

［121］赵钺，劳格. 唐御史台精舍题名考［M］. 北京：中华书

局，1997.

[122] 郑处诲. 明皇杂录［M］. 北京：中华书局，1994.

[123] 郑棨. 开天传信记［M］//开元天宝遗事十种. 上海：上海古籍出版社，1985.

[124] 周绍良，赵超. 唐代墓志汇编［M］. 上海：上海古籍出版社，1992.

[125] 周绍良，赵超. 唐代墓志汇编续集［M］. 上海：上海古籍出版社，2001.

[126] 朱景玄. 唐朝名画录校注［M］. 吴企明，校注. 合肥：黄山书社，2016.

二、近人著作

[1] 白云. 中国史学思想会通：历史编纂学思想卷［M］. 福州：福建人民出版社，2018.

[2] 坂本太郎. 日本的修史与史学［M］. 沈仁安，林铁森，译. 北京：北京大学出版社，1991.

[3] 贝奈戴托·克罗齐. 历史的理论和实际［M］. 傅任敢，译. 北京：商务印书馆，1982.

[4] 卞孝萱. 唐代文史论丛［M］. 太原：山西人民出版社，1986.

[5] 岑仲勉. 岑仲勉史学论文集［M］. 北京：中华书局，1990.

[6] 岑仲勉. 隋唐史［M］. 新1版. 北京：中华书局，1982.

[7] 岑仲勉. 唐史余渖［M］. 新1版. 北京：中华书局，2004.

[8] 昌彼得. 说郛考［M］. 台北：文史哲出版社，1979.

[9] 陈光崇. 中国史学史论丛［M］. 沈阳：辽宁人民出版社，1984.

[10] 陈国灿，刘健明. 《全唐文》职官丛考［M］. 武汉：武汉大学出版社，1997.

[11] 陈兰村. 中国传记文学发展史［M］. 北京：语文出版社，2012.

[12] 陈丽萍. 贤妃嬖宠：唐代后妃史事考［M］. 北京：社会科学文献出版社，2014.

[13] 陈平原. 中国小说叙事模式的转变［M］. 上海：上海人民出版社，1988.

［14］陈寅恪. 陈寅恪史学论文选集［M］. 上海：上海古籍出版社，1992.

［15］陈寅恪. 唐代政治史述论稿［M］. 上海：上海古籍出版社，1997.

［16］陈寅恪. 元白诗笺证稿［M］. 上海：上海古籍出版社，1978.

［17］程国赋. 唐代小说嬗变研究［M］. 广州：广东人民出版社，1997.

［18］程千帆. 史通笺记［M］. 北京：中华书局，1980.

［19］程千帆，徐有富. 校雠广义［M］. 济南：齐鲁书社，1998.

［20］程毅中. 唐代小说史［M］. 北京：人民文学出版社，2003.

［21］崔瑞德. 剑桥中国隋唐史［M］. 北京：中国社会科学出版社，1990.

［22］德罗伊森. 历史知识理论［M］. 胡昌智，译. 北京：北京大学出版社，2006.

［23］董乃斌. 中国古典小说的文体独立［M］. 北京：中国社会科学出版社，1994.

［24］董乃斌. 中国文学叙事传统研究［M］. 北京：中华书局，2012.

［25］杜维运. 中国史学史［M］. 北京：商务印书馆，2010.

［26］杜希德. 唐代官修史籍考［M］. 黄宝华，译. 上海：上海古籍出版社，2010.

［27］傅斯年. 史料论略及其他［M］. 沈阳：辽宁教育出版社，1997.

［28］傅璇琮. 新编唐五代文学编年史［M］. 沈阳：辽海出版社，2012.

［29］傅振伦. 刘知几年谱［M］. 北京：中华书局，1963.

［30］海登·怀特. 后现代历史叙事学［M］. 陈永国，张万娟，译. 北京：中国社会科学出版社，2003.

［31］海登·怀特. 话语的转义［M］. 董立河，译. 郑州：大象出版社，2011.

［32］汉斯·凯尔纳. 语言和历史描写［M］. 韩震，吴玉军，等，译. 郑州：大象出版社，2010.

[33] 何广棪. 陈振孙之史学及其《直斋书录解题》史录考证［M］. 台北县：花木兰文化出版社，2006.

[34] 胡宝国. 汉唐间史学的发展［M］. 北京：商务印书馆，2003.

[35] 黄进兴. 后现代主义与史学研究：一个批判性的探讨［M］. 北京：三联书店，2008.

[36] 黄永年.《旧唐书》与《新唐书》［M］. 北京：人民出版社，1985.

[37] 黄永年. 贾宪保. 唐史史料学［M］. 西安：陕西师范大学出版社，1989.

[38] 金毓黻. 中国史学史［M］. 北京：商务印书馆，1999.

[39] E. H. 卡尔. 历史是什么［M］. 陈恒，译. 北京：商务印书馆，2007.

[40] R. C. 柯林武德. 历史的观念［M］. 何兆武，张文杰，译. 北京：中国社会科学出版社，1986.

[41] 赖瑞和. 唐代高层文官［M］. 北京：中华书局，2017.

[42] 赖瑞和. 唐代基层文官［M］. 北京：中华书局，2008.

[43] 赖瑞和. 唐代中层文官［M］. 北京：中华书局，2011.

[44] 朗格诺瓦·瑟诺博司. 史学原论［M］. 余伟，译. 郑州：大象出版社，2010.

[45] 雷家骥. 两汉至唐初的历史观念与意识［M］. 北京：书目文献出版社，1987.

[46] 雷家骥. 中古史学观念史［M］. 新北：花木兰文化出版社，2011.

[47] 雷家骥. 中国古代史学观念史［M］. 北京：北京师范大学出版社，2018.

[48] 李德辉. 唐代文馆制度及其与政治和文学关系［M］. 上海：上海古籍出版社，2006.

[49] 李剑国. 唐五代志怪传奇叙录［M］. 天津：南开大学出版社，1993.

[50] 李剑国. 唐前志怪小说史［M］. 天津：南开大学出版社，1984.

[51] 李宗侗. 中国史学史［M］. 北京：中国友谊出版公司，1984.

［52］李宗为. 唐人传奇［M］. 北京：中华书局，1985.

［53］林时民. 史学三书新诠：以史学理论为中心的比较研究［M］. 台北：台湾学生书局，1997.

［54］林时民. 中国传统史学的批评主义：刘知几与章学诚［M］. 台北：台湾学生书局，2003.

［55］刘节. 中国史学史稿［M］. 郑州：中州书画社，1982.

［56］刘开荣. 唐代小说研究［M］. 2版. 上海：商务印书馆，1956.

［57］刘叶秋. 历代笔记概述［M］. 北京：中华书局，1980.

［58］刘兆祐. 宋史艺文志史部佚籍考［M］. 台北："国立"编译馆中华丛书编审委员会，1984.

［59］柳诒徵. 国史要义［M］. 上海：华东师范大学出版社，2000.

［60］柳诒徵. 中国文化史［M］. 北京：中国大百科全书出版社，1988.

［61］鲁迅. 中国小说史略［M］//鲁迅. 鲁迅全集. 北京：人民文学出版社，2005.

［62］陆扬. 清流文化与唐帝国［M］. 北京：北京大学出版社，2016.

［63］逯耀东. 魏晋史学的思想与社会基础［M］. 北京：中华书局，2006.

［64］逯耀东. 魏晋史学及其他［M］. 台北：东大图书公司，1998.

［65］罗香林. 唐代文化史研究［M］. 上海：上海文艺出版社影上海商务印书馆1946年版，1992.

［66］吕思勉. 隋唐五代史［M］. 新1版. 上海：上海古籍出版社，1984.

［67］吕思勉. 先秦学术概论［M］. 上海：东方出版中心，1985.

［68］马克·布洛赫. 历史学家的技艺［M］. 张和声，程郁，译. 上海：上海社会科学出版社，1992.

［69］麦大维. 唐代中国的国家与学者［M］. 张达志，蔡明琼，译. 北京：中国社会科学出版社，2019.

［70］蒙文通. 中国史学史［M］. 上海：上海人民出版社，2006.

［71］米歇尔·塞尔托. 历史与心理分析：科学与虚构之间［M］. 邵

炜,译. 北京:中国人民大学出版社,2010.

[72] 内山知也. 隋唐小说研究[M]. 查屏球,编. 益西拉姆,等,译. 上海:复旦大学出版社,2010.

[73] 内藤湖南. 中国史学史[M]. 马彪,译. 上海:上海古籍出版社,2008.

[74] 倪豪士. 传记与小说:唐代文学比较论集[M]. 北京:中华书局,2007.

[75] 牛润珍. 汉至唐初史官制度的演变[M]. 石家庄:河北教育出版社,1999.

[76] 牛润珍,吴海兰,何晓涛. 中国史学思想会通:隋唐史学思想卷[M]. 福州:福建人民出版社,2018.

[77] 浦江清. 浦江清文录[M]. 北京:人民文学出版社,1958.

[78] 钱钟书. 管锥编:第二册[M]. 2版. 北京:中华书局,1986.

[79] 瞿林东. 唐代史学论稿[M]. 北京:北京师范大学,1989.

[80] 瞿林东. 中国史学史:第三卷(南北朝隋唐时期:中国古代史学的发展)[M]. 上海:上海人民出版社,2006.

[81] 石昌渝. 中国小说源流论[M]. 北京:三联书店,1994.

[82] 史素昭. 唐代传记文学研究[M]. 长沙:岳麓书社,2009.

[83] 孙晓辉. 两唐书乐志研究[M]. 上海:上海音乐学院出版社,2005.

[84] 唐雯. 晏殊《类要》研究[M]. 上海:上海古籍出版社,2012.

[85] 汪高鑫. 中国史学思想会通:经史关系论卷[M]. 福州:福建人民出版社,2018.

[86] 汪辟疆. 汪辟疆文集[M]. 上海:上海古籍出版社,1988.

[87] 汪辟疆. 唐人小说[M]. 新1版. 上海:上海古籍出版社,1978.

[88] 汪荣祖. 史传通说[M]. 北京:中华书局,1989.

[89] 汪荣祖. 史学九章[M]. 北京:三联书店,2006.

[90] 汪受宽. 谥法研究[M]. 上海:上海古籍出版社,1995.

[91] 王锦贵. 中国纪传体文献研究[M]. 北京:北京大学出版

社，1996.

[92] 王梦鸥. 唐人小说研究：纂异记与传奇校释 [M]. 台北：艺文印书馆，1970.

[93] 王梦鸥. 唐人小说研究二集：陈翰异闻集校补考释 [M]. 台北：艺文印书馆，1973.

[94] 王梦鸥. 唐人小说研究三集：本事诗校补考释 [M]. 台北：艺文印书馆，1974.

[95] 王梦鸥. 唐人小说研究四集 [M]. 台北：艺文印书馆，1978.

[96] 王梦鸥. 唐人小说校释 [M]. 台北：正中书局，1983–1985.

[97] 王庆华. 文言小说与史部相关叙事文类关系研究 [M]. 上海：华东师范大学出版社，2015.

[98] 王寿南. 隋唐史 [M]. 台北：三民书局，1986.

[99] 王仲荦. 隋唐五代史 [M]. 上海：上海人民出版社，1988.

[100] 王重民. 中国目录学史论丛 [M]. 北京：中华书局，1984.

[101] 吴枫. 隋唐历史文献集释 [M]. 郑州：中州古籍出版社，1987.

[102] 吴怀祺. 宋代史学思想史 [M]. 合肥：黄山书社，1992.

[103] 吴怀祺. 中国史学思想会通：历史思维论卷 [M]. 福州：福建人民出版社，2018.

[104] 吴夏平. 唐代中央文馆制度与文学研究 [M]. 济南：齐鲁书社，2007.

[105] 吴泽. 中国史学史论集（一）（二）[M]. 上海：上海人民出版社，1980.

[106] 武秀成. 《旧唐书》辨证 [M]. 上海：上海古籍出版社，2003.

[107] 向燕南，李峰. 新旧唐书与新旧五代史研究 [M]. 北京：中国大百科全书出版社，2009.

[108] 谢保成. 隋唐五代史学 [M]. 厦门：厦门大学出版社，1995.

[109] 谢贵安. 中国实录体史学研究 [M]. 武汉：武汉大学出版社，2007.

[110] 谢贵安. 中国已佚实录研究 [M]. 上海：上海古籍出版社，2013.

[111] 徐冲. 中古时代的历史书写与皇帝权力起源［M］. 上海：上海古籍出版社，2017.

[112] 许冠三. 刘知几的实录史学［M］. 香港：香港中文大学出版社，1983.

[113] 许凌云. 刘知几评传［M］. 南京：南京大学出版社，1994.

[114] 杨翼骧. 增订中国史学史资料编：先秦至隋唐五代卷［M］. 乔治忠，朱洪斌，订补. 北京：商务印书馆，2013.

[115] 姚名达. 中国目录学史［M］. 上海：上海古籍出版社，2005.

[116] 余嘉锡. 四库提要辨证［M］. 北京：中华书局，1980.

[117] 余嘉锡. 余嘉锡论学杂著［M］. 北京：中华书局，1963.

[118] 余嘉锡. 余嘉锡文史论集［M］. 长沙：岳麓书社，1997.

[119] 岳纯之. 唐代官方史学研究［M］. 天津：天津人民出版社，2003.

[120] 詹姆斯·鲁滨孙. 新史学［M］. 齐思和，等，译. 北京：商务印书馆，1989.

[121] 张尔田. 史微［M］. 上海：上海书店出版社，2006.

[122] 张荣芳. 唐代的史馆与史官［M］. 台北：东吴大学学术著作奖助委员会，1984.

[123] 张三夕. 批判史学的批判：刘知几及其史通研究［M］. 武汉：华中师范大学出版社，2010.

[124] 张舜徽. 史学三书平议［M］. 北京：中华书局，1983.

[125] 张围东. 宋代《崇文总目》之研究［M］. 台北县：花木兰文化工作坊，2005.

[126] 张须. 通鉴学［M］. 合肥：安徽人民出版社，1981.

[127] 章群. 通鉴及新唐书引用笔记小说研究［M］. 台北：文津出版社，1999.

[128] 郑鹤声. 中国史部目录学［M］. 上海：商务印书馆，1956.

[129] 周勋初. 唐代笔记小说叙录［M］. 南京：凤凰出版社，2008.

[130] 周勋初. 唐人笔记小说考索［M］. 南京：江苏古籍出版社，1996.

[131] 周勋初. 唐人轶事汇编［M］. 上海：上海古籍出版社，1995.

[132] 朱东润. 八代传叙文学述论［M］. 上海：复旦大学出版

社，2006.

[133] 朱文华. 传记通论［M］. 上海：复旦大学出版社，1993.

[134] 朱希祖. 中国史学通论［M］. 北京：商务印书馆，2015.

[135] 朱云影. 中国文化对日韩越的影响［M］. 桂林：广西师范大学出版社，2007.

三、单篇论文

[1] 卞孝萱. 论《顺宗实录》的作者［J］. 南开史学，1984（2）.

[2] 岑仲勉. 旧唐书逸文辨［M］//岑仲勉. 岑仲勉史学论文集. 北京：中华书局，1990：589-597.

[3] 陈光崇. 唐实录纂修考［J］. 辽宁大学学报，1978（3）.

[4] 程千帆. 史传文学与传记之发展［M］//程千帆. 闲堂文薮. 济南：齐鲁书社，1984：150-167.

[5] 池田温. 论韩琬《御史台记》［M］黄正建，译. //池田温. 唐研究论文选集. 北京：中国社会科学出版社，1999：336-364.

[6] 池田温. 唐朝实录与日本六国史［C］//中央研究院第二届国际汉学会议论文集：历史与考古组. 1989.

[7] 池田温. 中国的史书和《续日本纪》［M］李德龙，译. //池田温. 唐研究论文选集. 北京：中国社会科学出版社，1999：386-437.

[8] 崔瑞德. 中国的传记写作［J］. 张书生，译. 史学史研究，1985（3）.

[9] 邓慧君. 从《资治通鉴考异》看唐实录的史料价值［J］. 青海社会科学，1990（2）.

[10] 房锐，苏欣.《〈册府元龟〉引唐实录杂史小说考》辨析［J］. 成都理工大学学报，2005（1）.

[11] 桂罗敏. 武则天与钦定唐史的修撰［C］//武则天研究论文集. 太原，山西古籍出版社，1998：180-188.

[12] 贾宪保. 从《旧唐书》《谭宾录》中考索唐国史［G］//古代文献研究集林：第一集. 西安：陕西师范大学出版社，1989.

[13] 蒋凡. 今本《顺宗实录》作者考辨［G］//文学评论丛刊：第16辑. 北京：中国社会科学出版社，1982.

[14] 柯卓英. 唐代笔记小说编撰者略论［G］//唐史论丛：第10

辑．西安：三秦出版社，2008．

［15］赖瑞和．刘知几与唐代的书和手抄本：一个物质文化的观点［J］．台湾师大历史学报，2011（46）．

［16］赖瑞和．唐史臣刘知几的"官"与"职"［G］//唐史论丛：第13辑．西安：三秦出版社，2011．

［17］赖瑞和．小说的正史化：以《新唐书·吴保安传》为例［G］//唐史论丛：第11辑．西安：三秦出版社，2009．

［18］雷家骥．唐初官修史著的基本观念与意识［J］．"国立"台湾师范大学历史学报，1987，15．

［19］雷家骥．唐前期国史官修体制的演变［G］//台湾中国唐代学会．唐代研究论集：第2辑．1992．

［20］李南晖．《大唐新语》校札［J］．古籍整理研究学刊，2000（5）．

［21］李南晖．《史通·古今正史》唐史笺证［J］．文献，2000（3）．

［22］李南晖．《唐纪传体国史修撰考略》［J］．文献，2003（1）．

［23］李南晖．唐人偏记小说名实辨正［J］//［韩国］中国学研究：第30辑，2004．

［24］李南晖．唐人所见国史考索［G］//论衡丛刊：第4辑．广州：中山大学出版社，2006．

［25］李南晖．《新唐书·艺文志》著录唐国史辨疑［J］．文史，2002，58（1）．

［26］李南晖．作为国史材料的唐人偏记小说：以行状为中心［J］．中山大学学报，2009（4）．

［27］李少雍．唐初史传文学的成就［J］．文学遗产，1989（4）．

［28］刘健明．唐《顺宗实录》三论［G］//古代文献研究集林：第1集．西安：陕西师范大学出版社，1989．

［29］刘浦江．正统论下的五代史观［G］//唐研究：第11卷．北京：北京大学出版社，2005．

［30］刘全波．唐《西域图志》及相关问题考［J］．中华文化论坛，2011（5）．

［31］刘真伦．韩愈《顺宗实录》考实［J］．四川师范大学学报，1996（3）．

［32］逯耀东. 隋书经籍志史部杂传类的分析［J］. 人文学报，1970，1. 台湾辅仁大学.

［33］罗香林. 唐书源流考［J］. 国立中山大学文史学研究所月刊，1934，2（5）.

［34］马楠.《新唐书·艺文志》增补修订《旧唐书·经籍志》的三种文献来源［J］. 中国典籍与文化，2018（1）.

［35］毛双民.《安禄山事迹》考述［G］//古代文献研究集林：第2集. 西安：陕西师范大学出版社，1992.

［36］孟彦弘.《太平御览》所引"唐书"的辑校与研究：评吴玉贵《唐书辑校》［G］//唐研究：第16卷. 北京：北京大学出版社，2010.

［37］南宗镇. 唐代文人所撰短篇人物传之发展成因初探［J］. 陕西师范大学学报，2000（2）.

［38］聂溦萌. 官僚制对正史的双重影响：以正史孝义传为例［G］//唐研究：第25卷. 北京：北京大学出版社，2020.

［39］牛致功. 关于唐太宗篡改实录的问题［G］//唐史论丛：第1辑. 西安：陕西人民出版社，1988.

［40］牛致功. 柳芳及其史学［G］//唐史论丛：第2辑. 西安：陕西人民出版社，1987.

［41］钱茂伟. 实录体起源发展与特点［J］. 史学史研究，2004（2）.

［42］乔治忠，刘文英. 中国古代"起居注"记史体制的形成［J］. 史学史研究，2010（2）.

［43］秦序. 刘贶与《太乐令壁记》［J］. 黄钟，1993（1-2）.

［44］仇鹿鸣. 隐没与改篡：《旧唐书》唐开国纪事表微［G］//唐研究：第25卷. 北京：北京大学出版社，2020.

［45］瞿林东. 韩愈与《顺宗实录》［J］. 社会科学战线，1979（3）.

［46］瞿林东. 关于《顺宗实录》的几个问题：兼答张国光同志［J］. 北京师范大学学报，1982（1）.

［47］任冠文. 试析温大雅《大唐创业起居注》的史料价值［M］//周鹏飞，周天游. 汉唐史籍与传统文化. 西安：三秦出版社，1992：247-260.

［48］史素昭. 从《史记》到唐初八史史传文学的嬗变［J］. 广西社

会科学，2009（4）．

［49］孙思旺．《唐书辑校》指瑕［J］．湖南大学学报，2012（5）．

［50］孙逊，潘建国．唐传奇文体考辨［J］．文学遗产，1999（6）．

［51］孙永如．对唐代实录史料价值的疑议［J］．扬州师院学报，1987（2）．

［52］孙永如．关于唐代实录的几个问题［J］．古籍整理研究学刊，1991（2）．

［53］唐长孺．唐修宪穆敬文四朝实录与牛李党争［M］//唐长孺．山居存稿．北京：中华书局，2011：195－243．

［54］唐雯．《顺宗实录》详本再审视：兼论唐实录的辑佚［G］//唐研究：第25卷．北京：北京大学出版社，2020．

［55］唐雯．盖棺论未定：唐代官员身后的形象制作［J］．复旦学报，2012（1）．

［56］唐雯．《太平御览》引"唐书"再检讨［J］．史林，2010（4）．

［57］唐雯．唐国史中的史实遮蔽与形象建构：以玄宗先天二年政变书写为中心［J］．中国社会科学，2012（3）．

［58］唐雯．"信史"背后：以武后对历史书写的政治操控为中心［J］．中华文史论丛，2017（3）．

［59］陶敏，刘再华．"笔记小说"与笔记研究［J］．文学遗产，2003（2）．

［60］陶敏．论唐五代笔记：《全唐五代笔记》前言［J］．湖南科技大学学报，2008（3）．

［61］汪桂海．谈《太平御览》所引《唐书》［J］．点校本"二十四史"及《清史稿》修订工程简报（37），2009．

［62］汪受宽．实录史体起源于《敦煌实录》说［J］．史学史研究，1996（3）．

［63］王燕华，俞钢．刘知几《史通》的笔记小说观念［J］．上海师范大学学报，2008（6）．

［64］王元军．许敬宗纂改唐太宗实录及国史问题探疑［J］．中国史研究，1996（1）．

［65］温志拔．《太平御览》引"唐书"为国史《唐书》考论［J］．

中国典籍与文化，2020（3）.

［66］温志拔. 《太平御览》引"唐书"之性质考论［J］. 史学史研究，2010（2）.

［67］闻惟. 史源文献与史传成立：以两《唐书·卢坦传》之异同为例［G］//唐研究：第25卷. 北京：北京大学出版社，2020.

［68］吴浩. 《册府元龟》引唐实录杂史小说考［J］. 扬州教育学院学报，1999（1）.

［69］吴玉贵. 也谈《太平御览》引《唐书》［J］. 点校本"二十四史"及《清史稿》修订工程简报（41），2009.

［70］夏婧. 《永乐大典》引存《旧唐书》考述［G］//唐研究：第25卷. 北京：北京大学出版社，2020.

［71］谢保成. 《旧唐书》的史料来源［G］//唐研究：第1卷. 北京：北京大学出版社，1995.

［72］谢保成，DANIS T. The Writing of Official History Under the T'ang（书评）［G］//唐研究：第2卷. 北京：北京大学出版社，1996.

［73］谢保成. 中唐《春秋》学对史学发展的影响［J］. 社会科学研究，1991（3）.

［74］谢贵安. 从《唐实录》体裁看实录体的特征与地位［J］. 长江大学学报，2006（5）.

［75］熊笃. 试论韩愈对"永贞革新"的态度：兼就今本《顺宗实录》的真伪问题与张国光同志商榷［J］. 重庆师范学院学报，1982（1）.

［76］严耕望. 新旧两唐书史料价值比论［M］//严耕望. 严耕望史学论文集. 上海：上海古籍出版社，2009：1148－1162.

［77］严杰. 唐代笔记对国史的利用［J］. 文献，2004（3）.

［78］阎质杰. 《旧唐书》史料来源论证［J］. 辽宁大学学报，1992（6）.

［79］杨家骆. 唐实录的发见及其确证："唐实录辑考举例"之举例［J］. 史学通讯，1966（1）.

［80］杨家骆. 唐实录辑考举例［J］. 华冈学报，1974，8.

［81］杨联陞. 官修史学的结构：唐朝至明朝间正史撰修的原则与方法［M］//杨联陞. 国史探微. 北京：新星出版社，2005：245－261.

［82］杨永康，马晓霞. 许敬宗篡改国史问题新探：政治史视野下的

唐代国史撰修［G］//唐史论丛：第27辑. 西安：三秦出版社，2018.

［83］余嘉锡. 小说家出于稗官说［M］//余嘉锡. 余嘉锡论学杂著. 北京：中华书局，1963：265-279.

［84］余嘉锡. 殷芸小说辑证［M］//余嘉锡. 余嘉锡论学杂著. 北京：中华书局，1963：280-324.

［85］余历雄. 两《唐书》本纪采摭《顺宗实录》之辨析［J］. 中国典籍与文化，2007（1）.

［86］俞樟华，盖翠杰. 行状职能考辨［J］. 浙江师范大学学报，2003（2）.

［87］俞樟华，盖翠杰. 论古代的行状理论［J］. 中国典籍与文化，2005（1）.

［88］岳纯之. 说《敦煌实录》［J］. 烟台师范学院学报，2000（2）.

［89］岳纯之. 唐代实录散论［J］. 历史教学，2001（4）.

［90］张尔田. 史传文研究法［J］. 学衡，1925，39.

［91］张富祥. 韦述及其《集贤注记》［M］//周鹏飞，周天游. 汉唐史籍与传统文化. 西安：三秦出版社，1992：234-246.

［92］张高玉. 《旧唐书》纪传编修体例考述［J］. 河北师院学报，1994（4）.

［93］张固也. 论《新唐书·艺文志》的史料来源［J］. 吉林大学社会科学学报，1998（2）.

［94］张固也. 唐代佚著考证释例［G］//唐研究：第7卷. 北京：北京大学出版社，2001.

［95］张固也. 也论《新唐书·艺文志》［J］. 烟台师范学院学报，1998（1）.

［96］张国光. 韩愈《顺宗实录》重辑本序言（上下）［J］. 殷都学刊，1985（3-4）.

［97］张国光. 今本《顺宗实录》非韩愈所作辨：兼与瞿林东、胡如雷同志商榷［G］//文学评论丛刊：第7期. 北京：中国社会科学出版社，1980.

［98］张耐冬. 《请总成国史奏》考索：吴兢撰《唐书》《唐春秋》事初探［J］. 国学学刊，2015（1）.

［99］张荣芳. 唐代史学的发展及其特点［G］//唐研究：第4卷.

北京：北京大学出版社，1998.

［100］张艳云.《顺宗实录》的作者和详略本问题［G］//唐史论丛：第5辑. 西安：三秦出版社，1990.

［101］赵吕甫. 唐代的实录［J］. 南充师院学报，1981（1）.

［102］赵守俨. 唐代的官修史书［M］//赵守俨. 赵守俨文存. 北京：中华书局，1998：163－183.

［103］郑鹤声. 汉隋间之史学［J］. 学衡，1924，33－36.

［104］郑明. 会要体史书的创立：论中唐史学家苏冕苏弁兄弟和《会要》［J］. 华东师范大学学报，1990（4）.

［105］周勋初. 谈笔记在唐代文史研究中的重要性［G］//古典文献研究：第8辑. 南京：凤凰出版社，2006.

［106］周勋初. 唐代笔记小说的材料来源［M］//周勋初. 周勋初文集. 南京：江苏古籍出版社，2000：72－83.

［107］周一良. 略论南朝北朝史学之异同［M］//周一良. 魏晋南北朝史论集. 北京：北京大学出版社，1997：416－424.

［108］周一良. 魏晋南北朝史学发展的特点［M］//周一良. 魏晋南北朝史论集. 北京：北京大学出版社，1997：384－402.

［109］周一良. 魏晋南北朝史学与王朝禅代［M］//周一良. 魏晋南北朝史论集. 北京：北京大学出版社，1997：425－435.

［110］周一良. 魏晋南北朝史学著作的几个问题［M］//周一良. 魏晋南北朝史论集. 北京：北京大学出版社，1997：403－415.

［111］朱维铮. 史官与官史：韩柳的史官辩［J］. 复旦学报，2006（3）.

［112］朱希祖. 汉十二世著纪考［J］. 国学季刊，1930，2（3）.

［113］朱希祖. 汉唐宋起居注考［J］. 国学季刊，1930，2（4）.

［114］HUNG W. A bibliographical controversy at the Tang court A. D. 719［J］. Harvard Journal of Asiatic Studies，1957，20（1－2）：74－134.

洪业. 公元719年唐王庭的一场有关历史编纂的论辩［J］. 哈佛亚洲研究，1957，20（1－2）：74－134.

［115］HUNG W. A Tang historiographers letter of resignation［J］. Harvard Journal of Asiatic Studies，1959，22：5－52.

洪业. 一位唐代史官的辞职书 [J]. 哈佛亚洲研究, 1959, 22: 5-52.

[116] HUNG W. The Tang bureau of historiography before 708 [J]. Harvard Journal of Asiatic Studies, 1960-1961, 23: 92-107.

洪业. 公元 708 年前的唐史馆 [J]. 哈佛亚洲研究, 1960-1961, 23: 92-107.

[117] PULLEYBLANK E G. The Tzyjyh Tongjiann Kaoyih and the sources for the history of the period 730-763 [J]. Bulletin of the School of Oriental & African Studies, 1950, 13 (2): 448-473.

蒲立本.《资治通鉴考异》与 730-763 年间的史料来源 [J]. 伦敦大学亚非学院学报, 1950, 13 (2): 448-473.

[118] 福井重雅.《旧唐书》: その祖本の研究序说 [G] //早稻田大学文学部东洋史研究室编. 中国正史の基础的研究. 东京: 早稻田大学出版部, 1984.

[119] 藤田纯子. 旧唐书の成立について [J]. 史窗, 1969, 27.

[120] 藤田纯子. 唐代の史学: 前代史修撰と国史编纂の间 [J]. 史窗, 1975, 33.

[121] 玉井是博. 唐の实录撰修に关する一考察 [J]. 京城帝大史学会报, 1935, 8.

四、学位论文

[1] 蔡静波. 唐五代笔记小说研究 [D]. 西安: 陕西师范大学, 2006.

[2] 崔兰海. 唐代史料笔记研究 [D]. 合肥: 安徽大学, 2013.

[3] 盖翠杰. 行状论 [D]. 金华: 浙江师范大学, 2002.

[4] 胡长林. 唐前史传中的虚饰现象与实录史学 [D]. 北京: 北京师范大学, 2002.

[5] 廖宜方. 唐代的历史记忆 [D]. 台北: 台湾大学, 2009.

[6] 刘圆圆.《玉海》实录问题研究 [D]. 上海: 上海师范大学, 2010.

[7] 罗宁. 唐五代轶事小说研究 [D]. 成都: 四川大学, 2003.

[8] 史素昭. 唐代传记文学研究 [D]. 广州: 暨南大学, 2009.

［9］孙晓辉. 两唐书乐志研究［D］. 扬州：扬州大学，2001.

［10］武丽霞. 唐代杂传研究［D］. 成都：四川大学，2004.

［11］肖光伟.《玉海》所引隋唐五代文献研究［D］. 上海：上海师范大学，2011.

［12］谢志勇. 逡巡于文与史之间：唐代传记文学述论［D］. 福州：福建师范大学，2011.

五、工具书

［1］程毅中. 古小说简目［M］. 北京：中华书局，1981.

［2］池田温. 唐代诏敕目录［M］. 西安：三秦出版社，1991.

［3］方积六，吴冬秀. 唐五代五十二种笔记小说人名索引［M］. 北京：中华书局，1992.

［4］傅璇琮，张忱石，许逸民. 唐五代人物传记资料综合索引［M］. 北京：中华书局，1982.

［5］魏根深. 中国历史研究手册［M］. 侯旭东，等，译. 北京：北京大学出版社，2016.

［6］吴泽，杨翼骧. 中国历史大辞典：史学史［M］. 上海：上海辞书出版社，1983.

［7］杨志玖，吴枫. 中国历史大辞典：隋唐五代史［M］. 上海：上海辞书出版社，1995.

［8］张忱石，吴树平，等. 二十四史人名索引［M］. 北京：中华书局，1998.

［9］张忱石. 唐会要人名索引［M］. 北京：中华书局，1991.

［10］周祖譔. 中国文学家大辞典：唐五代卷［M］. 北京：中华书局，1992.

后　　记

　　许多年以前，我在南京大学图书馆的书架间翻阅《量守庐学记》，对黄季刚先生告诫学生的一句话印象特深：五十岁之前不要忙着写书。当时绝没想到，自己竟然一不留神实践了前辈大师的"忠告"，直到知天命之年才杀青第一部真正意义上的"学术著作"。季刚先生的本义，自然是劝诫后辈"观天下书未遍，不得妄下雌黄"；而于我而言，却不过是"行年五十而知四十九年之非"的补过之举罢了。

　　本书缘起于两门课程。一门是武秀成老师的文献学。武老师布置的期末作业是校勘中华书局本《大唐新语》，要求作十条校记。我此前从未做过校勘，而手头正好有一册本科时候在济南大观园购买的书，便本着"扎硬寨，打死仗"的精神，连着好几天骑车到虎踞路的南图古籍部查对明清旧本，一下子发现好多异文，于是一不做二不休，将全书通校了一遍，随后利用假期整理出一万多字的作业。承武老师不弃，给了极高的分数，并且建议投稿发表。最后的成果，便是附录二的《〈大唐新语〉校札》。另一门课是本师周勋初老师和莫砺锋老师开设的专书研究。我自选了刘知几的《史通》，因着校勘《大唐新语》，对《史通·古今正史》篇末有关唐国史修撰的记载格外有兴趣。这是子玄亲见亲闻的唐代史官编修国史的第一手材料，但历来注家用力不深，仍有许多待发之覆。于是我为之笺注，以为课程作业，成品即附录一的《〈史通·古今正史〉唐史笺证》。由武老师的课，我开始接触唐人笔记小说；由周、莫二师的课，我初识唐国史的梗概和研治门径，博士论文的题目遂顺理成章地定为《唐国史与唐人偏记小说关系研究》。

　　记得当年博士论文答辩之后，卞孝萱先生跟我说，这个题目很有价值，再做个五六年没有问题；周先生也鼓励我一鼓作气，尽快毕其功于一役。老师们的赞许笃定了我继续研究的信心，可是因为有一段时间找不到突破的方向，又总希望将问题解决得更完善，遂尔"顿兵坚城"，旷日弥久，盘桓不进。这一盘桓就是二十年，约等于一个人从出生到大学就读的时长。如果依照"十年磨一剑"的古训换算,现在也该"慷慨看双剑"了。新冠期间,足不出户,于是从新董理旧章。抬眼四顾,恍如刘梦得与白乐天初逢于扬州席上,怀旧之不暇,有论文处早已是"沉舟侧畔千帆过,病树前头万木春";其间的人事光景,仿佛谢康乐登池上之楼,但见"池塘生春草,园柳变鸣禽",商量切磋的对象,从最初二三十年代的耆宿,换成了八零、九零后的后进。许多人在这个领域来来去去,为它不断注入新鲜的生命力;而我散漫地行进,问题始终在心,工作未曾间断。特别要感谢《文史》《文献》《中山大学学报》《古籍整理研究学刊》《中国学研究》等刊物的支持,让我有机会及时发表成果,得以与同行交流,也因而保有持续的研究兴趣。

每一次打开这部书稿,都像打开一条时光隧道,瞬间回到汉口路22号。那时候每天都要穿过绿荫如盖的主校道,两旁法国梧桐茂密的树枝间,挂着好多道红色的横幅——这在我熟悉的广州校园是没有的——其中一道永远是:今日我以南大为荣,明日南大以我为荣。穿过这里,向东进入图书馆,向西北去往中文系,再往西、往北走出校园,就是周老师、莫老师家。每两周我们会集中到老师家中上课,汇报各自的读书心得或者论文进展。跟今天规矩森严的"标准化"课堂讲授相比,在家教习更像旧时的师徒传授。我们像懵懂的食客,被名厨领进御膳房吃小灶,饫甘餍肥,大快朵颐,较之大锅饭、预制菜,滋味、营养不可同日而语。虽然都以传道解惑为中心,两位老师的风格却大不相同。周老师的话题开放,触类旁通,常常由一个问题引出很多学林掌故,让我们大开眼界;莫老师一丝不苟,第一次见面就声明只谈学术,时常以程先生的经验引导我们,鞭策我们不能懒惰和苟且。同门余历雄的《师门问学录》全景式地记录了他的学习经历,尽管不是同时受业,书中场景却跟我们的体验毫无二致。本书的最初构思,就在这样一次次漫谈中打磨成型。如今两位老师都已移居东郊,仍旧像孔子那样"发愤忘食,乐以忘忧,不知老之将至",对我这个老门生也屡垂教诲。这册小书能够善始善终,首先沾溉于他们的指引和关怀。

在博士论文开题、外审和答辩过程中,程毅中、张志烈、卞孝萱、郁贤皓、陈辽、王步高、钟振振、张伯伟、张宏生、程章灿诸先生给予了宝贵的指导。我至今记得郁先生指出"国史与私传"一节的史料误用,张宏生老师指出"偏记"异文及名义的问题,针砭文病,惠益良多。早年撰作之时，海外资料搜求不易，中国文化大学的洪顺隆教授和香港科技大学的邓瑜博士不辞劳苦，千里迢迢复印惠寄；修订期间，彭秋溪、余煜珣、李腾焜、谢景熙等同学从日本、北京、南京等地施以援手，提供了关键的文献。谨此向各位师友致以深深的谢意。可惜书成有日而岁月不居，其中几位前辈已归道山，再也无缘奉呈请益了。

中山大学中文系将本书列入"学人文库"，给予莫大的信任和支持。中山大学出版社的责编孔颖琪女史认真细致，明察秋毫，不但为之正文字，辩纰谬，治愈了好些陈年"旧患"，更协助编订了格式奇特、吾人视若天书的参考文献，举重若轻地刮磨"细活"，功莫大焉。

吾友丘挺，书画名家，闻书之成，欣然命笔题签。其书有意取则唐楷，参合褚遂良、欧阳询笔意而更加夭矫，与本书主题的时代和气质天然契合，诚然绝配也。

本书的写作绵历多年，亦如唐国史一般层累完成。因此书中一些行文，包括学术的表述和判断，难免留有不同时期的印记。当初较为粗疏的一些论述，作了幅度不一的修改，补充了大量材料和新的论证，有些章节完全重写，如玄宗朝一段国史修撰的情形，结论即与旧文不同；篇章结构调整为以唐国史为中心，论题则大为拓展。"周虽旧邦，其命维新"，这些改进之处或许更加成熟准确，又或仍一间未达，言之当否，不敢自必。然而不论结果如何，那种终日思之，猛然间"万一禅关蓦然破"的欣快之感伴随始终，这大概就是"为己之学"的快乐吧。

"文章千古事，得失寸心知"。有斐君子，切磋琢磨，匡予未逮，是所深望！

辛丑嘉平识于康乐园